2022-2027
앞으로 5년 대한민국
부동산 우상향
사이클의 법칙

2022-2027

앞으로 5년 대한민국

부동산 우상향 사이클의 법칙

이승훈 지음

한스미디어

그러므로, 결국은 다시 부동산이다

- 1998년과 2008년에 가격이 하락했으니 2018년에도 사이클상 가격이 하락한다는 10년 주기설
- 인구가 줄어드는 시기가 도래하여 수요가 부족해져 가격이 하락한다는 인구 감소 하락설
- 과거 금액 대비 가파르게 상승한 집값은 비정상이라며 하락한다는 가격 거품론
- 2달에 한 번씩 나오는 정부의 강력한 부동산 대책으로 인한 가격 조정 가능성 임박설
- 코로나 여파로 경제 위기가 대두되어 하락한다는 위기설
- 정부의 지속적인 공급 발표를 통해 조만간 과잉 공급에 의해 하락한다는 공급 과잉 조정설

그간 적지 않은 전문가들이 부동산 가격 하락론을 주장하며 주요 근거로 들었던 내용들이다. 부동산이 하락할 요인은 일일이 열거하자면 지면이 부족할 만큼 수없이 찾을 수 있다. 실제로 지난 수년간 한국의 부동산 가격은 미친 듯이 올랐지만, 그 과정 사이에서도 하락할 요인은 적지 않았던 것이 사실이다.

그러나 불과 몇 년 사이 누군가는 벼락부자가 되었고, 누군가는 벼락거지가 되었다. 한 번의 판단으로 말미암아 우리 인생이 이렇게 큰 차이를 보이는 것이 정당한가 싶을 만큼의 격차로 벌어졌고, 지금도 벌어지고 있다. 특히 30대의 소위 '영끌'이 크게 늘었다. 이번에 놓치면 도저히 따라잡을 수 없다는 불안감이 젊은이들의 영끌을 이끌었다. 누가 이들을 비난할 수 있는가? 수년 전부터 누군가는 이들이 영끌을 하는 모습을 보고 안타깝다고 했지만, 지금의 결과를 보라. 영끌을 한 사람이 안타까운 건지, 안 한 사람이 안타까운 건지….

그 당시 대한민국 부동산 수장의 한마디를 마지막까지 믿고 영끌을 준비하다 포기한 사람은 지금 어떤 심정일까? 장관이 "집 팔 기회를 드리겠다"고 한 시점에서 4년이 흐른 지금 서울의 평균 아파트 가격은 4억 원이 넘게 올랐다. 정부의 말을 믿고 집을 매도하거나 매수하지 않은 사람은 매년 1억 원씩 기회비용을 날린 셈이다. 하지만 이들은 잘못이 없다. 어떻게 정부의 확신에 찬 발언에 흔들리지 않을 수 있겠는가? 결과론적으론 안타깝게 됐지만 스스로 자책하지는 않았으면 좋겠다.

부동산을 미리 샀다면 정말 좋았고 뒤늦게라도 영끌을 했다면 그나마도 좋았겠지만, 영끌할 용기가 부족해 부동산을 사지 못한 사람을 향해 돌을 던질 수는 없다. 20~30대에게 지금의 부동산 가격은 쉽게 용기 낼 수 있는 가벼운 수준이 결코 아니다. 그러니 집을 사지 못했다고 괴로워하지는 말자. 사실 사지 못하는 것이 정상이다. 웬만한 30대가 영끌을 한다고 해도 지금의 부동산 가격은 감당이 안 된다.

그보다는 지금이라도 어떻게 미래를 헤쳐나갈지 준비해야 한다. 과거는 과거다. 지나간 것은 보내고 새롭게 다가오는 기회를 잡아야 한다. 기회가 없을 것 같은가? 놀랍게도 "부동산 가격은 더 이상 오르지 않을 것"이라는 의견은 20년 전부터 끊임없이 있었다. 하지만 언제나 발전을 거듭하며 가격이 상승했다. 지금도 현재의 금액만 보면 더는 기회가 없을 것 같다. 하지만 틀렸다. 1년 전, 3년 전, 5년 전 매수하지 못해 후회하고 있다면 1년 후, 3년 후, 5년 후 후회하지 않도록, 지금 준비하면 분명히 나에게도 기회는 온다.

그런데 무엇을 어떻게 준비해야 할까? 부동산을 준비한다는 것은 앞으로도 부동산 가격이 상승한다는 것을 전제로 삼았다는 말이 아닌가? 여기서부터 많은 사람이 여전히 의문을 품으며 막힌다. 지금이라도 부동산을 사야 할까, 말아야 할까 고민하는 가장 큰 이유는 앞으로도 부동산이 오를 것인가에 대한 확신이 없기 때문이다. 부동산 상승장에 올라타지 못한 것이 여러분의 잘못은 아니다. 하지만 몇몇 사람에게는 쓴소리도 필요하다. 앞으로의 내용을 읽어보며 깊이 잘 생각해보자.

앞서 **부동산이 하락할 만한** 흠 잡을 데 없는 이유를 몇 가지 열거했다. 그리고 그런 요인들을 수도 없이 더 찾을 수 있다고 밝혔다. 그런데 어째서 결과는 우상향했을까? 그건 부동산이 하락할 이유가 수십 가지는 되는 것만큼 상승할 요인도 수십 가지는 되기 때문이다. 결국 우리는 어떤 시기에 있다고 해도, 즉 가격이 상승하는 시기든 하락하는 시기든 관계없이, 하락할 요인과 상승할 요인이 공존하는 시대에 살고 있는 것이었다. 그런데 난 어땠는가? 다음과 같이 행동하지 않았는지 곰곰이 생각해보자.

- 상승한다는 주장을 외면하고 하락한다는 주장에만 얽매여 무조건적인 믿음을 보내지는 않았나?
- 상승할 만한 수많은 이유는 과소평가하고 내가 믿고 싶은 하락의 이유만을 크게 평가했던 것은 아니었나?
- 정부에 대한 무조건적인 믿음으로 정책의 실현 가능성을 고려하지 않았던 것은 아닌가?

- 내가 집이 없다고 집값은 반드시 하락할 것이라는 편향적인 믿음을 가지고 있지는 않았나?

그리고 다시 자문해보라. 난 지금도 그러고 있지는 않은가?

벼락부자가 된 사람과 나도 모르게 벼락거지가 된 사람은 어떤 차이점이 있을까? 사실은 거의 없다. 내가 볼 때는 믿음과 용기의 차이였을 뿐이다. 벼락부자가 된 사람이 그렇지 않은 사람보다 훨씬 더 많은 지식을 갖고 있을까? 혹은 훨씬 더 많은 정보를 알고 있을까? 아니면 더 많은 돈을 가졌을까? 아니다. 대부분의 출발은 비슷했다. 하지만 누군가는 용기를 가지고 투자를 했고 누군가는 부정적인 생각으로 주저했다.

물론 용기를 가지고 투자하는 것이 언제나 옳다는 뜻은 아니다. 경기는 상승과 하락을 반복하기에 타이밍을 잘 맞춰야 수익을 극대화할 수 있다. 하지만 장기적으로 '부동산은 우상향한다'는 믿음까지 잃으면 안 된다. 수십 년, 아니 수백 년이라고 표현해도 될 만큼 시간이 흐르면서 자산 가격이 상승하는 것은 지극히 당연하다. 그런데 지금의 하락론은 과거 수십~수백 년의 데이터와 역사는 무시하고 "이번에는 다르다"며 장기 하락을 고집스럽게 주장하고 있다. 문제는 이런 말에 휘둘리는 젊은이가 너무 많다는 것이다. 이로 인한 피해는 고스란히 젊은이들이 떠안게 된다. 더욱 안타까운 점은 시간이 지날수록 나보다 앞서간 사람들을 점점 더 따라잡기 힘들다는 것이다. 그러니 이번에 놓치면 더욱더 힘들어진다. 부정적인 마인드를 버리고 반드시 기회를 잡고 경제적 자유를 향해 나가야 한다.

자문해보라. '나는 돈에 해탈했고 경제와는 무관한 삶을 살아도 상관없다'라는, 즉 '나는 자유인이다' 같은 삶을 동경하는 마음이 확고하다면 당장 이 책을 접어라. 그런 분들에게는 시간 낭비만 주는 책이다. 이 책은 경제적 자유를 원하는 분들에게 직접적인 조언과 안내를 해줄 것이며 방법을 알려줄 것이다. 그러니 돈과 부동산에 대해 깊은 관심이 있는 분들만 이 책을 읽기 바란다.

[Part 1]에서는 내가 앞서 주장한 대로 '왜 부동산은 장기 우상향할 수밖에 없는지'에 대한 근거를 여러 가지 법칙을 통해 밝힐 것이다. 이는 부동산의 장기 상승에 대한 의구심을 품은 분들에게 중요한 부분이 될 것이다. 만약 '부동산의 장기 우상향에 대한 확고한 믿음이 있는 분'들은 가볍게 읽으면서 참고하고 넘어가도 좋다.

[Part 2]에서는 우상향 사이클 부동산을 고르는 조건을 제시할 것이다. 부동산의 장기 우상향은 모든 부동산의 상승을 의미하는 것은 아니다. 이렇게까지 자세히 이야기하지 않더라도 대부분은 이런 내용을 충분히 인지하시겠지만, 간혹 의미를 오해하여 아무 부동산이나 사도 되는 것으로 판단하시는 분들이 있다. 나의 전작인 《10년 후, 이

곳은 제2의 강남이 된다》 제목을 보고 나의 집필 의도인 '강남을 넘어설 곳은 아니지만 앞으로 상당히 좋아지면서 가격이 상승할 지역을 알려드리겠다'는 취지를 바로 이해하시는 분들이 있는 반면, 말 그대로 강남처럼 변모할 지역(그래서 강남과 동급의 가격으로 변할 지역)을 찾아주는 것으로 오해하는 분들도 있었다. 그래서 당시 글을 쓸 때 노파심에 이와 같은 이야기를 책 초반에 기재했었다. 대략 이런 내용이었다.

> 이 책은 제2의 강남을 찾아주는 것이 아니다. 우리나라에서 제2의 강남은 당분간 탄생할 수 없다. 제2의 마이클 조던이라 불리는 선수가 마이클 조던보다 더 나은 선수는 아니듯 매우 좋은 상승 여력과 잠재력이 있는 지역을 선별하겠지만 강남을 능가할 수 있는 것은 아니다.

독자들의 리뷰 중 간간이 위와 같은 내용에 실망했다는 글을 봤다. 즉 그분들은 말 그대로 강남의 대체지로 부상할 지역을 찾아주길 기대하고 있었던 것이다. 그러나 다시 한번 밝히지만 그런 지역은 없다. 양극화 시대에서 상급지는 더욱 상급지가 되고, 하급지 역시 가격이 상승하겠지만 상급지와의 격차는 어쩔 수 없이 벌어지게 된다. 100%라고 할 수는 없지만, 대체로 그렇다. 여러분이 지금 할 수 있는 가장 좋은 부동산 투자는 내가 활용할 수 있는 자금을 최대한 모은 후 그 자금으로 가능한 한 좋은 지역을 미리 선점하는 것이다. 그것이 가장 기본적인 투자법이다.

엄청나게 좋은 지역이 있는데 아직 가격이 말도 안 되게 저렴해서 향후 대박이 날 수 있는 지역을 원하시는 독자들이 있다. 그리고 이런 독자들이 있음을 알고 마치 엄청난 지역을 소개해주는 듯 부풀리는 책도 간혹 보게 된다. 하지만 단연코 장담하건대 그런 지역은 없다. 미안한 이야기지만 그런 지역을 찾고 있다는 것 자체가 부동산에 대한 공부가 매우 부족함을 의미한다.

그러니 독자분들에게 먼저 말씀드리고 싶은 점은 독야청청 혼자서 독주하는 부동산을 찾아주는 책은 진실이 아니라는 것이다. 그런 책이 있다면 수년이 지난 뒤 확인해보라. 그러면 깨닫게 된다. 그 말이 대부분 거짓이었음을. 하지만 실망할 필요는 없다. 그 정도까진 아니더라도 여러분의 자산을 획기적으로 늘려줄 수 있는 부동산은 지금도 수도 없이 많다.

1억으로 100억을 만들어주는 지역을 찾지 마라. 1억이 5억, 5억이 10억, 10억이 20억으로 갈 수는 있다. 열심히 공부하고 시간의 여유를 갖는다면 말이다. 1,000만 원으로 5억 원의 수익이 생긴다든가, 3,000만 원으로 10억 원의 차익이 예상된다는 취지의 책이나 영상도 많은데, 그런 가능성은 거의 없다. 0.1%의 가능성은 있겠지만 그 성공한 1명보다 실패한 999명 중의 하나가 될 가능성이 월등히 크다.

부동산은 큰돈이 들어가는 재화이기 때문에 실패를 최소화해야한다. 단 한 번의 실패로 무너지는 것은 아니지만 성공으로 가는 길까지 크게 돌아가야 한다. 그러니 용기를 가지되 대충 투자하지 말고 열심히 공부해보자. 그리고 부동산에 대해 알면 알수록 터무니없는 수익률을 찾는 것이 매우 미련한 행동이었다는 것을 깨닫게 될 것이다.

사실 사견을 전제로 말해보자면 부동산학은 다른 학문에 비해 이론적 토대가 깊이 있는 학문은 아니다. 예를 들어 경제학에 비해서는 공부할 양이 훨씬 적다. 부동산학 개론에서 배우는 내용도 상식에 근거해서 확장하는 수준이라 이해가 어렵지 않다. 즉 조금만 공부하면 부동산 이론은 금방 배울 수 있다. 안타깝게도 현황이 이러니 일부 경제학자들은 부동산학에 대해 무시하는 경향이 있다. 훨씬 더 거시적이며 깊이 있는 학문을 공부하고 있다는 자부심도 그런 마음을 생기게 하는 요소일 것이다.

그러나 부동산학이 가지고 있는 다른 학문과 비교되는 특징이 있는데 그것이 바로 현장의 중요성이다. 우리가 경제학을 공부하거나 물리학을 공부하거나 혹은 수학, 철학, 논리학 그리고 영어, 일어, 중국어 등등 다른 대부분의 학문이나 언어는 책상에서 공부한다. 그런데 부동산은 책상에서 공부한 것만으로는 반도 준비가 되지 않은 상태이다. 부동산은 말 그대로 움직일 수 없는 재산이다. 주식을 사려 할 때 특정 회사를 공부하거나 코인 투자를 할 때 특정 코인을 알아보고 싶다면 재무제표나 백서를 읽어보면 어느 정도 알 수 있다.

하지만 강남의 특정 단지를 알아볼 때는 인터넷에 나와 있는 내용만 공부하는 것으로는 부족하다. 반드시 현장에 가서 다양한 의견을 들어보고 실제 상황과 이론이 맞는지 등을 확인해야 한다. 그래서 부동산은 이론과 임장 활동(현장을 돌아다니며 확인하는 활동)이 똑같이 중요하며 어느 한쪽으로 치우치면 제대로 된 분석이 되지 않는다. 즉 이론 공부만 열심히 한다고 될 문제도, 현장만 열심히 다닌다고 될 문제도 아니다. 둘 모두를 완벽하게 이행했을 때 비로소 좋은 결과로 이어질 수 있다. 더불어 특정 지역의 임장만 하면 편협한 시각이 발생할 수있고, 상대적 비교에 의해 우위 지역을 선별해야 좋은 투자처를 고를수 있으므로 가능한 한 다양하고 많은 지역을 임장해야 좋은 부동산을 고를 수 있는 안목이 생긴다. 따라서 부동산을 깊이 있게 이해하기위해서는 임장 활동이 필수이며, 이것을 열심히 해야 부동산을 제대로 마스터한다는 점을 고려하면 다른 학문과 비교해도 상당한 시간이소요되는 것이다.

다시 내용으로 돌아와서, [Part 2]에서는 나의 지난 15년간의 경험을 토대로 우상향 사이클 부동산의 7가지 조건을 제시할 것이다. 대부분은 여러분이 아는 내용일 수도 있다. 이미 말했듯이 부동산은 고차원적 이론이라고 불릴 만한 것은 없다. 대부분 상식선에서 이해되는 내용이다. 문제는 다른 학문과 달리 부동산학은 실전 학문이라는 점이다. 내용을 아는 것에서 그치면 안 되고 활용했을 경우에 실질적으로 도움이 되는 학문이다. 그런데 책을 읽을 때는 그 내용을 머리로 다 이해하면서도 막상 투자에 임하면 이런 내용을 활용하지 못하는 분들이 많다. 이런 부분을 경계하고 [Part 2]를 자세히 읽으면서 다시 한번 내용을 정확히 숙지하면 향후 투자를 할 때 자연스럽게 상기되면서 성공적인 투자를 할 수 있을 것이다.

부동산학은 여러분이 이해 못 할 어려운 이론이 없다. 혹자들은 "다 아는 내용을 설명한다"라면서 본인도 "다 알고 있다"라고 하시는데, 그들과 실전 투자자의 가장 큰 차이점은 이론의 깊이가 아니라 투자 실행 능력과 그로 인한 자산의 차이다. 요즘 같은 정보화 시대에서는 더 나은 정보를 가진 이점으로 수익을 보는 사람은 거의 없다. 정보는 모두에게 공개되어 있다. 단, 너무 많은 정보가 범람하다 보니 이것이 맞는 정보인지, 거짓 정보인지 혹은 과장된 것은 아닌지 등을 판별하는 능력이 중요하다. 또한 정확한 정보라고 하더라도 그것을 해석하는 능력이 매우 중요하다. 그리고 이를 통해 인사이트를 발휘하여 향후 변화될 모습을 미리 감지하고 이에 맞게 선점 투자할 대상이 무엇인지 찾아내어 실행하는 능력이 어느 때보다도 중요한 시기가 되었다.

미래 가격이 엄청나게 오를 곳이면서도 현재 가격은 엄청나게 저렴한 보석 같은 지역을 찾고 있는가? 이것만 알면 대박이 날 수 있는, 내가 생전 들어보지도 못한 새로운 이론을 알기를 원하는가? 안타깝지만 그런 건 없다. 그럼에도 기본에 충실하고 남들보다 조금 더 공부하고 한발 앞서 투자하면 그걸로 여러분이 원하는 수준의 수익까지 도달하기에는 충분하다.

《10년 후, 이곳은 제2의 강남이 된다》에서도 이런 지적이 몇몇 있었다. 제2의 강남이 될 만한 지역은 다 아는 지역이라고…. 당연히 제2의 강남이라 불릴 만한 지역은 여러분이 이미 알고 있는 지역이 맞다. 어떻게 인지도도 없는 지역이 제2의 강남으로 성장할 수 있으리라고 감히 판단하는가? 그런 지적을 하신 분들이 앞서 내가 이야기했던 숨겨진 보석 같은 지역을 찾는 분들이다. 그리고 나는 자신 있게 미리 말씀드렸다. 그런 지역은 없다고.

이런 내용을 프롤로그에 써도 될지는 모르겠지만, 나는 자산이 꽤 많다. 운이 좋게도, 너무나 감사하게도 부동산을 통해 많은 부를 축적했다. 그리고 매년 쌓이고 있다. 내가 책을 쓰는 이유 중 경제적인 부분은 단 1%도 없다. 조금 더 마음의 소리를 이야기해보자면 책을 쓰고 있는 시간에 투자에 관련된 다른 업무에 집중한다면 인세로 인한 수익보다 100배쯤 더 벌 자신이 있다. 내가 이런 이야기를 하는 이유는 부동산 초보인 독자분들을 혹세무민하여 그럴싸한 이론을 제시하면서 책을 팔거나 듣도 보도 못한 저평가 시크릿 지역을 선별했다면서 여러분을 기만하며 책을 파는 것과는 근본적으로 다른 의도임을 강조하고 싶어서다.

　나는 지금까지 7권의 책을 썼다. 2015년 이후에는 매년 1권의 책을 쓰고 있다. 출판사의 제안도 수십 번을 받았다. 그러니 어떻게 써야 책이 더 잘 팔리는지에 대해 조금은 알고 있다. 하지만 분명히 말했듯 내가 책을 쓰는 목적은 돈이 아니다. 그러므로 책이 더 팔리기 위한 글은 쓰지 않는다. 실전 투자자이자 부동산 전문가와 부동산 컨설턴트로서 이 책을 선택한 독자분들의 자산을 늘려주고 싶은 '욕심'뿐이다. 나는 단지 나의 전문성을 공유하고 이를 통해 많은 사람이 수익을 누릴 수 있다면 그 자체를 뿌듯하고 행복하게 느낀다. 그 외에는 아무 이유가 없다. 여러분의 수익 창출과 자산 증식을 위해 최대한 열심히 글을 쓸 것이다. 이 책에 나온 내용 정도만 정확히 이해하고 알아도 여러분은 충분히 부자가 될 수 있으리라고 확신한다.

　[Part 3]에서는 지역에 대한 분석과 투자 가치에 관해 설명한다. 사실 [Part 3]를 기획할 때 많은 고민이 있었다. 처음에는 독자의 니즈에 따라 카테고리를 나눠 알려주는 형식을 고려했었다. 예를 들면 무주택 싱글을 위한 부동산, 2030 신혼부부가 노려야 할 부동산, 노후와 교육을 함께 고민하는 4050이 선택해야 할 부동산 등이다.

　그러나 고민 끝에 최종적으로 지역 분석을 통해 설명드리기로 했다. 지역 분석을 원하시는 독자들이 더 많다는 판단도 있었고 전작

《10년 후, 이곳은 제2의 강남이 된다》와《10년 후, 이곳은 제2의 판교가 된다》에서 다루지 못했지만 꼭 소개해드려려 할 지역이 여전히 많이 남아 있기 때문이다. 어쨌든 전작에서 좋은 지역이지만 너무 비싸 접근이 어렵다는 의견이 많았기에 이번에는 되도록 현실적인 지역을 선별하려고 노력할 것이다. 사실 전작에서 좋은 지역이라 불렸던 지역을 책이 나왔던 시기에만 매입했어도 엄청난 수익을 기록했을 것이다. 최소 7억~10억 원 이상 상승했다. 불과 2년 6개월 사이의 일이다. 그러니 지금은 일반인들에게 더 접근 불가 지역이 되었다. 이번에는 접근 가능한 지역도 같이 다룰 예정이니 독자분들이 이번 기회를 놓치지 않길 희망한다.

지금까지 여러 권의 책을 쓰면서 이번 프롤로그가 가장 길었다. 그만큼 여러분에게 해줄 이야기가 많다. 부디 이 책이 여러분들에게 부동산 투자의 좋은 동반자이자 지침서가 되었으면 좋겠다는 마음으로 본문을 시작해본다.

차례

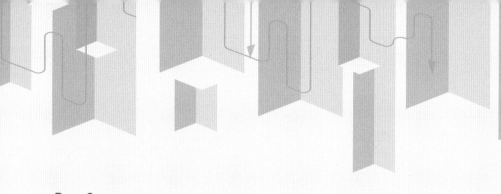

Part 3

그래서, 어떤 부동산을 사야 할까?

Part 1

앞으로 5년,
대한민국 부동산은
우상향한다

전 세계의 유동성 공급은 계속된다

국내에 유동 자금이 많다는 것은 이제 우리 모두가 알고 있는 사실이다. 이는 우리나라만 특별히 해당하는 것이 아니라 전 세계가 같이 겪는 현상이다.

이렇게 돈이 많으면 자산 가격에 어떤 영향을 미칠까? 우리 사회는 수요와 공급의 원칙에 입각하여 가격이 책정된다. 독자 여러분도 다음 페이지의 '수요·공급 곡선' 그래프를 많이 보았을 것이다.

그래프에서 공급 곡선과 수요 곡선이 만나는 지점이 P(Price) 지점. 즉 가격이 된다. 양(Quantity)이 많아지려면 곡선이 우측으로 움직이면 된다. 만약 공급 곡선이 우측으로 움직이면 공급 곡선과 수요 곡선이 만나는 P 지점은 더 아래로 떨어진다. 즉 가격이 하락한다. 반면 수요 곡선이 우측으로 움직인다면(=수요가 많아질 경우) P 지점은 올라간다.

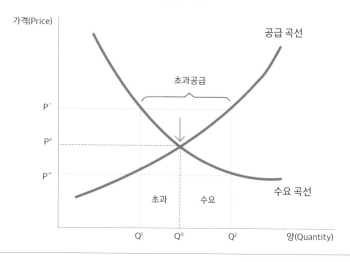

수요·공급 곡선

가격이 상승한다는 의미다. 이제는 초등학생도 알 만한 상식이지만 공급이 많아져 공급 초과가 되면 자산 가격이 하락하고, 수요가 많아지면 공급 부족이 되어 가격이 상승한다는 뜻이다. 시중에 돈이 많이 풀린다는 것은 유효 수요자가 늘어난다는 것이며 수요가 많으면 가격이 상승한다. 그리고 우리나라를 포함하여 세계의 각국은 많은 돈을 풀고 있다.

더불어 우리나라 부동산에는 또 하나의 중요한 체크 포인트가 있다. 바로 공급이 무척 부족하다는 점이다. 지역별 편차가 있으나 우리나라 부동산 투자의 핵심 지역이라 할 수 있는 서울을 기준으로 하면 공급은 더더욱 부족하다. 정리하면, 시중에 유동성이 풍부해 수요자가 늘어났고 계속 늘어나고 있는 상황인 반면, 공급은 역대 최저를 기록할 만큼 부족하다는 것이다. 어떤 일이 일어날까? 이 두 가지가 동시에 일어났을 경우, 가격의 상승 폭은 매우 커진다.

한국의 통화 증가율 추이

출처: 한국은행 경제통계시스템

주요국 광의통화(M2) 증가율

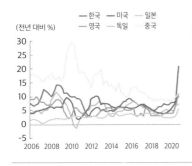

(단위: 전년 대비 %)

국가	2017	2018	2019	2020.6
한국	5.10	7.30	7.70	10.00
미국	4.90	3.50	6.70	20.60
일본	3.90	2.50	2.60	5.30
영국	3.00	4.00	4.00	11.00
독일	4.50	4.80	4.60	7.20
중국	8.17	8.94	8.74	11.12

주: 분기 말 시점의 통화량 잔액을 전년 대비로 산출
자료: Datastream
출처: 한국은행

코로나 사태는 쉽게 해결될 기미가 보이지 않고 있다. 백신이 그 전 바이러스 때와는 비교도 할 수 없을 만큼 빠르게 개발되었고 일부 효과를 보고 있지만, 변이 바이러스가 빠르게 번지면서 돌파 감염도 늘어나는 등 우리의 예상보다 코로나는 길게 지속할 것으로 보인다. 또한 일부 의학 전문가들은 코로나는 영원히 종식될 수 없고 감기처럼 우리 일상에 앞으로 영원히 함께할 바이러스라고 주장한다. 인류를 공포에 떨게 했던 몇몇 바이러스 중 천연두를 비롯한 많은 전염병을 정복했지만, 일명 스페인 독감이라고 부르는 인플루엔자 바이러스 등은 정복되지 못한 채 우리 생활 깊숙이 들어와 있다. 영국의 경우는 봉쇄령을 풀고 코로나를 감기처럼 받아들이고 생활하고 있다. 아직은 몇몇 나라만이 이런 실험적인 행보를 보이고 있지만, 최악의 경우 코로나를 완전히 무너뜨릴 백신과 치료법이 나오지 않는다면 인류는 또 하나의 바이러스와 공존해야 한다. 이런 경우 정부는 상당 기간 긴축을 하기 어려울 것으로 보인다. 상상하기 싫은 시나리오지만 가능성을 완전히 배제할 수는 없다는 점에서 인식하고 있어야 한다.

코로나로 인해 무너진 경제는, 각고의 노력 끝에 코로나가 종식되었다고 해도 하루아침에 재건되는 것은 아니다. 아주 긴 호흡을 통해 경제를 회복시켜야 한다. 전 세계가 마찬가지다. 이런 상황에서 금리를 대폭 인상하거나 유동성을 흡수하는 정책을 쓸 수가 없다. 그러니 당분간은 유동성 장세가 수년간 더 이어질 것으로 예상된다.

모든 국가는 딜레마에 빠져 있다. 너무 많이 풀려버린 유동 자금을 언젠가 흡수해야 한다고 생각은 하지만 단시일 내에 시행하기에는 너무 큰 위험이 존재한다. 아직은 시장에 돈을 더 풀어 경제를 활성화하려는 정책을 시행하고 있다. 더불어 우리나라는 역대 최저의 초저금리가 지속되고 있고, 긴급재난지원금도 지급하고 있다. 언젠가는 분명히 유동성 흡수 정책을 펼 수밖에 없다. 그때 지원금 및 보조금이 사라지고 금리가 상승할 것이다.

하지만 그게 과연 언제일까? 지금으로서는 알 수 없다. 언제일지도 모를 유동성 회수를 두려워하며 아무런 투자를 하지 않는 것이 과연 올바른 리스크 헷징일까? 우리는 미래를 예상할 수 없다. 단지 주어진 상황에서 최선을 다해 대응하면 된다. 좀 더 쉽게 이야기하자면 자산 가격 상승기에는 나도 같이 올라타고, 언젠가 하락기가 올 테지만 그때는 잘 버티면 된다. 다시 한번 강조하지만 우리는 미래를 너무 쉽게 예단하는 우를 범하면 안 된다. 중요한 것은 '하락기가 온다, 안 온다'가 아니고 '하락기가 온다고 한들 언제 올지 알 수 없다'는 것이다. 10년 뒤에 하락기가 도래할 수도 있다. 이런 경우 지금 현금을 보유하고 10년간 상황을 지켜보는 것이 최선일까? 물론 6개월 뒤에 올 수도 있다. 아무도 알 수 없다. 하지만 나는 우리나라 부동산의 전반적 상황을 볼 때 향후 5년간은 떨어지기 힘들 것으로 예측하고 있다. 물론 이 기간 동안에도 일시적으로 조정을 받는 기간은 있을 수 있다. 지난 6~7년간의 장기 상승 속에서도 몇 달씩 거래가 주춤하고 일부 하락한 경우가 있었지 않았던가. 또한 일부 지역은 실제로 하락할 수도 있다. 하지만 선별적으로 잘 고른 지역을 중장기적 관점에서 투자한다면 결국은 충분한 투자 수익을 올릴 수 있다. 그 이유는 앞으로 하나씩 이야기할 것이다.

재밌는 것은 하락을 이야기했던 많은 분이 지금 이 시점이 아닌 이미 한참 전에 가격이 하락할 것임을 주장했었다는 사실이다. 즉 적어도 2019년도부터는 떨어진다고 목 놓아 외쳤다는 것이다. 이렇게 오랜 기간 그리고 지금 이 시점에도 그들의 엉터리 주장이 사실이 아닌 것이 입증되고 있음에도 여전히 그들을 신뢰하고 심지어 신뢰자의 수가 더 많아지는 아이러니를 보이는데, 이런 분야가 부동산 말고 또 있을까 싶다.

어쨌든 '유동성이 풍부하면 자산 가격이 올라갈 것'이라는 명제에 이의가 없다면 자산 가격의 대표격인 부동산이 현재 왜 이렇게 가격이 오르는 것인지 어렵지 않게 이해가 갈 것이다. 너무 많이 오른 가격이라는 것은 없다. 유동 자금이 풍부하면 가격은 계속 상승한다. 반대로 너무 떨어진 가격이라는 것도 없다. 유동성이 없다면 생각 이상으로 더 떨어질 수도 있는 것이다. 중요한 것은 주관적인 생각으로 비싸네 싸네 판단해서 예측하는 것이 아니라 시장 상황이나 공급 현황 및 유동성 등으로 자산 가격의 변동을 예상해야 한다는 것이다.

그런데 유동성이 흡수된다는 것은 어떤 것을 의미하는지 잘 생각해봐야 한다. 많은 사람이 유동성이 가격을 올렸으니 유동성이 흡수되면 가격이 하락할 것이라고 믿는다. 하지만 그렇게 단순하지 않다. 유동 자금이 풍부한 상황에서 금리 인상 등으로 유동성 공급이 축소될지라도 시중의 자금이 늘어날 때처럼 드라마틱하게 줄어드는 것은 아니다.

만약 공급된 유동성만큼 회수한다면 물가는 제자리걸음을 해야 정상이다. 그러나 물가는 시간이 지날수록 올라간다. 10년 전, 20년 전 물가와 지금 물가를 비교하면 간단하게 이해할 수 있다. 이는 풀려버린 유동성만큼 회수하지는 못한다는 것을 의미한다. 15년 전쯤 과거로 돌아가면 우리의 기준금리는 5%대였다. 은행 금리는 더 높았다. 회사채 및 저축은행의 금리는 더더욱 높았다. 반면 주식이나 부동산 등 투자 자산의 수익률은 지금처럼 높지는 않았다. 그러니 조금 더 수익률을 높이자고 안전한 은행에서 돈을 빼 투자하는 것은 위험한 생각이라는 사회 분위기가 컸다. 하지만 지금은 어떤가? 다소 올랐다고 하지만 금리는 여전히 역대 최저 수준이고 은행에 돈을 넣어봐야 실질 금리가 마이너스인 시대에 진입해 있다. 그러니 무리를 해서라도 투자 대상을 찾고 있는 것이다. 이런 사람이 많을수록 투자 자산에 돈이 많이 몰림으로써 가격이 상승하는 구조다. 최근 자산 가격이 상승한 것은 결코 가치가 좋아져서가 아니라 돈이 많아져 흔해졌기 때문에 돈으로 표시되는 명목 가격이 높아지는 것일 뿐이다. 이는 반대 측면에서는 돈을 가지고 있을수록 손해를 본다는 뜻이다.

얼마 전 젊은이들은 코인 투자에 열광했다. 20대 가운데 2명 중 1명이 투자했다는 말이 있을 정도로 코인 광풍에 휩싸였었다. 그런데 정부의 고위 인사가 나와 코인에 대한 부정적 언급을 하면 가격이 떨어졌다. 정부로서는 불법을 두고 볼 수는 없으므로 나름대로 할 일을 한 셈이다.

2021년 4월 20일 신문에는 비트코인을 비롯한 암호화폐 거래량 급증에 따라 정부가 특별 단속에 나섰다는 기사가 실렸다. 정부는 "가상 자산 가격 상승으로 이를 이용한 자금 세탁, 사기 등 불법행위 가능성이 커짐에 따라 6월까지 '범정부 차원의 특별 단속 기간'으로 정하고 관계 기관 합동으로 불법행위 등을 집중해서 단속하겠다"고 밝혔다.

그런데 이런 기사가 나오면 코인의 가치는 바로 반응하며 떨어졌다. 테슬라의 창업자 일론 머스크의 말 한마디에 가격이 출렁이기도 한다. 이런 점을 생각하면 코인은 내재 가치로 움직이기보다는 유동성 영향을 훨씬 더 크게 받는 것임을 알 수 있다. 그렇기에 변동성이 매우 클 수밖에 없어 리스크가 큰 위험한 투자 대상이다. 하지만 청년들은 오르지 못한 나무가 된, 아니 쳐다보지도 못할 나무가 된 부동산을 비롯한 자산 가격의 상승을 보고 절망에 빠졌다. 노동 소득으로는 도저히 이것을 따라잡을 수 없는 현실에서 위험을 감수하고서라도 더

다양한 암호화폐

욱 위험 자산 투자를 기웃거리게 된다. 전통적인 투자법에 의하면 코인 투자와 같은 위험 자산 투자는 하지 말거나 되도록 비중을 작게 가져가야 맞다. 하지만 그런 식의 안전한 포트폴리오 구성으로는 벌어진 자산 격차를 따라잡을 수 없음을 알고 위험 투자에 나선 젊은이들을 무작정 말릴 수도 없다. 대안 없이 무조건 하지 말라고 하면 반발이 생길 수밖에 없다.

나는 코인에 대해서는 잘 알지 못하지만, 앞서 언급한 대로 유동성에 의해 가격 변동이 생기므로 코인별 백서를 보며 가치를 판단하기보다는 전체적인 돈의 흐름이 어떻게 움직이는지를 보는 것이 낫다고 판단한다. 또한 전 세계에 수만 개의 코인이 존재하고 지금 이 순간에도 새롭게 탄생하고 있다. 다른 나라에는 없고 우리나라에만 존재하는 코인의 비중도 무려 30%가 넘는다고 한다. 코인의 미래는 알 수 없지만 이런 인지도가 떨어지는 코인의 미래는 어둡다고 전망한다. 대부분의 재화가 그렇지만, 인기가 있을 때는 우후죽순 나오다가 결국 살아남는 것은 매우 적다. 사람들, 특히 청년들이 코인 투자에 열광했던 이유는 단번에 수익률을 극대화시킬 수 있기 때문이다. 그래서 수십 년간 투자자들의 전통적 투자 대상이었던 주식보다도 거의 2배에 가까운 자금이 몰린 상황이다. 코인 중에서도 비트코인 등 주식으로 비유하자면 우량주보다 더 하이 리스크 하이 리턴인 알트코인에 집중하는 이유도 변동성이 더욱 커 소위 초대박을 노릴 수 있다는 믿음 때문이다.

유동성이 계속 유지된다면 자산 가격은 좋은 가격 흐름을 보일 것이다. 하지만 유동성 흡수가 되면 가장 먼저 타격을 입는 것이 코인이라 생각한다. 왜냐하면 코인은 우리 생활에서는 사실 거의 쓸모가 없기 때문이다. 암호화폐의 탄생 배경 기술인 블록체인은 다양하게 활용될 수 있다고 하나 우리가 코인 자체로 일상생활에서 뭘 할 수는 없다. 주식은 주식 자금을 회사가 운용하여 더 성과를 낼 수도 있고, 부동산은 그 자체로 사람들이 사용하는 재화다. 특히 부동산은 필수재로서 누구나 이용해야 하는 것이므로 유동성이 흡수되어도 가격 안정성이 높다.

부동산, 주식, 코인 중 어느 것이 더 좋은 투자인지는 객관적으로 판단할 수 없다. 하지만 굳이 분류하자면 부동산은 로우 리스크 로우 리턴(상대적 개념이다), 코인은 하이 리스크 하이 리턴이며 주식은 그 중간쯤 된다. 돈이 부족한 청년들은 코인에 주로 투자하지만 나는 초보 투자자일수록 오히려 부동산에 투자해야 한다고 강조한다. 소액으로 어떻게 할 수 있냐고 반문하겠지만 고정관념을 가질 필요는 없다. 부동산도 얼마든지 소액 투자가 있다. 이 부분은 나중에 논하기로 하고, 왜 초보 투자자일수록 부동산에 투자해야 할까?

코인으로 벼락부자가 된 이들이 있다. 코인으로 수십억 원을 벌기도 하여 젊은 나이에 다니던 회사를 퇴사하고 조기 은퇴하여 경제적 자유를 누리는 사람들 이야기가 기사화되기도 한다. 젊은이들은 이런 기사를 보면 더욱 코인 투자에 열광한다. 하지만 돈을 번 사람들의 이면에는 돈을 잃은 훨씬 더 많은 사람이 있다. 마치 인기 아이돌을 보는 듯하다. 그들을 보며 화려한 생활과 인기 등을 동경하여 아이돌을

꿈꾸지만 정작 인기 아이돌이 되려면 수천 대 1의 경쟁률을 뚫어야 한다. 코인으로 큰돈을 벌겠다는 희망이 이와 비슷해 보인다. 분명 엄청난 수익률로 부러움의 대상이 되는 사람들은 존재하지만 내가 그 자리에 설 가능성은 현실적으로 매우 낮다. 오히려 가격이 떨어져 얼마 안 있던 씨드 머니마저 줄어들면 경제적 자유에서 한 발짝 더 멀어진다.

주식 투자는 어떨까? 주식도 부동산 못지않게 크게 상승했고 일부는 부동산 상승에 비할 바 없는 급등을 하기도 했다. 그런데 개개인 투자자 입장에서 평균 수익률은 그렇게 중요하지 않다. 왜냐하면 평균 연수익률이 30%라고 해도 내가 가진 주식의 수익률은 5%에 그칠 수도 있고 마이너스가 날 수도 있기 때문이다. 그래서 주식은 종목 선

변동성이 큰 주식 투자의 세계

출처: shutterstock

정이 매우 중요한데, 종목을 선정하는 것이 쉬운 일이 아니다. 호재와 악재, 경기에 따라 주식 가격이 출렁이는데 이를 초보 투자자들이 맞추는 것은 무척 어렵다. 만약 쉽다면 주식 투자를 한 대부분의 사람이 돈을 벌어야 한다. 하지만 얼마 전까지만 해도 주식 투자를 한 개인 투자자들은 상당수 돈을 잃었다. 소수의 전문가나 전문 투자자 혹은 외국인, 기관들이 돈을 벌었다. 요즘에는 전체적인 상승기에 돈을 번 개인들도 늘어났지만, 보편적으로 초보 투자자가 주식 투자로 지속적으로 수익을 올리는 것은 결코 쉬운 일이 아니다.

그리고 주식의 장점으로 부각되는 환금성이 초보들에게는 단점으로 작용하기도 한다. 부동산은 보통 주식보다 더 많은 돈이 필요하고 국민 개개인에게 미치는 영향력도 크다 보니 정부의 규제가 전방위적이며 매우 강력하다. 생각해보면 최근 수년간 정부의 부동산 정책으로 우리 모두는 자의든 타의든, 유주택자와 무주택자 할 것 없이 직간접적 영향을 받았다. 하지만 주식에 대해 정부가 규제한다고 해서 우리 삶에 큰 영향을 끼치는 것은 아니다. 주식 투자자가 아닐 경우는 어떤 규제를 했는지조차 잘 모르는 경우가 대부분이다. 반면 부동산 정책은 잊을 만하면 발표되어 온종일 뉴스를 달군다.

이처럼 부동산은 규제가 강하고 환금성도 떨어지다 보니 반강제적으로 오래 보유할 수밖에 없게 된다. 그런데 대부분 자산은 장기 투자할 경우 가격이 상승할 가능성이 커진다. 투자 수익에 있어 시간이라는 개념은 독자 여러분의 생각 이상으로 중요하다. 주식 투자자의 상당수가 수익을 내지 못하는 이유도 여기에 있다. 오랜 기간 보유했다면 꽤 많은 수익이 났을 텐데 매일 주식 시세를 들여다보며 적정 수익이 나면 매도하니 일부 수익은 낼지언정 매도 후에도 더 오르는 수익을 챙기지 못하는 사례가 많다. 코인이 대박이 난 사람들도 소위 말하는 '존버'를 한 사람들이지 단타 매매를 한 사람들이 아니다. 주식과 부동산은 이런 점이 더욱 중요하다. 그런데 주식은 초보자 입장에서 일정 부분 수익이 나면 빼고 싶어 안달이 날 것이다. 부동산은 수익이 생겨도 3년 보유를 하지 않으면 세금이 주식보다 훨씬 높게 부과되고, 1년 혹은 2년 미만의 단기성 투자는 거의 손에 쥐는 것이 없을 정도로 세금이 높다. 오전에 사서 오후에 팔 수 있는 주식과는 차원이 다른 반강제 장기 투자가 되는 셈이다. 하지만 이런 점 때문에 초보 투자자에게는 적합하다. 앞서 말했듯 주식이든 부동산이든 오랜 기간 보유하면 대부분 꽤 괜찮은 수익이 난다. 그래서 단기 매매 시 세금이 과도한 부동산 투자는 강제 장기 보유를 하게 만들며 이것이 안정적이고 적절한 수익을 제공할 것이기 때문에 초보 투자자들에게 더 어울린다고 이야기하고 싶다.

노파심에서 다시 말하지만, 부동산 투자가 수익이 더 좋아서 주식 투자보다 낫다는 의미가 아니다. 주식이든 부동산이든 오랜 기간 보유할 자신이 있다면 어떤 투자도 좋으나 초보들은 단기 매도의 유혹을 쉽게 이겨내지 못할 테니 단기 매매를 쉽게 할 수 없는 환경 자체가 마련된 부동산 투자가 더 적합하다는 의미다.

최근 미국의 부채에 관한 이야기를 들어본 적이 있는가? 미국은

2008년 금융 위기 때 150년 역사의 미국 대표 은행 리먼브라더스의 파산

'천조국'이라는 별명이 있는데 국방 예산이 천조 원이라는 뜻이다. 경제력을 바탕으로 엄청난 국방비를 지출하는 미국을 일컫는 말이다. 미국은 세계 제1의 경제 대국으로서 전 세계에 미치는 영향력이 엄청나다. 10년도 더 된 일이 됐지만, 엊그제 일처럼 생생한 2008년 미국발 금융 위기를 떠올려보자. 지구를 들었다 놓았다 했다는 표현이 어울릴 만큼 전 세계가 휘청거렸다. 당시 미국은 이 위기를 어떻게 극복했을까?

우리의 IMF 시기처럼 허리띠를 졸라매고 금을 모으며 저축을 하면서 이겨냈을까? 천만의 말씀. 정확히 그 반대로 돈을 있는 대로 뿌리면서 위기를 극복했다. 적자가 심해 파산 직전의 회사도 돈을 수혈

하면 살아난다. 반면 흑자 도산이라는 이야기가 있듯 회계상 수익이 나더라도 현금이 돌지 않으면 회사는 망한다. 그만큼 현금흐름은 중요하다.

미국의 많은 금융 기업은 본인들이 초래한 경제 위기로 천문학적인 부채를 떠안게 됐지만, 정부는 긴급 수혈을 통해 부도를 막아줬다. '양적 완화'라는 표현은 사실상 이때 처음 등장했다. 그 전까지는 금리의 변동을 통해 해결 가능했지만 불안도가 너무 커 시장 금리가 0%에 수렴하는 수준임에도 경기 회복이 되지 않자 직접 돈을 발행해서 시장에 유통하게 된 것이다.

이렇게 막대한 돈을 뿌리면 위기는 진화된다. 앞서 말했듯 내일 당장 망해도 이상할 것 없는 회사도 돈을 주면 무조건 부도는 막을 수 있다. 미국은 달러를 발행하는 기축통화국으로서 이론적으로 부도가 나지 않는 국가다. 위기가 오면 달러를 인쇄해서 주면 그만이기 때문이다. 물론 달러 발행은 미국 정부가 아니라 FRB(Federal Reserve Board of Governors, 연방준비제도이사회)의 소관이고 발행까지 여러 프로세스가 있다. 하지만 간략하게 보면 미국은 돈을 찍어냄으로써 위기를 쉽게 해결할 수 있다. 그러면 우리나라는 이런 방식이 불가능한가? 당연히 불가능하다. 우리나라는 원화를 발행할 수 있을 뿐 달러화를 발행할 수는 없다. '국가 부도'는 국가에 돈이 없다는 뜻인데 여기서 말하는 돈은 달러화이다. 그러니 우리는 달러를 열심히 모아 국가 부도를 대비해야 하며 마구잡이로 원화를 찍어내는 것으로는 위기를 해결할 수 없다.

그렇다면 미국은 기축통화국으로서 제한 없이 달러를 발행한 후 그 자금으로 세계 경제의 패권을 단번에 휘어잡을 수 있지 않을까 생각을 해보게 된다. 하지만 그리 쉬운 것은 아니다. 달러를 마구 찍어대면 우려되는 첫 번째는 달러화의 가치 하락이다. 1971년 금본위제가 사라진 후 지금의 달러는 미국이라는 나라의 신용을 기반으로 유지되고 있다. 하지만 이 신뢰를 저버리고 자국의 이익을 위해 달러를 제한 없이 발행하면 전 세계 다른 나라가 가만히 두고 보지 않을 것이다. 그래서 아무리 미국이라도 함부로 달러를 발행하기는 쉽지 않다.

하지만 2008년 금융 위기를 극복하기 위해 대량의 달러를 발행했고, 이후에도 경기 부양을 위해 끊임없이 돈을 찍어댔다. 이러한 행보에 경고를 주듯, 세계 3대 신용 평가 기관 중 하나인 스탠더드앤드푸어스(S&P)는 세계 제1의 경제 대국인 미국의 국가 신용 등급을 강등하기도 했다. 그러나 미국의 달러화 발행은 거침이 없었다.

돈이란 것이 원래 쓰기는 쉬우나 줄이기는 어려운 법이다. 예전에 한 뉴스에서 유럽의 1조 원의 재산을 가진 주식 부자가 주식 가격이 50% 하락하는 바람에 자살했다는 기사를 접한 기억이 있다. 1조 원의 재산이 50%가 하락하면 그 사람의 재산은 여전히 5,000억 원이다. 그런데 그는 자살로 생을 마감했다. 일부 독자는 이것을 이해할 수 없을 것이다. 나 역시 당시에는 같은 생각을 했었다. 하지만 지금은 어느 정도 이해가 된다. 아마도 그들 세계에서 1조 원과 5,000억 원은 상당한 격차가 있을 것이다. 예상컨대 그는 경제적 신분이 떨어졌을 것이고 자신보다 아래라고 생각했던 그룹에 몸담게 되자 수치심을 느꼈을 수 있다. 내가 상상력을 발휘해 표현해보았지만, 이해가 안 될 것이다. 5,000억 원이나 1조 원이나 어차피 평생 다 못 쓰는 돈이다. 사실 대부분의 사람은 5,000억 원이 아니라 50억 원만 있어도 평생 경제적 자유를 누리며 살아간다.

그런데 사람은 욕심이 참 많다. 1,000만 원만 있어도 소원이 없겠다는 사람도 있겠지만 막상 1,000만 원이 생기면 그 이상 욕심이 나지 않을까? 아마 대부분은 그 이상을 원하게 된다. 1억 원이 되어도, 10억 원이 되어도 마찬가지다. 그리고 수억 원이 생기고 수십억 원이 생기면 그에 맞는 수준의 사람들을 만나게 된다. 100억 원, 200억 원을 보유하게 되면 역시 수백억 원의 자산을 가진 자산가들과 자연스럽게 만나게 된다. 누군가 만약 여러분에게 10억 원을 준다면 여러분은 말도 못 할 만큼 행복할 것이다. 또한 그 사람에게 무척 감사할 것이다. 그러나 100억 원을 준 후에 며칠 뒤 말도 없이 다시 90억 원을 뺏어간다면 어떨까? 경제적 가치는 10억 원으로 앞의 경우와 똑같다. 하지만 여러분이 느끼는 감정은 엄청나게 심란하고 일부 사람들은 상당한 스트레스를 받을 것이며, 심지어 10억 원을 준 그 사람에게 적대감을 품는 이들도 있을 것이다.

또 다른 예를 보자. 한 신사가 매일 출퇴근 길에 거지에게 동전을 주었다. 거지는 처음에는 너무 고마운 마음에 "정말 감사합니다"라고 연신 인사를 했다. 하지만 날이 지날수록 감사한 마음이 줄어들었다. 익숙해진 것이다. 하루는 신사가 미처 동전을 챙기지 못하고 길을 나섰다. 그래서 그날은 거지에게 동전을 주지 못했다. 그러자 거지는 신사에게 욕을 했다고 한다. 이런 일화를 들으면 "호의가 계속되면 권리인 줄 안다"라는 말이 떠오른다.

여러분은 가졌다가 빼앗기는 기분을 느껴본 적이 있는가? 행동심리학에서도 투자로 100만 원을 벌었을 때의 기쁨보다 100만 원을 잃었을 때의 슬픔이 더 크다고 했다. 실제로 정량화하여 심리 상태를 체크했는데, 똑같은 것이라도 무언가를 얻었을 때보다 손실을 입었을 때의 기분이 더 안 좋았다고 한다. 이것을 '손실 회피 성향'이라고 한다. 쉽게 예를 들면 여러분이 어느 날 지나가다가 100만 원을 주웠다. 그런데 다음 날 아침 그 돈을 잃어버리고 말았다. 기분이 어떨까? 아무렇지도 않을까? 이론적으로는 기분 나쁘지 않아도 된다. 어차피 그것은 주웠던 돈이기에 잃어버렸다 해도 경제적인 피해를 입은 것은 전혀 없다. 그렇지만 자신을 한탄하며 종일 잃어버린 돈 생각에 빠지고 그날 하루 되는 일이 없을 것이다. 사람은 이렇다. 이런 이야기를 길게 쓴 이유는 앞서 말한 **"돈이란 원래 쓰기는 쉬우나 줄이기는 어려운 법"**이라는 것을 강조하기 위해서다.

비단 돈뿐만이 아니다. 30평대 아파트에서 멀쩡히 잘살다가도 40평대 아파트에 몇 년 살다가 다시 30평대 아파트에 살려면 대부분 좁아서 답답함을 느낀다. 짐이 많아서가 아니다. 30평대로 오면서 짐은 다시 30평대에 맞추어도 뭔가 좁고 답답한 느낌을 피할 수 없다. 온도가 적당한 물이 가득 담긴 탕이 있는데 뜨거운 물에 몸을 담갔다가 이 탕에 온 사람은 시원함을 느낄 것이고, 반면 냉수 목욕을 한 사람은 똑같은 탕에서 따뜻함을 느끼게 된다.

이런 현상은 사회 전반에 있으며 심리학에서 말하는 '앵커링 효과' 와 비슷하다고 할 수 있다. 앵커링 효과란 배가 닻(anchor)을 내리면 닻과 배를 연결한 밧줄의 범위 내에서만 움직일 수 있듯이 처음에 인상적이었던 숫자나 사물이 기준점이 되어 그 후의 판단에 왜곡 혹은 편파적인 영향을 미치는 현상이다.

즉 우리의 기준점이 새롭게 설정되는 것이다. 100만 원을 주웠다면 그 시점부터 100만 원을 보유한 것이 기준점이 된다. 그래서 100만 원을 잃어버리게 되면 괴로워진다. 40평대 아파트가 기준이 되니 30평대 아파트가 작아 보이고 답답함을 느낀다. 1조 원의 갑부는 5,000억 원이라는 여전히 엄청난 금액이 남았다는 사실은 눈에 들어오지 않고 오직 본인의 기준점에서 5,000억 원의 손실을 봤다는 생각에 괴로워하며 생을 마감한다.

이런 심리적 현상이 최근 우리 사회에 만연해 있다. 분위기가 이런 식으로 흘러간다면 같은 일이 일어날 것이다. 나는 이 통찰이 향후 투자에 있어 꽤 중요하다고 판단하고 있는데, 하나씩 생각해보자.

앞서 코인 투자에 대해 규제를 언급하자 코인 투자자들의 반발이 거셌다고 했었다. 만약 코인에 투자한 사람들이 없었다면 코인 규제는 적절하지 않다면서 반발한 사람들이 있었을까? 다주택자에 대한 규제에 대한 반발은 대부분 다주택자가 한다. 그 외 사람들은 별로 관심이 없다. 공공 임대 주택을 제공할 때 열렬히 환영하는 사람들은 혜택을 받을 수 있는 사람들이고 그 외 사람들은 큰 관심이 없다. 주택 임대 사업자에 대한 규제는 법의 합리성을 떠나 이해 관계자인 임대 사업자들의 반발을 불러일으킨다. 최근 중개업소의 수수료를 낮추려는 움직임이 있는데 국민은 대체로 환영하나 공인중개사들의 항의는 계속되고 있다. 결국 세상 모든 일은 이해 관계자들이 움직이는 것이다.

지금은 투자의 시대다. 상당히 많은 사람이 투자하고 있다. 주식, 코인, 부동산 외에도 다양한 투자에 거의 대다수 국민이 참여하고 있다. 이렇게 많은 사람이 투자할 수 있는 배경에는 저금리 기조가 오랫동안 유지되면서 저렴하게 돈을 빌릴 수 있는 환경이 조성되었기 때문이다. 이런 상황에서 한국은행이 금리를 올리면 대부분의 국민은 어떤 반응을 보일까? 두 가지로 나뉠 것이다. 대출을 받은 사람은 금리 인상을 싫어하고 반대할 것이고, 대출을 받지 않은 사람들은 금리 인상이 필요하다고 찬성할 것이다. 부동산도 매도자보다 매수자가 많으면 가격이 상승하듯 투자자가 비투자자보다 많다면 금리 인상에 반대하는 사람이 많을 것이다. 물론 국민의 과반이 찬성하거나 반대한다고 하여 금리가 결정되는 것은 아니다. 금리는 물가와 유동성 그리고 거시 경제 전반을 살펴보고 올바른 방향으로 최종 결정한다. 또한 금리 결정은 한국은행의 고유 업무다. 하지만 정부의 입김이 작용할 수밖에 없다. 그리고 정부는 국민의 눈치를 보지 않을 수 없다.

코로나 사태가 어떻게 변할지 알 수 없고 전 세계의 유동성이 더욱 풍부해지고 있는 상황에서 금리 인상을 단행하는 것은 쉽지 않다. 그렇다면 금리 인상이 당분간은 되지 않을까? 그렇지는 않을 것이다. 최근 우리나라 가계 부채 증가율은 세계 1위 수준이라고 한다. 과도한 대출을 막기 위해서는 금리 인상의 신호를 줘야 하는 것이 맞다. 하지만 이미 상당히 많은 사람이 대출을 받았고 이들은 금리 인상을 싫어할 것이므로 이에 대해 불만을 가지게 된다. 그럼에도 금리 인상은 단행한다. 그러나 인상 이후 경기 회복이 더뎌지는 등 조그만 부작용이라도 발생하면 불만은 증폭될 것이고 이렇게 되면 꾸준한 금리 인상은 언감생심이다. 심지어 눈치를 보다 재차 인하하게 될 수도 있다.

꾸준한 금리 인상이 되기 힘든 환경으로 가고 있으며 설령 인상되더라도 압박이 심할 것이고 인상 속도 역시 무척 더딜 수밖에 없다. 당연히 빠르게 경기가 회복되고 코로나는 종식되어야겠지만 현재의 분위기대로 코로나가 장기화되고 경기 회복 속도도 확연히 느리다면 유동성은 향후 수년간 여전한 위력을 발휘할 것이다.

다시 미국의 달러화 발행으로 돌아와 보자. 미국의 국가 부채는 계속 늘어나 현재는 3경 2,000조 원이라는 상상할 수 없는 금액에 다다랐다. 미국의 2019년 기준 GDP가 약 2경 3,000억 원 수준임을 감안하면 부채 규모는 이미 심각한 수준이다. 이자만 해도 엄청나다. 2%의 이자율을 가정해도 연 640조 원이고 하루에 이자만 1조 7,500억 원이다. 이자만으로 하루에 1조 7,500억 원을 갚아야 한다. 너무 놀라운 금액이라 잘못 해석할 수 있는데 원금(약 3경 2,000조 원)은 손도 대지 않고 이자만 낼 때의 금액이다. 사실 미국 부채가 2경 원에 도달했을 때도 도저히 갚을 수 없는 금액이라는 말이 나오면서 미국이 심각한 위기에 도달했다는 경고가 나왔었다. 그런데 지금은 3경 원의 부채에 도달했고 아마도 머지않아 4경 원에 달할 것으로 보인다. 미국이 이렇게 유동성을 공급하니 전 세계의 자산 가격이 상승하는 것은 어찌 보면 당연하다.

'돈이란 원래 쓰기는 쉬우나 줄이기는 어려운 법'이란 것은 개인이나 국가나 기업이나 모두 똑같다. 전 세계는 수년 전부터 유동성 함정에 빠졌고 여기서 헤어나오기란 무척이나 어려울 것이다. 돈의 가치는 원래 시간이 지날수록 떨어지는 법이지만 몇 년 전부터 그 속도가 가히 상상하기 어려울 만큼 가속화되었고 아무런 잘못도 없는 많은 사람을 벼락거지로 만들어버렸다. 이러한 돈의 가치 하락 현상은 앞으로도 계속 이어질 것이다. 미국이 테이퍼링을 시작할 조짐을 보이고 있고 이후 금리 인상도 일부 단행하겠지만 이런 것이 이미 풀려버린 돈의 가치 하락을 막아줄 수 있는 요소가 되기에는 부족하다. 일시적으로 자산 가격이 충격을 받을 수는 있다. 하지만 역사는 반복된다. 결국 전 세계의 유동성 공급은 계속될 것이다!

제2법칙

저금리 시대가 끝나지 않는다

저금리 시대는 끝나지 않는다. 이는 오해를 불러일으킬 만한 문장이므로 설명을 덧붙인다. 저금리 시대가 끝나지 않는다는 것이 현재의 금리 상태를 계속 유지한다는 의미는 아니다. 우리나라 금리는 역

한국은행 기준금리 추이

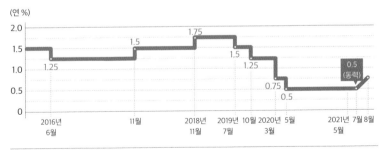

출처: 한국은행

대 최저인 0.50%를 장기간 유지해오다가 2021년 8월 말 0.25% 상승한 0.75%가 되었으나 이 역시 기록적인 저금리 시대의 연장선상에 있다.

그러니까 0.5%에서의 금리 상승은 필연적이다. 사실 금리가 0.5%를 계속 유지하는 것이 좋은 것도 아니다. 금리를 초저금리로 계속 유지한다는 것은 그만큼 경제가 회복되지 않는다는 뜻이므로 좋은 징후가 아니다. 일본의 경우 −0.10%라는 마이너스 금리를 수년째 지속하고 있다(2021년 4월 기준).

일본의 경우에도 1980년대 후반 자산 디플레이션이 일어난 이후 '잃어버린 30년'이라는 오명을 쓴 채 지금에 이르고 있다. 부동산을 보더라도 도쿄의 핵심 지역을 제외하고 예년 금액을 회복하지 못한 곳이 많다. 닛케이 지수도 2021년 5월 기준 28,000포인트이다. 30여 년 전 최고 주가는 38,000포인트를 상회했었다. 30년 동안 오른 것이 아니라 오히려 떨어진 것이다. 이런 상황이니 일본은 금리를 제대로 올리지 못한다. 그러므로 우리 경제의 회복을 전제로 금리는 인상되는 것이 맞으며 적정 수준까지 인상은 옳은 방향이다.

그러나 금리가 인상된다고 하더라도 예전처럼 4~5% 수준의 금리는 더 이상 찾아오지 않을 것이다. 정리하면 금리가 언젠가는 인상될 것이지만 엄청나게 상승하지 않을 것이라는 의미다. 또한 인상의 속도도 시장에서 충분히 받아들일 수 있을 정도로 점진적으로 진행될 것이므로 금리 쇼크에 의한 자산 가격 하락이 나타날 가능성은 매우 낮다.

일부에서는 금리 인상이 되면 주식과 부동산 가격은 폭락하고 대위기가 올 것처럼 호도하나 현실은 다르다. 정부의 목표는 언제나 시장 안정화지 국가의 경제 위기가 아니다. 금리를 급작스럽고 빠르게 올려 위기가 올 것을 대비하여 언제나 천천히 인상한다. 지금까지 역사를 봐도 이런 식의 접근법이 맞다. 우리나라는 전 세계 220여 개국 가운데 경제 규모 10위의 선진국이다(2020년 10월 IMF World Economic Outlook 기준). 선진국도 경제 위기(혹은 금융 위기)가 올 수 있다. 일본이 그랬고, 유럽도 그랬다. 심지어 독보적인 세계 1등 국가인 미국도 금융 위기를 겪었다. 우리나라도 금융 위기가 올 수 있을지 가능성을 물어본다면 당연히 올 수 있다고 답할 것이다. 그러나 '반드시' 금융 위기가 올 것이냐고 묻는다면 확률적으로 '아니'라고 답할 것이다. 내가 생각하는 부동산 하락의 전제는 금융 위기다. 그 근거는 우리나라 부동산 수십 년 역사상 금융 위기가 왔을 때를 제외하고는 가격이 큰 폭으로 하락한 적이 없다는 사실이다. IMF 외환 위기(1998년)와 미국의 서브프라임 모기지 사태로 인한 세계 금융 위기(2008년)에서만 큰 폭의 하락을 기록했다. 이때를 제외하고 우리나라 부동산 50년 역사상 전국적인 가격 하락이 온 경우를 찾을 수 있는가?

역사의 기준점을 100년 전으로 돌려도 마찬가지다. 100년 역사상 부동산 가격이 큰 폭의 하락을 겪은 경우는 사실상 없다. 정리하면, 금융 위기가 오지 않는다면 부동산이 하락하지 않고 지속적인 장기 우상향 패턴을 보일 것이다.

다시 한번 짚고 넘어가자. 지난 수십 년간 경제 위기 외에는 부동산 가격이 하락하지 않았다. 미래의 일이 반드시 과거를 답습한다고 볼 수 없다고 말하는 분도 있다. 맞다. 하지만 과거를 답습하지 않을 가능성이 있을 뿐이지 그 확률은 훨씬 더 낮다. 왜 하필 지금 시기에 과거와 다른 방향으로 움직여야 하는가? 언제나 "이번에는 다르다"라고 주장하는 사람을 지속적으로 봐왔는데 대부분 그들이 틀렸다. 이번에도 과거와 다른 바 없다고 판단한다.

미래에 경제 위기가 온다고 판단하는 사람들이 주장의 근거로 삼는 것 중 최근 가장 거센 것은 금리의 인상이다. 이들의 이야기를 들어보면 마치 금리가 급작스럽게 엄청나게 올라 모든 자산 가격이 폭락하리라 여기는 것 같다. 하지만 앞서 말했듯 정부는 금리 인상을 점진적으로 할 수밖에 없다. 금리 인상을 매우 천천히 할 수밖에 없는 이유를 알아보자.

우리는 역사상 금융 위기를 겪은 선진국들이 어떤 식으로 대응했는지와 그 결과를 목도해왔다. **일본, 미국, 유럽은 경제 위기를 각각 어떻게 대응했고 극복했는지 간단하게 살펴보자.**

첫 번째로 우리나라와 좋든 싫든 항상 연관된 나라, 일본을 보자. 일본은 우리나라와 지리적으로 가깝고 이웃이라는 이유로 경제 위기가 이슈가 될 때마다 등장하는 국가다. 잘 알다시피 일본은 1980년대 중반 경제 호황과 저금리, 금융 완화 정책으로 인해 역사에 남을 만한 자산 가격 폭등이 일어났다. 대략 1985년부터 4년간 흐름이 이어졌고, 1989년부터 금리 인상이 시작되면서 힘이 빠지고 1990년대 초에는 대폭 하락했으며, 30년이 지난 2021년 현재까지도 예전의 가격을 회복하지 못하고 있다. 이른바 잃어버린 30년이다. 그렇다면 한국은 일본과 같은 일이 발생할 것이며 그들과 같은 장기 디플레이션의 전철을 밟을 것인가?

그럴 가능성은 매우 낮다고 본다. 일본과 우리 경제가 닮았고 돌아가는 경제 상황조차 비슷하다고 백번 양보하더라도 대응법만 다르다면 상반된 결과를 낳을 수 있다. 일본의 당시 디플레이션 상황을 가볍게 훑어보면, 1970~1980년대 일본은 제조업을 기반으로 엄청난 성장을 거듭했다. 1970년대 최고 제품은 단연 소위 미제, 즉 미국 제품이었다. 하지만 언젠가부터 우리는 미제라는 말을 쓰지 않게 되었다. 왜냐하면 미국 제조업 시장이 사실상 붕괴했기 때문이다. 2010년 이후의 미국을 이끄는 기업은 IT 기반이고, 1980~1990년대에는 서비스업과 유통업, 1990~2000년대에는 금융업이 미국을 이끌었다. 1980년대의 전 세계 제조업 리더 기업은 미국에서 일본으로 빠르게 이동 중이었기에 미국 입장에서는 자국의 기업 보호를 위해 강수를 선택했다. 바로 달러화를 평가 절하(일본 입장에서는 엔화의 평가 절상)시키는 것이다.

1985년 뉴욕 맨해튼 플라자호텔에서 이 합의가 이뤄졌기에 이를 두고 '플라자 합의'라고 한다. 이를 통해 당시 달러당 250엔의 엔/달러 환율은 달러당 120엔으로 반 토막이 난다. 예전에는 1달러를 구입할 때 250엔을 주어야 했지만, 지금은 120엔만 준비해도 1달러를 준다는 뜻으로 달러 가치는 하락한 반면 엔화는 절상되어 화폐 가치가 높아진 것이다.

이런 경우 일본 기업의 입장은 어떨까? 이어폰을 하나 만들어 팔

플라자 합의 전후 엔화 추이

(달러당 엔)

플라자 합의(1985년 9월)

260
240
220
200
180
160
140
120

85   86   87   88   89   90   (년)

출처: 팩스넷

때 10달러를 받았다고 하자. 일본 기업은 미국에서 판매된 10달러를 자국에서 엔화로 환전해야 한다. 과거 10달러를 환전하면 2,500엔의 자금을 손에 쥘 수 있었다. 그런데 플라자 합의 이후에는 똑같이 10달러를 주고 팔았다고 해도 환전하면 1,200엔의 자금만 손에 들어온다. 아무런 잘못 없이 갑자기 매출이 반 토막이 된 것이다. 이러면 회사 운영이 정상적으로 될 수 있을까? 제조업의 이익 비율은 통상 5% 내외이다. 100억 원의 매출이면 5억 원을 남기는 수준이라는 것이다. 당시에는 이보다 높다고 하더라도 매출 급감을 피할 수 없었기에 일본 수출 기업은 비상이 걸릴 수밖에 없는 상황이었다.

당시 미국의 막강한 파워에 눌려 합의라고는 하나 협박에 가까운 강압을 받아들일 수밖에 없었던 일본 정부로서는 자국의 기업을 살리기 위해 이때부터 엄청난 부양책을 시행했다. 가장 먼저 금리를 조정했다. 1985년 초 일본의 기준금리는 지금으로서는 상상하기 힘든 5%

였다. 그러나 1986년 초에는 4.5%가 되더니, 1987년 초에는 2.5%까지 떨어졌다. 특히 1986년에서 1987년의 1년간은 2%p가 하락했다. 현재 우리나라의 기준금리 평가일은 연간 8회이고, 보통 0.25% 내외로 조정을 한다고 보면, 1년 내내 금통위가 열릴 때마다 계속 하락했다고 볼 수 있다(0.25%p × 8회 인하 = 총 2%p 인하).

금리의 변동 한 번에 시장이 크게 출렁인다는 점을 감안하면, 1986년의 일본이 얼마나 커다란 부양책을 실시한 건지 감이 올 것이다. 일본은 기존 기준금리보다 반 토막을 낸 기준금리를 이후 1989년 5월까지 약 2년 남짓 유지했다.

저금리가 지속되면 통화량이 증가하는데, 일본 역시 통화량 증가율이 GDP 증가율을 초과했다. 그러자 인플레이션이 나타나기 시작

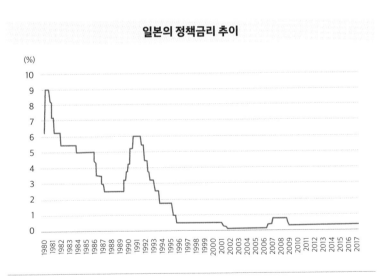

일본의 정책금리 추이

출처: 한국은행 경제통계시스템

했다. 주식, 부동산 등 대부분의 자산 가격이 상승하기 시작했다.

우리가 금리에만 초점을 맞춰서 일본의 저금리로 인해 거품이 쌓였다고 생각하지만, 원인은 이 밖에도 여러 가지가 있다. 일본 정부는 당시 금리 정책 외에도 금융 여러 부문의 관련 법을 완화했으며 지금과 같은 재정 정책, 소위 돈을 뿌리는 정책도 병행했다. 당시 내수 부양을 목적으로 130조 원 이상의 자금을 공급했다고 하니 막대한 규모가 아닐 수 없다. 이런 결과로 자산 가격 폭등이 일어났고 전 국민이 투기판에 뛰어들었다. 기업도 예외는 아니어서 대다수 기업의 이윤이 투기로 이루어졌다고 한다. 즉 본업보다 투기에 더 힘을 쏟은 것이다.

부동산의 버블 역시 상상을 초월했다. 당시 일본 부동산을 모두 팔면 미국과 캐나다 등의 땅을 모두 사고도 남을 정도였다. 심지어 도쿄 왕궁터의 가치가 캐나다 전체의 땅값보다 높다는 말도 있을 정도였다. 당시 도쿄 긴자 구역의 평당 가격이 우리 돈으로 16억 원이 넘었고(약 30년 전이라는 사실을 잊지 말자. 우리나라는 아직도 16억 원은커녕 6억 원짜리 땅도 거의 없다), 도쿄의 아파트 일부는 20억 엔이 넘는 수준이었다. 20억 '원'이 아니라 20억 '엔'이며 30년 전 가격이다.

이렇게 너나없이 자산 가격이 폭등하자 과소비가 심화되었고, 일본 기업은 미국이나 유럽의 건물과 회사를 사들이기도 했다. 특히 매도자 측에서 제시한 금액보다 돈을 더 주고 사들인 빌딩도 있었는데 상식적으로는 납득이 되지 않는다. 상대방이 제시한 금액보다 더 주고 구입하다니 도저히 이해할 수 없다. 그런데 더욱 놀라운 것은 매도자 희망 금액보다 더 많은 돈을 주고 산 이유가 바로 비싼 가격 거래로 인한 기네스북 등재를 하기 위함이었다고 한다. 이런 일련의 사례들을 봤을 때 당시 일본의 거품이 얼마나 심각한 수준인지 짐작할 수 있다.

약 30년 남짓 전에 20억 엔(한화 약 200억 원)의 아파트가 있고, 1평의 땅값이 16억 원을 상회하는 것은 분명 심각한 거품이다. 나는 사람들이 우리나라의 부동산 거품을 논하면서 일본과 비교하는 것을 보면 솔직히 당시 일본 경제의 거품 수준은 알고 비교하는 것인지 의문이다. 일본을 타산지석(他山之石) 삼아 경계해야 한다는 조언까지는 받아들이지만, 버블의 규모가 비교 불가한 상황에서 일본과 똑같은 전철을 밟을 것이라는 의견에는 동의하지 못한다.

일본의 이 같은 거품 경제는 급격한 금리 인상으로 인해 비참한 결과를 맞이했다.

앞 문장에서 중요한 키워드는 '금리 인상'이라는 단어가 아니다. '**급격한**'이다. 유동성이 넘치고 경기가 좋아지면 언젠가는 반드시 금리 인상이 된다. 그렇기에 우리는 금리 인상이 영원히 오지 않을 것이라는 잘못된 믿음을 가지면 안 된다. 하지만 막연한 두려움도 경계해야 한다. 왜냐하면 금리 인상 자체만으로 두려운 요소가 아니고, '급격한'이라는 수식어와 같이 올 때 두려운 요소가 되는 것이기 때문이다.

일본은 1989년 초까지 저금리를 유지했다가 이후 경제를 바로잡겠다며 1년 남짓 동안 기준금리를 높게 되는데, 거품 경제가 시작되기 전의 기준금리인 5%보다 더 높은 6%까지 높였다. 불과 1년 남짓 만에

3.5%p의 금리를 인상한 것이다. 여기다 그동안 풀어줬던 각종 완화책은 강화했고 새로운 규제책을 만들었다. 이러자 일거에 거품이 꺼지면서 자산의 폭락이 시작되었다. 계속 버티던 닛케이 지수는 1989년 말을 정점으로 1990년 들어 지속해서 하락했다. 버블 붕괴로 인한 손실 추이는 자료마다 조금씩 다르지만, 주식과 부동산을 합쳐 약 1경 원 이상(주식 약 5,000조 원, 부동산 약 5,300조 원)으로 추산되었다. 기업의 파산도 줄을 이었다. 이후 현재 일본의 상황은 우리가 보고 있는 그대로다. 여전히 증시가 전 고점을 회복하지 못했고, 도쿄를 제외한 대부분의 도시 부동산 가격 역시 30년 전의 가격을 회복하지 못했다. 일본은 잃어버린 30년에 갇혀 있다.

　일본의 거품 경제 붕괴는 전형적이다. 금리 및 재정 정책을 급격하게 완화하여 거품을 유발했고, 금리 및 재정 정책을 급격하게 조이면서 거품이 터져버렸다. 일본 정부의 실수는 금리 및 재정 정책을 사용했다는 것 자체가 아니라 **속도 및 규모 조절을 하지 못한 것**이다. 플라자 합의 이후 기업의 불만이 있더라도, 일부 기업의 구조조정이 있더라도 적절한 선에서 도와주며 기업의 자생력을 키웠어야 했다.

　그러나 여기까지는 충분히 이해할 수 있다. 기업이 무너져가는데 어느 정부가 도와주려 하지 않겠는가? 그러나 급한 마음에 금리 인하 및 완화책을 사용했고 이로 인해 자산 가격에 버블이 쌓였다면 적어도 이 시점에서부터는 버블 제거를 서서히 점진적으로 했어야 했다. 금리 인하보다 금리 인상은 훨씬 더 신중하고 조심스럽게 다뤄야 하며 시장 경제를 잘 유지하기 위해 충격을 최소화해야 한다. 즉 금리 인상이 불가피하다면 해야겠지만 이때 시장이 적응하기 위한 속도에 초점을 맞춰 조절해야 한다는 의미다. 예를 들어 일본의 경우에도 1년 만에 금리를 3%p 넘게 올리는 것이 아니라 1년에 0.5%p씩만 인상했다면 어땠을까? 물론 그렇다고 한들 결과가 좋았으리라 쉽게 예단할 수 없다. 하지만 결과론적으로 일본의 빠르고 급격한 금리 인상 속도는 최악의 수였다.

정리하자면 일본은 급격한 금리 인하(다양한 금융 지원 정책을 포함하여)로 인한 거품이 심각할 정도로 쌓였고 이를 해소하는 것도 급격하게 진행되어 시장이 혼란에 빠지고 돌이킬 수 없는 결과로 돌아왔다는 것이다. 여기서 얻을 수 있는 교훈은 거품은 서서히 그리고 천천히 제거해야지 급하게 해결하려 하면 상당히 안 좋은 결과가 초래될 수 있다는 것이다. 이후 각국 정부는 일본의 사례를 보고 **급격한 금리 인상의 후폭풍에 대해 커다란 경각심을 가지게 되었다.** 이것이 내가 '제2법칙. 저금리 시대가 끝나지 않는다'의 근거로 제시하는 것 중 하나이다. 금리 인상은 된다. 언젠가 반드시 된다. 하지만 시장에 미치는 충격과 공포가 엄청날 정도로 빠르고 급격하게 올릴까? 그렇지 않다. 매우 조심스럽게 점진적으로 인상된다. 그러니 경계심을 갖되 막연한 공포심을 가질 필요는 없다. 점진적인 금리 인상 속에서 시장은 안정을 찾게 된다. 고금리까지 갈 리가 없다.

이번에는 미국으로 가보자. 미국의 서브프라임 모기지 사태 이후 세계 금융 위기는 10여 년 전인 2008년에 일어났다. 일본 거품 경제 붕괴와 달리 대부분의 독자의 기억에 남아 있는 사건일 것이다. 본격적인 폭락과 위기는 2008년이라고 보지만, 사실 2007년부터 HSBC가 서브프라임 모기지로 인해 큰 손실을 입었다고 발표했고, 대표적인 서브프라임 모기지 업체 뉴센추리파이낸셜과 아메리카홈모기지인베스트먼트가 파산 보호를 신청하는 등 위기의 조짐이 보였다. 2008년 초에는 역사와 전통을 자랑하는 투자 은행 베어스턴스가 서브프라임 모기지 손실을 감당하지 못하고 JP모건체이스에 매각되었다. 여러분도 잘 아는 세계 최대의 보험회사인 AIG와 역시 세계적인 투자 상업 은행인 씨티은행도 정부의 도움이 없었다면 파산했을 것이다. 서브프라임 모기지 위기로 주택 가격은 폭락했고 그 여파로 주식 가격 역시 폭락하며 금융기관의 파산으로 번졌고 개인들도 자산 가격 하락과 금융 시스템의 붕괴로 나락으로 떨어졌다.

그렇다면 서브프라임 모기지 사태의 배경은 무엇일까? 이를 알기 위해서는 그 전 수십 년 동안 미국의 모습이 어땠는지 살펴보아야 한다. 당시 FRB의 의장은 앨런 그린스펀이었다. 한때는 경제 대통령으로 칭송받았지만 서브프라임 모기지 사태 이후에는 위기의 원흉으로 지목되어 많은 비판을 받기도 했다. 그린스펀은 저금리 정책을 잘 사용했던 사람으로 기록된다.

다우지수가 역대 최대인 22.61% 하락하여 유명한 1987년도 블랙먼데이 때도, 그린스펀은 1달 반 동안 금리를 3회 인하해서 주가를 살려냈고, 1990년대 후반 동아시아 위기 때 몇몇 대형 투자 기관이 위기를 겪자 역시 금리 인하를 통해 경제를 회복시켰다. 2000년대 초반의 IT

버블, 9·11 테러로 인한 위기 때도 역시 같은 방법을 통해 경제를 부양시켰다. 이른바 저금리 마법이 아닐 수 없다. 그런데 위기를 빠져나오면 다시 금리를 정상화시켜야 한다. 그래야 다른 위기가 닥쳤을 때 금리 인하를 통해 다시 위기를 극복할 수 있기 때문이다. 하지만 그린스펀은 2000년 초부터 금리를 인하하더니 계속 내리기만 했다. 3년간 약 5.5%p를 낮추면서 금리 1% 시대에 돌입하여 유동성이 매우 커졌고 이로 인해 자산 가격 상승이 두드러졌다. 저렴하게 돈을 빌려주고, 구입한 자산 가격은 계속 오르니 좋아하지 않을 사람이 어디 있으랴? 특히 월가를 중심으로 여기저기서 그린스펀에 대한 찬사가 이어졌다. 이 때문에 경제 대통령이라는 별명도 얻었다. 하지만 장기간 저금리는 유동성을 폭증시켰고 이것이 문제가 되었다.

　'서브프라임 모기지 위기'에서 생소한 단어인 '서브프라임'이란 신용등급이 제일 낮은 단계의 사람을 뜻한다. 그 위가 알트-A, 그 위가 가장 높은 프라임 등급이다. 처음에 저금리를 무기로 프라임 등급 사람들에게 대출을 해주었다. 그러다 돈이 넘쳐나니 알트-A 등급에게도 대출을 했다. 은행이 몇 년간 이 사람들에게 대출을 모두 해주었더니 돈은 여전히 넘쳐나는데 더 이상 대출받을 사람이 없었다. 그러자 욕심에 눈이 먼 은행들은 신용 등급상 대출이 불가한 사람들인 서브프라임 등급의 사람들에게도 대출을 무차별적으로 해주기 시작했다.

　잠깐 짚고 넘어가자면 여기서부터가 우리나라와 다르다. 우리나라는 신용 등급에 따라 대출을 철저히 막아놓았다. 대출 환경이 완화될 경우 조금 더 받을 수 있지만 소위 선을 넘지는 않았다. 하지만 미국은 멈출 줄을 몰랐다. 또 하나 주목할 것은 대출의 규모다. 우리는 LTV, DTI를 통해, 또 최근에는 더 강력한 대출 시스템인 DSR을 통해 차주의 상환 범위를 철저하게 파악하고 대출 규모의 한계를 정한다. 그러나 당시 미국은 대출 자체를 해주면 안 되는 사람들에게 돈을 빌려준 것도 모자라 주택 가격의 100%를 빌려주었다.

NINJA(No Income No Job & Asset) 대출이라고 부르며 소득도 직업도 자산도 없는 사람에게 마구 돈을 빌려주었다. 매매가 5억 원의 주택을 가진 사람에게는 5억 원의 대출을 해준 것이다. 더 정확하게 말하자면 5억 원의 주택에 5억보다 더 많은 5억 5,000만 원을 빌려주었다. 거래 수수료 및 제반 비용까지 모두 빌려준 것이다. 한마디로 당시 미국에서는 아무 할 일 없는 백수도 마음만 먹으면 집을 살 수 있었다. 그리고 그런 기회를 사람들이 놓칠 리 없었다. 모든 사람이 미친 듯이 대출을 받아 집을 샀다. 그래도 큰 걱정을 하지 않았다. 당시 미국 주택 경기가 호황이었기 때문에 그들 모두 2~3년 뒤에도 가격이 상승하리라 생각했던 것이다.

정부의 DSR 단계적 확대 도입 계획

	현행	1단계 (2021년 7월)	2단계 (2022년 7월)	3단계 (2023년 7월)
주담대	투기 지역, 투기 과열 지구 9억 원 초과 주택	전 규제 지역 내 6억 원 초과 주택	총 대출액 2억 원 초과	총 대출액 1억 원 초과
신용대출	연소득 8,000만 원 초과이면서 1억 원 넘는 신용대출을 받는 경우	1억 원 초과 신용대출		

출처: 금융위원회, 금융감독원

하지만 당장 직업도 자산도 소득도 없는 사람이 어마어마한 규모의 대출을 받은 후 이자를 감당할 수 있었을까? 당연히 부담스러웠을 것이다. 그래서 은행은 또 하나의 아이디어를 내었다. 대출 초기 약 3년 정도에는 매우 적은 이자만 설정하는 것이다. 물론 3년 뒤에는 금리가 높게 재조정되는 조건이었다. 돈을 빌리는 사람은 당장 이자 걱정을 안 해도 되고 집 구매 후 2~3년 뒤 금리 조정이 되기 전 매도한다는 생각을 했다. 따라서 은행의 이런 전략은 매우 잘 통용되어 많은 사람이 대출을 받게 되었다.

여기에 이런 부동산 담보대출을 기초로 무지막지한 파생상품을 만들어서 전 세계로 유통시켰다. 금융공학과 수학이 발달한 미국답게 금융기관들은 원래는 말도 안 되는 위험성이 높은 상품을 안전하다고 예쁘게 잘 포장해서 전 세계의 금융기관에 떠넘겼다. 담보대출이 파생상품화되고 그 규모가 엄청나게 커지면서 위기는 다이너마이트에서 핵폭탄이 되어버렸다. 그리고 그것이 터졌고, 전 세계가 휘청거렸다. 달러를 찍어낼 수 있는 기축통화국인 미국이 수년간 헤맬 정도로 충격은 어마어마했다.

하지만 중간중간 내가 언급했듯이 우리와 다른 점을 주목해야 한다. 먼저 대출을 받은 사람의 신용 등급과 대출 한도가 전혀 다르다는 점이다. 우리는 신용 등급에 따라 철저히 대출 분류를 하고 있으며 받을 수 있는 사람도 엄격한 검증을 통해 매우 보수적으로 갚을 수 있는 능력만큼만 대출해준다. 또한 우리나라는 파생상품이 활성화되어 있지도 않다. 그렇기에 서브프라임 모기지 위기를 참고하고 연구하여 향후 비슷한 위기가 닥치기 전 대비하는 것은 좋지만 저금리를 계속 유지하다가 미국도 위기가 왔으니 우리도 곧 똑같이 위기가 닥칠 것이라는 단순한 논리 전개는 이치에 맞지 않는다.

전 세계 나라의 상당수가 여러 위기를 겪을 때마다 저금리를 통해 위기를 극복했다. 그리고 저금리의 장점을 잘 알게 되었다. 이후 경기 활성화를 위해 대부분의 나라가 저금리 정책을 고수하고 있다. 이 점은 앞으로도 쉽게 변하지 않을 것이다. 저금리 상태에서 위기가 닥치면 더 내릴 금리가 없기 때문에 금리를 통한 위기 극복이 힘들다. 현실적으로 마이너스 금리를 할 수는 없는 노릇이기 때문이다. 마이너스 금리를 시행하면 돈을 빌려주는 사람이 이자도 같이 얹혀줘야 한다. 말이 되지 않는다. 그렇다면 금리 정책을 쓰지 못할 경우 어떻게 해야 할까?

바로 돈을 직접 푸는 방법을 사용한다. 코로나 위기로 재난지원금을 푸는 것처럼 말이다. 은행에 매우 저금리로 빌려줘서 시중 유동성을 활성화하기도 하지만 은행도 위기 상황이라 은행이 현금을 보유하고 시중에 돈을 잘 풀지 않는, 즉 신용 창출이 잘 일어나지 않는 경우가 많아 요즘엔 그냥 국민에게 돈을 직접 지급하는 것이다. 이렇게 되면 저금리에다가 직접 지원금이 더해지고 그 밖에도 세금 감면, 대출 완화 등 여러 가지 정책이 시행되며 시중 유동성이 풍부해진다. 한마디로 돈 값어치가 땅에 떨어지게 된다. 그러니 위기가 올까 봐 돈을 꼭 쥐고 있는 것은 악수가 될 것이고, 경제 위기 속에서도 시중 유동성은 오히려 증가하여 자산 가격이 상승하는 현상이 반드시 발생하게 될 것이다. 이럴 때일수록 현금을 이용해서 무언가를 매입하는 자산 획득에 노력을 기울여야 한다.

핵심 지역은
영원히 공급이 수요를 잡을 수 없다

핵심 지역은 객관적으로 규정하여 정확한 경계를 획정 지을 수는 없다. 따라서 사람마다 핵심 지역의 경계는 조금씩 다를 것이다. 다만 여기서는 핵심 지역을 서울이라고 정하고 이를 토대로 설명해보겠다. 서울에 대한민국의 모든 국민이 사는 것은 아니지만, 부동산을 무상으로 증여할 테니 대한민국 특정 지역을 고르라고 한다면 사람들이 가장 많이 선택할 곳은 아마도 서울일 것이다. 판단 근거는 아주 간단하다. 가장 비싼 지역이기 때문이다. 그렇다면 서울 부동산은 왜 이렇게 가격이 비쌀까? 역시 간단하다. 공급에 비해 수요가 많기 때문이다. 서울은 다른 지방 도시나 지역들처럼 주택을 공급할 만한 토지가 사실상 없다. 지방의 도시나 경기도 외곽만 가더라도 주택을 공급할 물리적인 땅이 널리고 널렸다. 인허가나 토지 보상 등의 과정이 수월하지는 않지만 어쨌든 땅 자체는 '존재'한다. 그러나 서울은 공급할 땅 자체가 거의 없다. 나대지는 아예 없고 국유지와 시유지를 통해 공급한다고 하는데 그 수가 현저히 부족하다. 그래서 공급을 하긴 해야 하는데 집 지을 땅이 없으므로 기존의 낡은 주택을 철거하고 새로 짓는 방식 외에는 대안이 없다. 즉 서울의 주택 공급은 재개발·재건축이 유일한 해결책이라는 것이다.

그러나 정부의 부동산 정책 기조가 재개발·재건축에 대한 강력한 규제이다 보니 서울의 신규 공급 부족은 날이 갈수록 심각해졌고 때마침 찾아온 유동성 폭증과 맞물려 최근 수년간 서울의 아파트 가격은 그야말로 천정부지로 치솟았다. 실제로도 역대 가격 상승 폭이 가장 컸다. 그러니 이번 상승장의 원인은 잘못된 부동산 대책과 코로나 등의 경제적 변수 등이 합쳐져 나타난 결과다.

어찌 됐건 과거는 돌이킬 수 없는 것이고, 앞으로의 변화를 생각해보자. 서울은 전국에서 재개발·재건축이 가장 활발한 지역이다. 특히 재개발의 상위 버전이라 할 수 있는 뉴타운의 경우 이명박 전 대통령이 서울시장 재임 시절 만들어 강력하게 추진하던 행정이라 서울시는 재개발에 대한 지식과 노하우가 가장 앞선 지자체다. 다른 지자체는 서울시의 재개발 진행 과정을 면밀하게 모니터링하고 따라 한다. 또한 아파트 가격이 가장 비싼 지역이니 재개발·재건축에 대한 사업성도 좋아 투자자가 많이 모여들고 투자자들은 거의 100% 수준으로 사업 추진에 찬성하므로 사업 진행도 빨라지게 된다.

여기에 앞서 설명한 것과 같이 재개발·재건축 방식을 제외하고는 사실상 서울 공급의 방법이 전무하기 때문에 공급을 위해서는 활발하게 움직일 수밖에 없다. 정부는 초기에 투기 수요가 문제라고 진단하여 공급에 신경을 쓰지 않는 우를 범했고, 뒤늦게 공급 대책을 내놨지만 여전히 투기 세력을 잡는다는 명목 하에 재개발·재건축을 풀어주지 않았다. 오히려 더 강한 족쇄로 채워놔서 움직이지 못하게 만들었다. 몇 가지 살펴보면 분양가 상한제, 조합원 지위 양도 금지, 재건축 초과 이익 환수제 등이 있으며 투기 과열 지구 재건축 단지에서 아파트 입주권을 받으려면 2년을 의무적으로 살게 하는 조항 등도 새롭게 신설하여 추진하려고 했다. 그러다가 2021년 7월경 폐지하는 것으로 바뀌었다. 이 과정에서 실거주를 채우기 위해 집주인이 세입자를 퇴거하는 일이 잦아져 애꿎은 세입자들은 비싼 다른 전세를 찾아야했고, 주인들도 계획에 없던 낡은 재건축 아파트에서 거주하는 일이 생겼다. 2021년 7월경 이 추진 법안이 폐기되자 은마아파트의 경우 하루 만에 전세 물량이 100개 가까이 늘어나는 등 일부 투기 과열 지구 재건축 단지의 전세 매물이 폭증하는 모습도 보였다. 반대로 말하면, 이 정책이 원안대로 시행되었다면 가뜩이나 부족한 전세가 더욱 부족하게 되었을 것이라는 뜻이다.

여러 가지 규제가 있는 상황이니 정비 구역들이 속도를 내려야 낼 수 없는 모습이다. 정부도 서울 공급의 필요성은 알지만 정책 기조상 규제를 풀어줄 수 없어서 다른 방법을 생각해냈다. 바로 국유지 및 시유지를 활용한 방법이다. 그렇게 8·4대책(2020년)을 발표했고, 그중 서울권역을 중심으로 26만 2,000호+α를 추진하며 신규 공급만 13만

서울권역 등 수도권 주택 공급 확대 방안

2020. 8. 4.

관계 기관 합동

출처: 국토교통부

2,000호를 발표했다. 여기서 신규 택지를 발굴하는 것이 3만 3,000호였으며, 이 중 1,000세대가 넘는 것들을 열거하자면, 태릉CC(1만 호), 용산 캠프킴(3,100호), 정부 과천 청사 일대(4,000호), 서울지방조달청(1,000세대), 서부면허시험장(3,500호) 등이다.

이러한 공급 대책이 발표된 후 약 1년이 지난 현재 이 부지들에서의 사업은 원활하게 잘 추진되고 있을까?

다음 페이지 그림에서 보다시피 아쉽게도 계획대로 순조롭게 진행되는 곳이 없는 실정이다. 더구나 정부 과천 청사 일대의 4,000여 세대는 이미 백지화가 확정되었다. 과천시장은 주민들의 의견을 무시한 채 정부의 공급 대책에 적극적인 반대 입장을 밝히지 않았다는 이유로 주민 소환 투표가 발의되기도 했다.

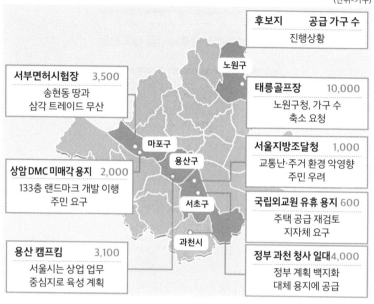

8·4대책 후보 지역 사업 추진 현황

(단위=가구)

후보지	공급 가구 수
진행상황	

서부면허시험장 3,500
송현동 땅과
삼각 트레이드 무산

태릉골프장 10,000
노원구청, 가구 수
축소 요청

상암 DMC 미매각 용지 2,000
133층 랜드마크 개발 이행
주민 요구

서울지방조달청 1,000
교통난·주거 환경 악영향
주민 우려

국립외교원 유휴 용지 600
주택 공급 재검토
지자체 요구

용산 캠프킴 3,100
서울시는 상업 업무
중심지로 육성 계획

정부 과천 청사 일대 4,000
정부 계획 백지화
대체 용지에 공급

노원구 / 마포구 / 용산구 / 서초구 / 과천시

출처: 《매일경제》 (2021년 6월 8일 기사) 참고로 재구성

　　이와 같은 공급 대책의 추진이 원활하지 않은 것은 어느 정도 예견
된 결과이기도 하다. 세심한 조사를 통해 공급 대책을 세운 것이 아니
고 시간이 촉박한 상황에서 대책을 만들다 보니 인근 주민과 해당 지
자체와의 협의도 없이 일단 발표를 한 것이다. 그렇게 해서라도 폭등
하는 집값을 잡겠다는 정부의 의지였다. 하지만 부작용은 속출하고
있다. 대책이 발표되면 시장이 잠깐 주춤했지만 결국 다시 요동쳤다.
공급 대책도 마찬가지였다. 처음에는 엄청난 공급 숫자에 시장이 반
응하여 위축되는 듯했으나 일부 전문가들이 현실성 없는 대책임을 지

적하고 시간이 흘러도 추진이 미흡한 모습을 보이자 가격은 다시 뛰었다. 결국 대책 **발표가 중요한 것이 아니라 실제 진행이 되는 모습을 보여야,** 공급이 부족해서 지금 집을 사지 않으면 안 된다는 사람들의 불안한 심리를 잠재우고 **시장의 안정화를 도모할 수 있다.** 그런데 공급대책의 현재까지 추진 상황은 매우 부족한 모습이다.

개인적으로 정부가 재개발·재건축을 활성화하지 않고 국유지, 시유지 등 공공 부지만을 활용해 공급하겠다는 것 자체가 매우 위험한 생각이라고 본다. 민간의 힘에 기대지 않고 국가 부지만으로 넘치는 수요를 채울 방법은 사실상 없다. 그럼에도 정부는 추진했고 결과는 좋지 않았다. 여전히 전문가들은 재개발·재건축 활성화 및 기존 주택의 공급 활성화를 위한 양도세 완화를 주장했으나 정부의 고위 관계자들은 이런 의견을 일축했다. 절대로 불로소득을 줄 수 없다는 의지의 표현이었다. 불로소득을 허용하는 것이 합당하다는 뜻이 아니다. 일부의 불로소득을 인정하더라도 집값을 잡을 수 있다면 대의를 위해 그러한 결단을 할 수도 있어야 한다. 하지만 정부는 이런 쪽으로는 정책 변화를 줄 생각이 조금도 없어 보인다.

심지어 양도세는 2021년 6월을 기점으로 더욱 강화되었다. 이제 정권이 바뀌지 않는 한 양도세를 풀어줄 가능성은 제로에 가깝기에 기존 주택에서 매물이 나올 가능성은 희박하다. 민간의 신규 공급인 재개발·재건축 활성화도 강력한 대책에 묶여 공급을 일으키기가 요원하다. 여기에 넘치는 유동성으로 인해 수요가 넘쳐나기에 공급은 무척이나 부족하다. 아무리 생각해도 당장은 부동산 가격이 상승하는

2.4(목) 10:00 이후
보도가능

『공공주도 3080⁺』
대도시권 주택 공급
획기적 확대 방안

2021. 2. 4.

출처: 국토교통부

것을 막을 방법이 없다. 시장의 안정화를 위해 잘못된 규제를 폐지해야 한다는 목소리가 커졌지만 전혀 신경 쓰지 않았다. 그리고 정부는 2021년에 다시 한번 정책 기조의 변화 없이 집값을 잡을 방안을 발표하는데 이것이 바로 2·4대책이다.

최장수 국토부 수장이었던 김현미 장관의 뒤를 이어 LH 사장이었던 변창흠 장관이 2020년 말 등장했다. 2·4대책은 국토부 수장이 바뀐 후 처음 제안하는 정책으로서 매우 파격적인 내용이 많다. 정부는 2·4대책을 통해 주택 공급에 민간이 아닌 공공이 주도적인 역할을 하겠다고 다시 한번 강조했다. 공공 택지를 신규 지정하고, 공공 주택 복합 사업, 공공 직접 시행 정비 사업 등 이름만 들어도 머리 아픈 사업을 추진하겠다고 했다. 하지만 아무리 공공 사업이라고 해도 주민들의 동의가 없다면 추진되지 못한다. 그래서 정부는 동의를 얻고자 파격적인 인센티브를 선보였다. 용적률 상향 및 층수 완화, 초과 이익 환수제 및 분양가 상한제 미적용 등으로 민간보다 수익률을 높여주고 개발 기간도 획기적으로 줄이고 동의율의 범위도 낮춰서 민심을 얻겠다는 의도였다. 하지만 시장의 반응은 대체로 싸늘했다.

일단 이번에도 현실성이 떨어진다는 반응이 주를 이뤘다. 정부가 제시하는 수익률이 확정된 건지도 불투명한 상황에서 민간 정비 사업과는 달리 소유권을 먼저 사업 시행자에게 이전해야 한다는 조건도 있었다. 공공 개발에서 시행자는 사실상 정부(LH 등)이므로 정부를 굳게 믿는다면 모를까 내가 어떠한 물질적 보상도 받지 못한 상황에서 소유권을 먼저 내주어야 한다는 부담감은 생각보다 무척 컸다. 사람들은 공공 개발에 반신반의했다. 부동산 시장이 어떻게 진행될지 시간을 두고 서로 눈치를 살피는 형국이 되었다. 2·4대책 이후부터 거래하는 주택의 경우 현금 청산이 될지도 모른다는 두려움도 컸다. 모든 것이 막연한 상황이었고 시간이 필요했다. 이 와중에 'LH 사태'가 터져버렸다. 국토부의 수장은 전임 LH 사장이었던 변창흠 장관이다. 사람들은 혼란에 빠졌고 안 그래도 위태롭던 부동산 정책에 대한 정부의 신뢰도는 바닥에 떨어졌다. 정부는 부랴부랴 수습에 나섰다. "이일을 계기로 오히려 부정부패를 뿌리 뽑고 투명하게 진행할 수 있는 계기가 됐다"면서 공급 정책의 원활한 추진을 천명했지만 국민의 신뢰를 잃은 추진은 힘이 빠질 수밖에 없다. 이런 식의 흐름이 지속되다 보니 공급은 공급대로 미뤄지고 가격은 2021년이 되어서도 가파르게 상승하고 있다.

　부동산은 필수재일까, 아닐까? 필수재는 음식으로 비유하자면 아이스크림이 아니라 밥이다. 아이스크림은 비쌀 경우 안 사 먹으면 그만이지만 밥은 비싸다고 안 먹을 수가 없다. 상품은 필수재든 아니든 공급 대비 수요가 많으면 가격이 올라간다. 하지만 필수재가 아니라면 가격 상승에 한계가 있다. 앞선 비유처럼 적당한 금액이라면 아이스크림(비필수재)을 사 먹겠지만 터무니없이 비싸다면 안 먹어도 그만이기 때문이다. 아이스크림을 먹으면 좋겠지만 안 먹어도 살아가는 데 큰 지장은 없다. 그러므로 가격이 일정 수준을 넘을 때까지는 상승하겠지만 적당히 상승한 후에는 가격 상승이 계속되기 힘들다. 이러한 상품이라면 지금 우리나라 부동산에 적용하고 있는 징벌적 세금 정책도 효과가 발휘된다. 만약 아이스크림 살 때 과도한 세금으로 인해 비싼 비용을 추가로 내야 한다면, 냉장고에 아이스크림을 넣어두었다고 세금을 많이 걷는다면 대부분은 아이스크림을 먹지 않을 것이다.
　하지만 상품이 필수재라면 이야기가 달라진다. 아무리 비싸도 밥을 안 먹으면서 버틸 수는 없다. 울며 겨자 먹기로 비싼 금액을 내면서라도 필수재는 사야만 한다. 부동산은 필수재의 성격을 지닌 재화다. 그렇기에 지금의 징벌적 세금 정책에도 불구하고 공급이 부족하다면 아파트 가격은 상승할 수밖에 없는 구조이다. 여러분은 지금 어딘가에서 살고 있고 그곳은 바로 집이다. 어느 누구도 집 없는 삶을 살기는 어렵다. 그 형태가 매매든, 전세든, 월세든 상관없이 우리는 집에서 살고 있다. 사실상 예외는 없다. TV 프로그램 〈나는 자연인이다〉 상황만 아니라면 누구나 집에서 산다. 그렇기에 집은 부족하면 가격이 오른다.

주택은 공급하기까지 시간이 오래 걸린다는 것도 일반적인 재화와의 차이점이다. 우리는 과거에 배추 파동도 겪어봤고, 우유 파동, 계란 파동이라는 말도 들어봤다. 심지어 특정 과자나 라면이 부족한 모습, 코로나가 극심했을 때에는 마스크가 부족한 모습도 봐왔다. 어떤 이유로든 이런 상품들에 수급 불균형이 생겼고 이에 따라 가격이 폭등했다. 그러나 이런 수급 불균형은 오래가지 않는다. 어떤 상품에 수요 부족 현상이 나타나면 공급자가 기회를 놓치지 않고 공급을 늘리기 때문이다. 어떻게 손쉽게 공급을 늘릴 수 있을까? 배추가 부족하면 배추 농사를 하는 사람이 늘어난다. 다른 농산물을 재배할 때보다 더 많은 이윤을 얻을 수 있기 때문이다. 특정 과자가 잘 팔리면 공장을 증설하여 공급을 늘린다. 역시 같은 이유다. 그 과자가 잘 팔리기 때문이다. 바로 이런 것이 우리가 수도 없이 들어본 경제학의 기본이자 기본인 애덤 스미스의 '보이지 않는 손'의 원리다. 하지만 부동산은 급작스럽게 공급을 늘릴 수 없다. 인허가부터 완공까지, 즉 완제품을 만들기까지 상당 시간이 걸리기 때문에 대량 공급으로 수요를 진정시키기까지 시간이 꽤 소요된다.

또 하나 중요한 부동산의 특징으로는 '부동성'이 있다. 즉 움직일 수 없는 성질이라는 뜻이다. 움직일 수 없는 것이 시장에 어떤 영향을 주는지 유통이라는 측면을 살펴보자. 유통을 이해하면 부동산에 대한 이해가 더 쉽다. 매우 중요한 내용이니 주의 깊게 읽어주길 바란다.

앞서 말한 일반 상품들은 유통을 통해 공급이 더 원활해진다. 예를 들어 서울에서 '감자과자'라는 상품이 폭발적 인기로 인해 물량이 부족하다고 해보자. 공급자는 서울에서 인기가 있다고 하여 서울에 공장을 지을까? 당연히 아니다. 서울은 땅값이 비싸기도 하거니와 일단 공장 부지를 찾는 것조차 힘들다. 공급자는 지방의 저렴한 땅을 구입해서 공장을 증설하여 제품을 만든 후 서울로 유통시키는 방법을 쓰면 쉽게 해결이 되고 투자비도 적어 이윤도 커진다. 부족한 공급을 오랜 시간이 걸리지 않아 해결할 수 있다는 것이다.

그러나 부동산은 이런 일반 재화와는 성격이 전혀 다르다. 서울에 집이 부족하다고 하여 강원도에 집을 많이 짓는다고 해결할 수 있나? 그것을 유통할 수 있나? 안 된다. 이것이 부동산이라는 이름에서 표현되듯 가장 강력한 특징인 '부동성'이다. 말 그대로 움직일 수 없는 성질이라는 것인데 이는 공급에 커다란 영향을 미친다.

서울의 부동산 가격이 비싼 이유는 공급 부족 때문이다. 정비 구역의 개발 혹은 양도세 완화 등을 통해 공급할 방법은 있으나 규제에 묶여 전혀 움직이지 않고 있다. 타 지역에서 아무리 아파트를 공급한다고 해도 서울의 집값과는 연관성이 거의 없다. 서울의 집값을 잡으려면 서울에 공급을 해야 한다. 그런데 공급할 땅이 없다. 그러니 서울에서의 신규 공급은 한참 시간이 걸릴 요원한 일이다. 또한 사람들이 이런 상황, 즉 서울은 지속적으로 공급이 부족하다는 점에 대해 점차 알아가고 있기 때문에 불안한 마음의 영끌족은 꾸준하게 늘어나고 있는 것이다.

정리해보면, 서울의 집값은 공급이 부족한 상황인데 당분간 공급이 되지 않을 것이 확실시되므로 가격은 꾸준히 상승하게 된다. 또한 필수재 상품은 가격이 비싸다고 하여 수요가 사라지고 가격 상승이 제한받는 성질의 것이 아니다. 다시 강조하지만 주택은 너와 나, 우리 모두가 필요로 하는 필수재이다.

이제 서울의 주택 가격이 터무니없이 비싸 보여도 꾸준히 더 올라가는 이유를 어느 정도 이해하셨을 것이다. 이 파트의 서두에서 이해의 편의상 핵심 지역을 서울이라고 가정했었다. 그런데 서울 중에서도 핵심 지역과 비핵심 지역을 카테고리에 따라 다양하게 나눌 수 있다. 가장 보편적인 분류를 몇 개 보자면 강남 vs. 강북, 역세권 vs. 비역세권, 한강변 vs. 비한강변 등이다.

우리가 일반적으로 핵심 중의 핵심 지역 단 하나를 뽑으라고 하면 어디가 먼저 떠오를까? 십중팔구는 당연히 '강남'이라고 답할 것이다. 강남은 대한민국이 인정하는 핵심 중의 핵심 지역이다. 대체 불가능하며 특별한 변수가 발생하지 않는 한 공급이 반영구적으로 부족한 지역, 장기적으로 계속 수요 초과인 지역이 바로 강남이다.

강남의 가격을 잡을 방법은 단 하나다. 강남을 원하는 수요자보다 더 많은 공급을 하는 것이다. 지난 수년간 여러분이 목격해왔듯 수요자를 끌어내려서 가격을 안정화시키는 방법은 한계가 있다. 하지만 공급을 해주면 가격은 자연스럽게 떨어진다. 최근에 심심치 않게 보이는 기사가 대구 부동산 시장의 하락세다.

2021년 6월 초 국내 여러 언론은 대구의 부동산 청약 시장이 냉각되었으며 이 여파로 집값까지 떨어질 조짐이 보인다고 보도했다. 그리고 부산과 광주 등 다른 광역시의 상승 상황과 비교하며 낮은 상승률에 대해 지적했다. 이유는? 그렇다. 바로 공급이다!

공급에는 장사가 없다. 제아무리 좋은 것도 흔하다면 가격이 떨어지는 것이다. 다이아몬드가 비싼 이유는 예뻐서가 아니라 희소하기 때문이다. 천연 다이아몬드와 외관상 차이가 없는 인공 다이아몬드는 무척 아름답다. 하지만 인공 다이아몬드는 똑같이 생긴 천연 다이아몬드 가격의 10분의 1이다. 많이 만들 수 있어 흔하기 때문이다. 다시 강조하지만, 다이아몬드가 비싼 이유는 예뻐서가 아니라 희소하기 때문이다. 단순하지만 꽤 중요한 개념이기 때문에 잘 인지하고 있어야 한다.

우리나라에서는 기름값이 물값보다 비싸지만, 내가 사막 한가운데서 길을 잃고 서 있다면 100배의 기름을 주어서라도 물과 바꿀 것이다. 이렇듯 물건은 고정된 가치와 가격을 가진 것이 아니라 상황에 따른 희소성이 가치와 가격을 만든다.

강남에 아파트를 지을 때와 지방에 아파트를 지을 때의 건축비는 크게 차이가 나지 않는다. 그런데 실제 거래 가격은 10배가 넘게 차이 나기도 한다. 왜일까? 역시 희소 가치 측면에서 고려해야 한다. 단순히 원가를 기준으로 가격에 거품이 있다고 판단하면 커다란 오판이다. 강남에는 아파트를 더 지으려야 지을 곳이 거의 없다. 하지만 지방에는 마음만 먹으면 지을 수 있다. 비록 원재료의 값은 비슷하지만 희소 가치 측면에서는 엄청난 차이가 있는 것이다.

강남의 가격을 잡으려면 강남에 살기 원하는 수요보다 더 많은 공급을 강남에 해주면 된다고 언급했다. 그런데 이게 가능할까? 강남에 있는 대부분의 아파트를 새롭게 재건축하더라도 강남을 원하는 수요자 이상으로 공급하기에는 부족할 것으로 보인다. 그렇다면 다른 방법은 없을까? 있다. 강남보다 더 좋은, 적어도 강남에 준하는 강남급 대체 신도시를 만들어 수요를 분산하는 것이다.

음? 생각보다 해결책이 간단하네! 그렇다면 지금까지 이런 시도는 없었을까? 없었을 것 같다고? 천만의 말씀, 여러 차례 있었다. 이렇게 강남의 대체 도시를 만든다는 시도로 진행된 곳이 판교, 위례, 동탄, 검단 등의 신도시들이다. 이 도시들은 거의 대부분 입주가 완료되었다. 그런데 결과는? 강남의 집값이 잡혔나? 전혀!

왜 그럴까? 이유는 간단하다. 이들 도시는 훌륭하지만 강남급에는 미치지 못한다. 강남을 대체하려면 강남의 직주 근접성, 교통, 교육, 인프라, 편의성, 커뮤니티 등에서 최소한 같거나 능가해야 한다. 뭐라고? 강남보다 더 좋은 교통, 교육, 커뮤니티를 만들라고? 이런 도시를 만든다는 것이 가능할까? 정답은 우리 모두 알고 있다. Impossible!

그렇다면 강남의 집값을 잡을 방법은 정말 없는 걸까? 나에게 물으신다면, Yes!

현재로선 강남의 집값을 잡을 현실적인 방법이 보이지 않는다. 정도의 차이만 있을 뿐 강남처럼 어떤 곳의 특정 지역, 흔히 핵심 지역 혹은 핵심 단지라 불리는 곳은 가격이 떨어지기 힘들다. 사실상 공급이 수요를 영원히 잡을 수 없기 때문이다. 부동산 투자를 잘하려면 '희소성'이 강한 것을 찾는 것이 핵심이다.

제4법칙

인구는 감소하지만 도시로 집중된다

'인구론'에 관한 이야기도 지난 수년간 우리 사회의 중요한 화두 중 하나였다. 압축해서 설명하자면, 조만간 우리나라의 인구가 줄어들게 되고 인구가 줄어들면 수요가 줄어드는 것이니 수요 부족이 생기면서 결국 부동산 가격이 하락한다는 논리다. 언뜻 보면 맞는 듯하지만 현실은 전혀 다르다. 지금부터 인구론에 대해 알아보자.

먼저 사실관계를 파악해보면, 우리나라 인구는 2019년을 기점으로 자연 감소는 이미 시작되었다고 한다. 즉 출생아 수보다 사망자 수가 더 많아지는 현상은 이미 나타났다는 것이다.

그러나 외국인의 귀화나 이민 등 기타 조건 등 비자연적 요인까지 포함한 실질 총인구의 감소는 2029년경 시작될 것이라는 예측이 가장 최근의 자료다(통계청, 2019 인구조사). 또한 실질 인구수의 감소에도 불

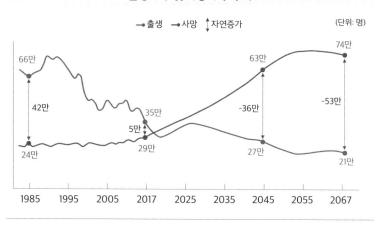

출생아 수 및 사망자 수 추이

→ 출생 → 사망 ↕ 자연증가 (단위: 명)

출처: 통계청 KOSIS 국가통계포털

구하고 가구 수의 감소는 인구 감소 시작 시점에서 4~5년 뒤부터라고 하니 가구 수의 감소는 12~13년 정도가 더 필요하여 2034년 전후가 될 것으로 예측된다.

그럼에도 불구하고 우리나라의 실질 인구가 지금부터 감소한다고 가정해보자. 어떤 현상이 벌어질까? 이것을 막연한 상상에 맡기며 어렵게 생각할 필요는 없다. 이미 우리나라도 인구 감소가 나타나는 지역은 무수히 많으며 이런 지역에서 어떤 일이 일어났는지 살펴보면 된다. 전작인《10년 후, 이곳은 제2의 강남이 된다》에서 '지방 소멸 보고서'를 통해 자세히 언급했었는데 여기서는 간략히 정리해본다. 우리나라는 인구가 줄어 결국에는 소멸이 되어가는 지방의 지역이 많은데 소멸되는 지역이라 하더라도 그 지역에 살고 있는 사람들이 전부 사망해서 인구가 줄고 소멸되는 것이 아니다. 지방 소멸의 가장 주된 이유는 해당 지역 인구가 타 지역으로 이동했기 때문이다.

젊은이들은 더 나은 기회를 찾아 규모가 큰 다른 지역으로 움직인다. 이러한 이동 인구가 많아지면서 해당 지역의 인구는 점차 줄어들게 되고 인구가 줄어드니 기존의 인구수에 맞춰 지어졌던 여러 가지 공공 건물은 쓸모없게 된다. 학교도 폐교할 것이고 은행의 수도 줄어들고 우체국도 줄어들고 가게들도 사라지고 점점 활력 없는 지역으로 바뀐다. 지역이 이런 모습으로 바뀌어가면 다른 지역에서 이 지역으로 들어오려는 사람은 당연히 없을 것이고 일자리가 사라져 사람들이 거주하기 점점 힘든 곳이 된다. 이렇게 되면 사람들은 일자리를 찾아 어쩔 수 없이 경제 중심 도시로 이동하게 된다. 그렇게 인구가 더욱 줄어들면 지방 지역은 소멸하고 핵심 지역은 더욱 성장하게 된다.

결국 인구가 줄어들어 수요가 줄어드는 것은 일부 지방에 한정된 이야기다. 서울, 수도권 및 광역시 등 도심권의 부동산은 상관이 없다. 그런데 이렇게 구분해서 생각하지 않고 부동산을 하나의 큰 집합체로 해석하면 '인구가 줄어들면 수요가 줄어드는 것이니 수요 부족이 생기면서 결국 가격이 하락한다'는 단순하면서 잘못된 결론에 도달한다. 제한된 증거를 가지고 결론을 도출하는 성급한 일반화의 오류와 비슷하다.

이런 지방 소멸 및 도심 집중화 현상은 우리나라에만 나타나는 특별한 현상은 아니다. 대부분의 나라가 이런 모습이다. 2018년 자료를 기준으로 전 세계 도시 인구 비율은 약 55%이며, 2050년경에는 70%에 육박할 것으로 보인다고 유엔 경제사회국의 보고서는 명시했다. 그런데 도시의 비율은 전체 토지 면적의 불과 1% 남짓이다.

전 세계 인구는 80억 명 수준이다. 2050년경 전 세계 인구가 얼마가 될지는 모르겠지만 80억 명을 기준으로 보자면 70%인 56억 명이 불과 1%의 땅에 옹기종기 모여 살고 있는 것이다. 미래의 도시를 상상한 수많은 이미지를 보면 공통적으로 보이는 것이 바로 높은 고층 건물인 마천루이다. 좁은 땅에 엄청나게 많은 사람이 몰리니 건물이 높아질 수밖에 없다.

토지의 가격은 얼마나 많은 건물을 지을 수 있는가로 결정된다. 주거 지역(용적률 300%)보다는 준주거 지역(용적률 400%)이, 준주거 지역보다는 상업 지역(용적률 1000% 이상)의 용적률이 높기 때문에 상업지−준주거지−일반 주거지 형태로 가격이 형성된 것이다. 참고로 용적률이란 대지에 얼마나 높은 건물을 지을 수 있는가의 개념인데 용적률이 높을수록 건물을 더 많이 높이 지을 수 있으므로 가격도 용적률에 비례한다. 그런데 경제 중심 도시에는 사람들이 점점 더 많이 몰려들고 이러한 도시는 어쩔 수 없이 토지를 고도 이용해야 하므로 용적률도 높아져야 한다.

그렇다면 도시의 땅값은 어떻게 되겠는가? 나에게 상담 받으러 오시는 분 중 주택은 있고 여윳돈이 있는 분들에게 서울의 토지 매입을 권해드리고 컨설팅해드린다. 계약상으로는 건물을 구입하는 것처럼 보이지만 사실은 대한민국 제1의 핵심 도심인 서울의 토지를 매입하는 것이다. 나는 서울의 땅값은 매년 상승할 것이고 절대로 빠지지 않을 것임을 확신한다.

대한민국 제1의 도시 서울의 모습

출처: shutterstock

남해의 시골 마을 풍경

출처: shutterstock

토지 가격이 상승한다는 것은 원가가 상승한다는 것과 동일하므로 토지 위에 지어지는 부동산의 가격은 당연히 높아질 수밖에 없다. 또한 땅값만 상승하는 것이 아니라 인건비, 건축비 등의 제반 비용도 같이 상승하므로 최종 소비자 가격인 분양가는 계속 높아질 수밖에 없는 구조다. 그러니 분양가 상한제 등을 통해 분양가를 아무리 통제한다고 해도 가격이 상승하는 것은 시간이 지나면 아침이 오는 것과 같이 매우 자연스러운 일이므로 막을 수가 없다.

우리는 대다수가 도시에 살고 있다. 1960년대보다는 1980년대, 1980년대보다는 2000년대, 2000년대보다는 2020년대에 도시의 인구수가 더 많다. 인구가 줄어들어도 도시의 인구 집중 현상은 계속될 것이어서 도시의 인구수는 늘어나게 된다. 더구나 지금까지는 전체적인 인구가 늘었기에 지방의 인구 감소도 더뎠거나 상승했지만, 앞으로는 인구가 감소하는 상황에서 도시에 인구 집중 현상이 계속된다면 지방은 거의 필연적으로 인구가 감소할 것이기 때문에 현시점에서 소위 읍면 지역의 부동산에 투자하는 것은 위험하다. 물론 수년 사이에 그런 지역의 주택 가격이 감소할 가능성은 낮다. 지금은 비조정 대상 지역의 풍선 효과와 저렴한 주택이라는 점을 어필하며 외지 투자자들이 몰려들어 이런 지역도 가격은 상승하고 있다. 하지만 풍선 효과가 끝나고 장기적인 관점에서 냉정히 바라보게 되면 이러한 지역의 부동산은 오래 보유할수록 위험해진다는 결론에 다다른다.

반면 도시는 자연 인구가 감소한다고 해도 이동 인구가 많아 결국 인구수가 늘어날 것이기 때문에 투자에서 안전하다. 유엔 보고서에 나온 바에 따르면 이런 현상은 최소한 2050년까지는 지속될 것이며 아마 인류가 망하지 않는 한 계속될 것으로 판단해도 무방하다.

이제 우리가 어디에 투자해야 하는지 명확해졌다. 인구가 늘어나는 곳으로 투자해야 한다. 그런데 기왕이면 큰 도시일수록 좋다. 또한 서울처럼 도시 외곽이 그린벨트로 묶여 있으면 더욱 좋다. 도시가 확장되지 못한다면 늘어나는 수요를 공급이 따라잡지 못할 것이다. 땅값은 계속 오를 것이다. 반면 작은 도시는 도시 외곽에 남는 땅이 많다. 인구가 늘어나서 공급이 부족한 현상이 발생해도 외곽의 저렴한 토지를 개발해서 공급을 늘려 해결할 수 있게 된다. 이런 경우 가격이 상승하기 힘들다. 투자자 입장에서 이런 지역 투자는 배제해야 한다.

예전에 종로에서 강의를 마치고 나의 다음 시간에 강의하시는 교수님과 담소를 나눈 적이 있다. 지금 이 글의 주제인 인구론과 도시의 집값 안정화가 주제였다. 교수님은 우스갯소리로 서울의 집값을 잡으려면 서울 주변 경기도의 주소지를 다 서울시로 바꿔줘야 할 거라고 하셨다. 덧붙여서 강남 3구 주변에 있는 강동구, 동작구, 성남시 등을 모두 강남구 및 서초구, 송파구 등으로 바꿔주면 집값이 안정될 거라는 말씀도 하셨다. 그야말로 농담 삼아 한 말이지만 무릎을 딱 치게 되는 통찰력 있는 말씀이셨다.

강남구의 집값이 비싼 이유 중 하나는 **강남구이기 때문**이다. 사람들은 강남구에 있는 것은 모두 비싼 값을 쳐준다. 방배동과 사당동은 길 하나 차이로 비슷한 인프라를 똑같이 이용하지만 집값은 엄청난 차이가 난다. 행정구역의 차이 때문이다. 그런데 동작구 사당동이 아니라 서초구 사당동이 되면 가격이 어떻게 될까? 현황은 전혀 바뀐 것이 없지만 행정구역명만 바꿔주어도 가격이 추가 상승할 것이다.

관악구 봉천동은 강남구 봉천동으로, 강동구 천호동은 송파구 천호동으로 등 이런 식으로 행정구역을 죄다 바꿔버리면… 성남, 분당, 안양, 광교, 김포, 남양주, 의정부, 일산, 파주 등을 전부 서울특별시로 편입한다면… 말도 안 되는 일이지만, 희소성이 점점 옅어지며 가격 안정화의 가능성은 커질 것이다.

서울은 현실적으로 이런 일이 발생할 가능성이 없지만, 지방의 도시들은 실제로 주변의 남는 땅이 많아 편입해서 도시를 확장할 수 있다. 그러니 경제 중심지, 즉 일자리가 넘치는 큰 핵심 도시이면서 인구가 늘어나고 도시가 확장되기 힘든 곳을 찾아서 부동산을 구입한다면 향후 대한민국 인구가 어떻게 변하건 관계없이 여러분이 천수를 누리고 눈감는 그날까지 가격이 상승할 것이다.

지금 당장은 가격이 비싸 보일 것이다. 그래서 주춤거리는 사람들도 많다. 하지만 절대로 그러지 마시라. 비싼 것은 다 이유가 있다. 너도 좋아하고 나도 좋아하는 상품인데 가격까지 저렴한 것을 찾는 것은 행복의 파랑새를 쫓는 것처럼 의미 없는 행동이다. 세상에 그런 것은 없다. 당장은 비싸 보이지만 앞으로는 더 비싸질, 사람들이 많이 몰리는 경제 중심 도시에 투자하는 것이 가장 안정적이고 적합한 투자 방법이다.

획기적으로 교통망이 개선된다

투자할 때 고려해야 할 요소는 한둘이 아니지만, 우리는 특별히 교통을 눈여겨본다. 그중 으뜸은 지하철 역세권 여부다. 지하철은 정시성이 있는 대중교통으로 많은 사람이 이용한다. 출퇴근 시에는 엄청난 인파가 몰린다. 상당수 직장인이 지하철을 이용하므로 부동산을 투자할 때 역세권 여부를 체크하는 것은 절대로 빠질 수 없다.

서울은 이미 엄청나게 복잡한 거미줄 같은 지하철 시스템을 갖추었다. 역세권 개발을 한다고 할 때 역세권의 범위는 1차 역세권, 2차 역세권 등에 따라 조금씩 다르지만, 역 주변 500m까지라고 정의할 경우 역세권이 비역세권보다 오히려 더 많을 정도다. 그만큼 지하철역이 촘촘히 있는 것이다. 또한 환승 시스템이 잘 갖춰져 있어 지하철역에서 조금 멀리 떨어진 곳이라도 역에서 나와 버스를 이용하면 지하철역까지 금방 도착한다. 대한민국 수도 서울에서는 대중교통을 통해 어디든 쉽게 이동할 수 있다. 서울에 사는 분들은 이를 너무나 당연하게 여겨 얼마나 편리한지 체감하지 못하지만, 외국의 유수 도시에서도 서울의 대중교통만큼 훌륭한 시스템을 갖춘 곳을 찾기 힘든 수준이다.

세계인을 사로잡은 '서울 지하철'

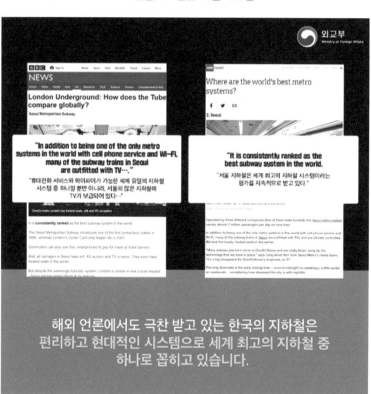

출처: 외교부(주오사카 총영사관)

사실 서울의 대중교통이 더 발전할 수밖에 없는 이유가 있었다. 바로 엄청나게 막히는 도로 때문이다. 우리나라의 국토 면적은 약 1,003만 헥타르(ha)로 전 세계 107위 수준이다. 국토의 크기는 러시아가 압도적인 1위고, 캐나다, 미국, 중국, 브라질 순이다. 미얀마, 아프가니스탄, 소말리아 등 우리의 인식에 못사는 나라로 여겨지는 국가들도 크기로 따지면 30위 후반에 있다. 심지어 우간다, 가나 등의 나라도 우리나라보다 2배 이상 넓다.

그러나 우리나라의 인구수는 약 5,200만 명으로 전 세계 28위다. 좁은 토지에 비해 많은 인구가 살고 있는 것이다. 인구밀도 순위를 살펴보아도 우리는 상위권이다. 마카오, 싱가포르, 바티칸, 산마리노 등 사실상 도시국가라고 할 수 있는 국가를 뺀 순위에서 우리나라는 방글라데시, 대만에 이어 3위 정도라고 할 수 있다(도시국가 포함 순위로는 전 세계 23위, 출처: world population review 2021).

좁은 토지에 많은 인구가 살고 있는데 여기서 인구의 절반이 서울을 포함한 수도권에 몰려 있다. 서울의 인구는 약 950만 명으로 인구의 약 1/5이 살고 있는데, 서울이 우리나라에서 차지하는 면적 비율을 대략 계산해보면 1/166이다. 얼마나 많은 사람이 서울에 밀집해 있는지 알 수 있다. 이러니 출퇴근 시 도로가 주차장이 되는 건 필연적이라고 할 수 있다. 그래서 대다수 사람이 집은 없어도 차는 있지만 이를 주말 레저용으로 쓸 뿐 출퇴근 시에는 사용하지 않는다. 이런 환경에서는 대중교통이 발전하지 않을 수가 없다. 그러므로 다른 나라에서는 그다지 중요하게 생각하지 않아도 되는 역세권 여부를 우리는 상당히 중요하게 바라봐야 한다.

그런데 서울의 지하철이 매우 정교하며 촘촘히 엮여 있어 편리한 시스템을 구축한 것에 비해 전국 철도망은 아직 미흡한 부분이 많다. 한국교통연구원이 2021년 4월 22일에 발표한 〈제4차 국가 철도망 구축 계획 수립 연구〉 공청회 자료에 따르면, 지역 간 철도를 지속해서 확충하고 있음에도 선진국보다 현저히 낮은 수준이다. 면적 기준으로는 프랑스, 일본보다 25% 이상 부족(약 1,000km)하고, 인구 기준으로는 현재보다 4,000km 이상 연장 확보가 필요하다고 한다.

또한 프랑스 고속철도의 지역 발전 영향을 연구한 결과를 보면 고속철도의 수혜 지역과 비수혜 지역의 발전성 차이가 심하게 나타났다. 심지어 고속철 수혜 지역의 경우 수도권 도시보다 더 높은 지역 발전을 가져오는 것으로 조사되었다.

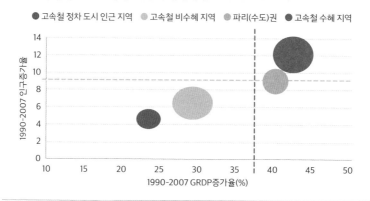

프랑스 고속철도의 지역 발전 영향 연구 결과

● 고속철 정차 도시 인근 지역　● 고속철 비수혜 지역　● 파리(수도)권　● 고속철 수혜 지역

출처: 제4차 국가 철도망 구축 계획 수립 연구

앞의 그림에서 빨간색 원으로 표시된 것은 고속철 정차 도시 '인근' 지역인데 이곳은 지역 발전성이 가장 낮았다. 심지어 고속철의 '비수혜 지역보다도 낮은 발전성을 보였다. 연구 보고서에는 별도로 언급되지 않았지만 직관적으로 생각하면 의외의 결과로 보이는데, 이에 대한 개인적 견해는 다음과 같다.

고속철이 전혀 들어오지 않는 지역은 어차피 고속철과 연관된 발전이 불가능하다. 그렇다고 지자체가 아무 일도 안 하는 것은 아니다. 슬럼화되도록 내버려두지 않을 것이다. 그러니 지역 특산품을 만들든 기업 유치를 위해 힘쓰든 관광 상품을 개발하든 어떤 방식으로라도 발전을 유지하려고 노력할 것이다. 이렇게 함으로써 비록 고속철 수혜 지역이나 수도권보다는 발전성이 더디지만, 그 나름대로 발전해간다. 반면 고속철 정차 도시 인근 지역은 고속철에 대한 기대감이 크고 여기에 많은 것을 의지한다. 고속철만 들어오면 상권이 발달하고 인구가 유입되고 지역 경제가 크게 활성화될 것이라고 생각하게 된다. 사람들은 대부분 공통된 심리적 오류를 범하는데, 그중 과잉 확신과 확증 편향이 있다. 간단하게 설명하면 과잉 확신은 사람들이 자신의 판단이나 지식 등에 비해 더 후하게 평가하는 경향을 뜻하며 확증 편향은 자신의 신념, 판단과 부합하는 정보만 주목하고 그 외의 정보는 과소평가하거나 무시하는 편향된 사고방식을 뜻한다.

고속철 인근 도시 사람들은 자신들의 지역이 크게 발전할 것이라는 과잉 확신을 가지게 될 것이고, 이 확신이 확증 편향이 되어 이러한 믿음은 더욱 굳어지게 된다. 그래서 더더욱 별도의 개발이나 지역 발전에는 신경 쓰지 않게 될 것이다. 그런데 막상 고속철이 개통되면 의외로 인근 도시의 수혜는 많지 않다고 본다. 왜 그렇게 생각하는지 하나의 예를 들어보겠다.

이 파트 가장 처음에 언급했다시피 출퇴근 시 지하철이 가장 많이 애용되는 대중교통 수단이 된 이유는 정시성이라는 장점 때문이다. 친구와의 약속이라면 조금 늦어도 상관없지만 사실상 상사와의 약속인 직장에 늦는다면 큰일 날 일이다. 한두 번 늦어도 가슴이 벌렁벌렁 뛰는데 여러 번이라면 더 말할 나위도 없다. 그런데 버스나 심지어 택시도 도로가 막혀버리면 답이 없다. 그러니 가장 변수가 없고 빠르게 이동할 수 있는 지하철을 이용하는 것이 효과적이다.

그런데 고속철 인근 지역은 지하철을 이용하여 빠르게 이동하는 효과가 희석될 수밖에 없다. 고속철 직접 수혜 지역이 아닌 인근 지역이므로 일단 집에서 나와 고속철이 있는 지역까지 이동해야 한다. 이때 이동 수단은 버스나 지하철이 될 것이다. 그러니까 집에서 나와 버스든 지하철이든 먼저 이용하여 고속철 지역까지 온 후 고속철을 이용할 수 있는 것이다. 1분이 아까운 출근 시간에 이러한 환승은 부담스럽다. 그동안은 버스 혹은 지하철만 이용해서 회사까지 출근했는데, 한 번 더 고속철로 갈아타야 하는 부담이 생긴 것이다.

예를 들어 서울의 GTX-C 노선을 살펴보자.

GTX 노선에 수원역이 있으니 수원은 GTX 수혜 지역이고 수원 아래에 있는 오산은 인근 지역이라고 할 수 있다. 같은 맥락으로 용인 역시 수혜 지역이고 경기도 광주는 인근 지역이다. 과연 GTX 인근 지

GTX-C 노선도

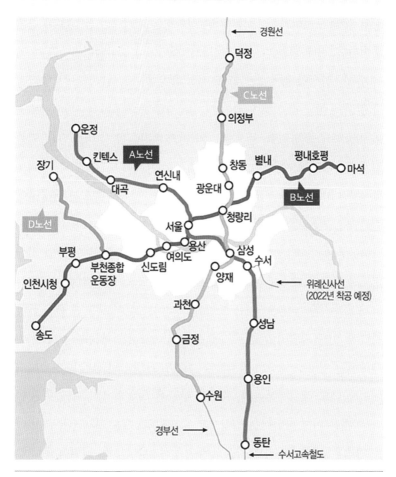

출처: 한국철도공사

역이 수혜를 받을 수 있을까? 경기도 광주에서 용인까지 와서 GTX 를 타고 강남을 가는 방식을 이용할 바에는 그냥 집 앞에서 강남까지 가는 직행 버스를 타는 것이 오히려 더 빠를 것이다.

같은 방식의 문제가 반복해서 나타날 수도 있다. GTX-A 노선의 경우 강남을 지나가는 노선이지만 정차역은 수서역과 삼성역 두 군데 뿐이다. 그런데 내가 다니는 회사가 선릉역이나 강남역이면 어떻게 해야 할까? 삼성역에서 내린 후 또 전철 혹은 버스로 갈아타야 한다. 결국 강남역 부근에 직장이 있는 경기도 광주에 거주하는 시민이 GTX를 이용해 출근하려면, 집에서 나와 버스 혹은 전철을 타고 GTX역까지 온 후 GTX로 갈아타고 삼성역에서 내린 후 다시 전철 혹은 버스로 갈아타야 비로소 직장에 도착할 수 있다. 갈아타기도 시간이 많이 걸린다는 점을 감안하면(특히 대심도 철도인 GTX는 지하 50~80m에 건설되기 때문에 일반 지하철보다 시간상 2배는 소요될 것이다), 그냥 우리 집 앞 직행 버스를 타고 강남역에 바로 도착하는 것이 시간을 더 절약할 수 있다.

GTX는 우리나라에 처음 도입되는 것이므로 이 교통 호재가 해당 지역 및 인근 지역의 부동산 가격 상승에 어느 정도 영향을 미칠지 현재로서는 정확히 예상하기 힘들다. 하지만 프랑스의 사례를 인용해서 내 나름대로 해석해본다면 GTX역 부근은 확실한 상승이 있을 것이다. 이것은 이미 나타나는 현상으로 수도권의 GTX 정차역 부근 아파트 가격은 서울의 아파트 평균값에 근접하거나 심지어 넘어선 곳도 있다. 하지만 GTX역이 있는 인근 도시는 물론 해당 도시라도 GTX역과 일정한 거리만 있더라도 가격이 많이 오르기는 힘들 것으로 본다. 물론 기대감 때문에 오히려 GTX가 개통되기 전에는 다 같이 오를 것이다. 예를 들어 수원역 GTX의 경우 수원역 인근의 아파트 가격이 상승하는 것은 당연하며 충분히 이해가 된다.

하지만 같은 수원시라 하더라도 GTX와 거리가 있는 곳은 어차피 GTX역까지는 다른 교통수단을 이용해서 와야 하기에 이러한 시간 등을 고려하면 출근 시 기존에 이용하던 대중교통과 비교할 때 시간 절약 측면에서 크게 효율성이 없다. 지금은 고속전철이라는 막강한 홍보 가치를 활용하기 위해 "강남까지 10분, 12분"이라면서 시간 단축 홍보를 엄청나게 하고 있지만, 막상 도어 투 도어(door to door) 개념에서 보면 비용은 오히려 더 비싸고, 시간 단축은 예상외로 효과가 크지 않을 수 있다는 것이다. 이런 지점을 경계로 기존 출근 시 걸리는 시간보다 절약되지 않으면 사람들은 GTX를 이용하지 않게 될 것이고, 이런 지역은 GTX 때문에 부동산 가격이 오를 리가 없다. 그러나 기대감으로 인해 이미 이런 지역조차 가격이 올랐다. 부동산의 하방 경직성이라는 특성상 올라버린 가격이 더 내려가진 않을 수 있겠으나 미래의 가격까지 이미 선반영되었기 때문에 개통 후 오히려 가격이 정체할 수 있는 위험성이 존재한다는 점을 반드시 기억해두기 바란다.

현재 시점을 기준으로 정리하면 GTX 호재를 받을 주택을 사고 싶다면, 비싸더라도 GTX 도보권 아파트를 고르는 것이 가장 현명한 전략이다. 도보권이 아니어서 다른 대중교통을 이용해서 GTX에 와야 하는 곳의 아파트와 GTX 도보권 아파트의 격차는 앞으로 분명히 더 벌어질 것이다.

지금도 역세권과 비역세권의 가격 차이는 꽤 크다. 우리나라에서 역세권 여부는 그만큼 중요하게 생각한다는 뜻이다. 그런데 지하철은 앞으로도 계속 확장된다. 가격이 오를 곳이 아직 수도 없이 많이 남았다는 것이다. 정부 입장도 수도권 집중 현상 및 지방 소멸을 막기 위한 수단으로 철도의 중요성을 강조하고 있다. 또한 환경적으로도 온실가스 배출량이 적은 철도의 중요성이 더욱 부각된다. 그리고 철도의 이용이 증가할수록 교통사고 감소 효과도 뚜렷하다.

이렇듯 여러 가지 사회 환경적 이유와 더불어 정부가 강한 철도 확장 정책을 표방하고 있으므로 이런 지역의 역세권 인근 주택의 가격은 지속적으로 상승하며 작든 크든 그 여파가 주변으로 미치게 될 것이다.

정부 정책이 현실적으로 변화한다

2017년 5월 정부가 바뀐 이후 크고 작은 부동산 관련 정책이 약 30여 가지 쏟아졌다. 주로 부동산 투기를 막기 위한 규제책이었다. 우리나라에서 부동산은 가구당 자산에서 차지하는 비율이 80% 육박하는 가장 중요한 자산이다. 좁은 국토에 비해 인구가 많은 편이라 더욱 그러한 경향을 보인다.

또한 수급 불균형 상황이 오면 가격의 변동성이 커진다. 수요가 많으면 가격이 상승하고, 공급이 많으면 하락한다. 수요 초과, 즉 공급 부족일 경우 가격 상승은 일반적인 국민의 소득 상승분보다 훨씬 더 크기 때문에 정부로서는 특히 공급 부족이 생기지 않도록 예의주시하며 잘 조절해야 한다.

최근의 수급 상황은 최악이다. 지역마다 다르지만 수도권, 특히 서

부동산과 금융 자산 증가율 비교

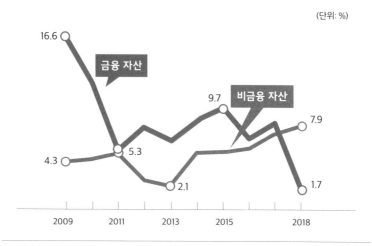

(단위: %)

출처: 한국은행

'거주 주택 외 부동산 보유 가계' 비율 비교

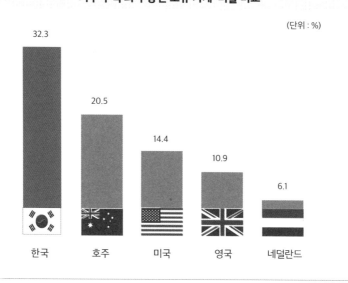

(단위 : %)

출처: 미래에셋은퇴연구소

울의 경우 공급이 부족하여 연일 가격이 치솟고 있다. 2013년 9월경이 전반적으로 우리나라 부동산의 저점이었고 이후 2021년 하반기까지 가격이 상승하고 있다. 무려 만 8년 동안의 지속 상승이다. 지금까지 8년은커녕 6년이 넘는 기간 동안 지속해서 조정 없이 오른 경우는 없었다고 하니 우리는 진정 한 번도 겪어보지 못한 시대를 살고 있는 것이다.

매년 연말에 전문가들을 대상으로 이듬해 시장 전망을 한다. 2019년 말에도 2020년 시장 전망을 했는데, 이때는 그 전의 수년간보다 하락을 전망하는 전문가들이 매우 많아졌다. 이런 전망의 근거 중 하나는 앞서 언급한 것처럼 6년 이상 상승했던 경우가 사실상 없었다는 것이다. 과거의 경험을 토대로 보면 2020년경에는 하락하는 것이 더 올바른 전망처럼 보였을 것이다. 하지만 나는 2020년에도 여전히 상승 의견을 유지하며 연관된 강연과 영상을 많이 올렸는데 그 이유는 바로 다음과 같은 점들 때문이었다.

1970년대 중후반, 압구정동과 여의도를 중심으로 대규모 개발이 이루어졌다. 이후 은마아파트와 잠실아파트가 뒤따라 개발되었다. 그이후 1980년대 들어 강남에 아파트가 대규모로 들어서는 등 서울에 저층 및 중층 아파트가 크게 늘었다. 그럼에도 86아시안게임, 88올림픽 특수 및 경기 호황이 맞물려 주택 수요가 여전히 공급을 초과해 부동산 가격은 급등을 계속했다. 정부는 여러 가지 정책을 내놓았지만 대세의 흐름을 꺾을 수는 없었다.

마침내 정부는 1980년도 중후반에 신도시를 건설하겠다고 발표했다. 그리고 실제로 1990년대 초중반에 분당, 평촌, 산본, 부천, 일산에 1기 신도시를 비롯하여 전국에 185만 호를 공급했다. 이 시기에는 부동산 가격이 상당히 안정적인 흐름을 보였다. 그러니까 어떤 정책도 안 먹혔을 때 시장에 공급을 해주니 가격이 안정화된 것이다.

주거 형태가 매매든 전세든 월세든 상관없이 누구나 집에 거주한다. 집값이 비싸다고, 부담스럽다고, 텐트 치고 사는 사람은 없기에 결국 주택의 절대 수요량은 줄어들 수가 없다. 인구가 줄어든다고 하는데 부동산의 향후 가격을 예측할 때 단지 인구나 가구 수의 증감만 고려해야 하는 것은 아니다. 실제로 인구 혹은 가구의 증감은 수요의 증감과 연관이 있으므로 당연히 고려해야 할 요소이지만, 더 중요한 것은 유효 수요라는 개념이다.

예를 들어보자. 아프리카 오지에 원주민이 아주 많이 살고 있고 아이도 많이 낳아서 인구 증가도 엄청나게 빠른 지역이 있다. 이곳에 주택을 공급하면 원활하게 분양이 완료될까? 그렇지 않다. 왜냐하면 그들은 수요자 중에서 유효 수요가 아닌 가수요이기 때문이다. 여기서 말하는 가수요는 사전적인 의미의 가수요와는 조금 다른데 우리가 경제 용어상 가수요의 의미는 당장 필요가 없으면서도 일어나는 수요를 뜻한다. 쉽게 말하면 투자자(혹은 투기 세력)이다. 그러나 여기서 가수요는 말 그대로 '가짜 수요'이다. 그러니까 **살 능력이 없는 사람**이다. 단순히 수요자, 공급자 중 수요자가 맞지만, 수요자로서 영향력을 전혀 발휘하지 못하는 사람들이다. 이런 가(짜)수요는 100만 명이 새로 생겨난다 한들, 부동산 가격에는 거의 영향을 주지 못한다. 그러니 우리가 눈여겨볼 수요는 유효 수요자이다. 즉 살 마음도 있고 살 능력도 되는 수요자에 주목해야 한다.

우리나라의 '유주택 : 무주택 비율'은 '55 : 45' 정도 된다고 한다. 우리나라 인구를 약 5,200만 명(2021년 기준 5,180만 명, 통계청)으로 놓고 보면, 여전히 약 2,300만 명이라는 사람이 무주택 상태인 것이다. 가족 구성을 평균 2.5인으로 보면 약 920만 가구가 여전히 무주택 가구다. 여러분은 우리나라의 주택이 부족하다고 생각하는가, 과잉이라고 생각하는가? 혹은 적절하다고 생각하는가? 무려 920만 가구가 여전히 무주택이다. 경제의 기초 중의 기초는 수급량에 의한 가격 변동이다. 어느 지역의 가격이 상승하고 있다는 것은 수요 초과를 뜻하는 것이고 공급이 부족하다는 의미다. 어떤 지역의 가격이 하락하고 있다는 것은 공급 과잉을 뜻하는 것이고 수요 부족을 의미한다. 사실 부동산은 이 부분을 살피는 것이 가장 중요하다. 공급이 부족하면 공급을 하면 된다. 가장 강력하면서도 완벽한 해법이다.

그런데 공급은 신경 쓰지 않고 취득세·보유세·양도세를 올리고, 대출을 규제하고, 전세를 연장하는 법을 통과시켜봐야 가격은 안정화되지 않는다. 증여를 막고, 자금 출처 조사를 하고, 까다로운 서류를 제출하라고 하는 등의 정책은 사실 시장 안정화에 거의 도움이 되지 않는 것이다. 집값을 잡기 위해서는 단순하게 공급을 하면 된다. 그런데 지난 수년간 정부는 안타깝게도 잘못된 진단으로 인해 잘못된 정책에 힘을 써왔다.

대표적인 첫 번째 오판이 공급이 부족하지 않다는 것이다. 나의 눈에는 집값이 상승하는 상황에서 공급이 부족하지 않다는 발표는 좀 이상하게 들렸다. 그러면서 정부는 공급은 충분한데 투기 세력이 문제라면서 공급을 하지 않았다. 투기 세력은 분명 문제가 있다. 하지만 그들의 행위에 제한을 걸 수는 없다. 남의 집 물건을 절도하는 행위는 나쁘다. 그렇다고 문을 잠그지 않거나 헐렁한 자물쇠로 집을 보호할 수는 없다. 도둑놈을 때려잡는 정책을 쓰더라도 문단속 잘하고 튼튼한 자물쇠로 일단 집을 보호해야 한다. 왜냐하면 도둑놈들이 나쁘고 문제인 것은 맞지만 그걸 강조하고 아무리 강력한 대책을 내놔도 하루아침에 도둑이 사라지는 것은 아니기 때문이다.

부동산 정책에서도 투기꾼들에게 규제를 가하고 투기 행위 근절을 위한 정책을 펼치는 것도 맞지만 더불어 적절한 수준의 공급을 반드시 병행해야 한다. 더구나 투기가 없었다고 해도 양질의 집은 여전히 부족했기 때문에 공급이 반드시 요구되는 시점이었다. 그런데 안타깝게도 공급과는 상관없는 정책만 남발하다가 가격이 폭등하니 뒤늦게 공급 대책을 발표했다. 시간이 많이 흘러 가격이 꽤 상승했지만 나중에라도 공급 부족을 인정하고 대안을 발표한 것까지는 그래도 괜찮았다. 하지만 정작 공급이 가장 필요한 서울에 대해서는 속수무책이었다. 할 만한 곳이 마땅치 않기 때문이다.

그런데 왜 서울이 가장 공급이 많이 필요한가? 간단하다. 가격이 제일 많이 올랐으니 가격 안정화를 위해 공급이 가장 많이 필요한 곳이다. 이는 서울이 가장 공급이 부족한 지역이라는 뜻이다. 그러니 서울에 가장 많은 공급을 해줘야 시장 전체가 안정화를 이룰 수 있었다. 그런데 투기 세력을 잡는다는 명분으로 재건축·재개발 규제를 풀지 않고 오히려 더 강한 규제책으로 밀어붙였다. 세금 문제를 차치하더라도 분양가 상한제, 초과 이익 환수제, 조합원 지위 양도 금지 등의 규제가 정비 사업 활성화에 제동을 걸었다. 이렇게 공급이 한시가 급한 상황에서도 민간 공급을 제도적으로 위축시켰고 양도세를 비롯한 세금을 강화하여 기존 주택의 매물 출회도 사실상 근절시켰다. 이런 상황에서 유일한 공급 방법은 공공이 공급하는 것이었는데 이것이 계획대로 되지 않았다.

2019년 하반기의 현황이 그러했다. 정리하면 공급이 부족했기에 공급을 해주면 가격이 안정화되었을 것인데, 그렇게 하지 않아 가격이 올랐고, 뒤늦게 공급 정책을 발표했으나 기존 주택은 세금 때문에 매물 잠김 현상 발생했고, 신규 주택 중 민간 부분은 재개발·재건축 규제로 인한 공급 지연이 일어났다. 공공 부문은 막대한 공급을 하겠다고 발표는 했지만 현실적인 여러 가지 문제로 적시 적소에 주택 공급 제공에 실패했다. 이로써 2020년은 2019년과 총공급 측면에서 별다른 차이점이 없었기 때문에 늘어나는 수요를 감당하지 못하고 가격이 상승할 수밖에 없었다.

2020년의 하락 전망을 한 전문가들이 든 근거는 다음과 같다.
- 지금까지 6년 이상 가격이 지속해서 올랐던 경우가 없었기 때문에.

- PIR(가구 소득 대비 주택 가격 비율)이 역대 최고기 때문에.
- 살 사람은 다 사서 더 이상 수요가 없기 때문에.
- 가격이 일반 수요자가 구입하기 힘들 만큼 너무 많이 올랐기 때문에.
- 정부의 공공 주도형 공급이 조만간 쏟아질 것이기 때문에.

  ...

수많은 이유가 쏟아지며 2020년 하락을 전망했지만 다 틀렸다. 결국 부동산의 가격을 결정짓는 가장 중요한 요소는 수급 상황을 파악하는 것이다. 2020년은 공급이 매우 부족한 시기였다. 총공급이 부족하다면 다른 하락 요소가 있더라도 영향력이 미미하다는 점을 기억하길 바란다.

그렇다면 과거의 조정기에는 공급이 충분했기 때문에 그런 시기가 왔던 걸까? 바로 그렇다. 일반적인 경우 부동산 사이클이라 하면 10년 주기의 파동을 많이 이야기하는데, 5~7년 정도의 상승기와 3~5년 정도의 조정기를 맞이한다고 알려져 있다. 조정기보다 상승기가 더 길고 또한 조정기라고는 해도 부동산의 하방 경직 특성 때문에 가격이 상승할 때는 천정부지로 상승하지만 조정기는 멈춰 있는 수준이거나 조정이 되어도 상승에 비교할 바가 못 될 만큼 미미한 하락을 보인다. 그러니 상승기, 조정기가 공존해도 장기적인 우상향이 나타나게 되는 것이다.

다음 그래프와 같은 형태다.

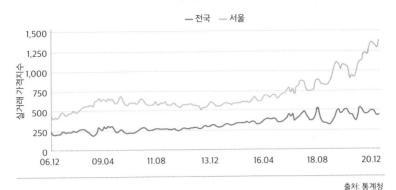

지역별 아파트 매매 평균 가격

— 전국 — 서울

출처: 통계청

또한 부동산은 조정기에 하방 경직이 강하게 나타나므로 계단형 상승이 나타나기도 한다. 조정기에 하락하지 않고 버티는 모습이 되는 것이다.

그러면 어떻게 이런 사이클이 만들어졌는지 살펴보자. 공급자와 수요자의 입장을 잘 생각해봐야 한다. 이는 비단 부동산만의 문제가 아니다. 시장은 자연스럽게 수급 원리로 움직인다. 아파트 수요자는 많은데 공급이 부족하다면 주택 공급자들이 눈에 불을 켜고 건설할 만한 땅을 찾은 후 아파트를 지어서 분양할 것이다. 수요자가 많기에 짓기만 하면 불티나게 팔릴 것이기 때문이다. 공급자 입장에서 가장 두려운 것이 제품을 만들었는데 팔리지 않는 상황이다. 그런데 만들기만 하면 팔리는 시장이니 공급자들은 이때다 싶어 너도나도 만들기에 나선다.

문제는 아파트의 경우 땅을 매입해서 인허가를 받고 건물을 지어 입주하려면 최소한 3~5년은 걸린다는 사실이다. 이러니 수요 부족 현상이 시장에 나타난 후 재빠르게 공급자들이 움직이더라도 3~5년은 가격의 상승이 더 나타나게 된다. 아파트는 공급까지의 긴 기간으로 인해 가격 상승이 조금 더 길게 지속된다. 드디어 3~5년의 시간이 지나면서 아파트는 공급을 쏟아내기 시작하고 수요자는 집을 구매한다. 수요는 매년 거의 일정하지만 공급은 이와 같이 특정 시기에 몰리게 되므로 수요 초과는 금방 해소되고 종국에는 공급 초과 현상이 나타날 때까지 계속된다.

　숫자로 생각을 해보자. 매년 5만 명의 수요가 있다고 할 때, 시장에는 그동안 공급이 매년 3만~4만 호밖에 공급되지 않아 누적 6만 명의 초과 수요가 발생한 상황이다. 그런데 향후 3년간 확정된 공급 물량은 매년 3만 호씩이다. 그렇다면 이후에도 매년 2만 호씩의 초과 수요가 발생하며 3년이면 총 6만 호의 추가적인 초과 수요가 발생하여 누적 초과 수요는 12만 호가 된다.

　가격은 이미 한바탕 파티를 즐겼다. 공급이 부족하니 천정부지로 가격이 치솟아 있는 상황인 것이다. 그런데 드디어 3~4년 전부터 시작된 공사가 완료되어 입주를 시작하게 되었다. 공급자들의 공급이 공격적으로 이뤄졌기에 매년 8만 호의 공급이 진행된다고 해보자. 그럼 매해 발생하는 5만 호의 수요를 충족시키고도 3만 호의 공급이 남게 된다. 이 남은 3만 호는 누적된 초과 수요 12만 호가 가져가게 된다. 한 해가 지나도 여전히 9만 호가 초과 수요여서 아파트 공급이 시작되어도 여전히 가격은 상승 추세다. 이듬해 같은 방식으로 6만 호의 초과 수요가 남게 되고, 이듬해 그리고 그 이듬해에 가서야 수요와 공급의 수가 같아진다. 즉 공급이 시작되고도 4년이나 지난 후에야 가격이 안정화될 기미를 보이는 것이다. 그리고 이듬해 드디어 3만 호 정도의 공급 초과 현상이 나타나 가격 상승을 멈추고 일부 지역은 하락하기도 한다.

이쯤 되면 공급자들은 공급을 멈추게 된다. 하지만 3년 전에 시작한 공사를 멈출 수는 없다. 공사 시작 당시에는 여전히 부동산 시장이 활황이었기 때문이다. 그래서 초과 공급 시장임에도 불구하고 이미 공사를 시작한 아파트의 추가 공급은 당분간 계속된다. 이쯤 되면 가격은 더 떨어지고 본격적인 조정기가 펼쳐진다. 이렇게 조정기가 몇 년 더 흐른다. 여전히 총공급량은 과잉이라 가격이 떨어지고 미분양이 속출하므로 추가적인 공급은 더 이상 나오지 않는다. 이렇게 신규 공급이 없는 사이 수요자들은 미분양 아파트 등을 구입하게 되어 총공급량은 다시 감소하기 시작한다. 그러다가 어느 순간 다시 수요 초과 시대가 오고 공급자는 다시 공급을 준비한다.

이런 식으로 수요 초과-공급 초과가 번갈아 진행되면서 상승기와 조정기 역시 번갈아 오는 것이 부동산 시장이다. 이건 시장에서 자연스럽게 나타나는 현상이다. 그런데 2020년 전후 시장에서는 이것이 작동되지 않았기 때문에 조정기 없이 추가적인 상승을 계속했던 것이다. 그렇다면 2020년에 왜 이것이 작동되지 않았을까? 정확히 어떤 것이 작동하지 못한 것일까?

정답은 계속 이야기해왔던 공급이다. 2014년에 택지 개발 촉진법 폐지가 발표되고 각종 부동산 완화책이 발표되었다는 것은 당시 공급이 충분하다는 판단에서였다. 글로벌 금융 위기 이후 수년간 서울 집값이 안정화되었다는 관성도 작용했을 것이다. 급격한 가격 상승을 예견하지 못했던 것이다. 택촉법으로 인해 대규모 추가 공급이 사라진 상태에서 세계 경제가 빠르게 수습을 해나가는 상황 속에 우리 국민도 부동산에 관심을 가지면서 가격이 올라가는 현상이 나타났다.

2015년 12월 4일 《동아일보》는 택지 개발 촉진법 폐지로 도시 개발 사업이 부상하는 상황을 보도했다. "택지 개발 촉진법(택촉법) 폐지로 오는 2017년까지 대규모 택지 지구 공급이 중단되면서 도시 개발 사업이 각광받고 있다. (…) 도시 개발 사업은 도시 개발 구역에서 주거, 상업, 산업, 유통 등의 기능이 있는 단지나 시가지를 조성하기 위해 시행하는 사업이다. 신도시보다는 규모가 작지만 처음부터 공공 시설, 도로 시설, 교육 시설, 생활 편의 시설 등을 계획해 쾌적한 주거 환경을 갖추게 된다. 기존 구도심과 멀지 않아 기존 생활 편의 시설과 도로 등을 이용하기도 쉽다. 과거 도시 개발 사업들은 일반 공공 택지 지구와 달리 분양가 상한제와 채권 입찰제 등 분양가 규제를 전혀 받지 않아 중산층이나 서민들의 내 집 마련이 어려웠다. 실제로 지난 2008년 일산 덕이·식사지구는 비싼 분양가로 수요자들의 외면을 받은 바 있다. 하지만 최근 택촉법 폐지로 도시 개발 지구의 희소성이 커지고 분양가까지 크게 낮춰 공급되면서 관심 대상이 됐다"라고 썼다.

지금 생각하면 우습지만, 2015년과 2016년의 새해 전망을 보면 가격 상승보다는 안정화에 무게를 두는 사람이 많았고 올라간다고 전망하더라도 소폭 상승 정도로 예견하는 시기였다. 하지만 매년 꾸준하게 가격이 상승하고 공급이 불안정하다는 진단이 있었다. 정부는 이런 진단을 신뢰하지 않고 오판을 했다. 공급은 현재 충분하며 투기꾼들만 잘 잡아도 시장이 안정화될 것이라고 보았다. 그래서 공급에 대해 신경을 쓰지 않을 뿐만 아니라 오히려 공급을 위축시켰다. 앞서 이야기한 대로 기존 주택의 매물 잠김과 민간 부문의 신규 주택 지연 등이 일어났다. 가격이 올라가는 것은 공급이 부족해서다. 공급만 해주면 집값은 잡힌다. 수십 년간 그 사이클로 변동되어왔다. 하지만 정부가 공급을 해주어야 할 시기에 공급을 막은 꼴이 되었다. 그러니 가격은 5~6년 상승의 패턴을 넘어 8~10년의 지속 상승을 향해 나아가는 상황이 되어버린 것이다. 지금의 가격 상승은 여러 요소가 복합적이다. 코로나로 인한 유동성이 풍부해진 것도 매우 중요한 요소 중 하나다. 하지만 정부 정책이 올바른 방향으로 제대로 작동했다면 지금과 같은 폭발적인 가격 상승은 막을 수 있었다는 점을 생각하면 안타까운 마음이 크다.

지금의 부동산 가격은 상상을 초월한다. 감히 생각지도 못했던 가격이 속출하고 있다. 평당 1억 원의 단지가 특별한 일이 아닌 세상이다. 얼마 전 서울 아파트의 평균값이 10억 원을 넘었다는 기사를 보고 놀랍다고 생각했는데 불과 얼마 지나지 않아 11억 원을 뚫었다는 기사를 접하게 되었다.

2021년 4월 26일 《조선Biz》는 KB국민은행 리브부동산의 발표를 인용하여 서울시 아파트 평균 매매가가 10억 원을 돌파한 후 7개월 만에 11억 원을 넘어섰다는 기사를 실었다. 이 기사에 따르면 서울시 아파트 평균 매매 가격은 2017년 3월 6억 원, 2018년 10월 8억 원, 2020년 3월 9억 원, 2020년 9월 10억 원을 넘어서며 가파르게 상승했다. 그리고 2021년 4월에는 11억 원을 넘어섰다.

강북 14개 구 아파트 평균 매매 가격은 8억 7,834만 원, 강남 11개 구 평균 매매 가격은 13억 1,592만 원으로 조사되었다. 한편 수도권 아파트 평균 매매 가격은 6억 8,676만 원이며, 경기도는 5억 1,161만 원으로 나타났다.

불과 10여 년 전만 해도 10억 원을 가지면 부자라고 불렸다. 그 정도 자산만 있어도 은퇴하겠다는 사람이 많았다. 인터넷에는 10년 동안 10억을 모으자는 유명 카페가 있는데 회원 수가 굉장히 많다. 그만큼 10억 원은 어마어마한 돈이다. 물론 지금도 10억 원은 큰돈이다. 하지만 10억 원의 돈을 예전과 같은 무게로 느끼는 사람은 이제는 거의 없다.

벼락거지, 양극화, 이생망… 이런 부정적 단어들이 낯설지 않은 세상이다. 젊은이들의 상당수가 한탕을 기대하며 코인 투자에 열을 올리게 된 것도 잘못된 정책의 부작용이라고 하지 않을 수 없다. 그런데 정말이지 더욱 이해할 수 없고 안타까운 것은 여전히 정부는 제대로 된 공급 대책을 마련하지 못하고 있다는 것이다. 이것이 초래할 결과는 뻔하다. 추가적인 가격 상승. 현재와 같은 정책을 고수한다면 지금도 미쳐버린 집값을 오히려 초라하게 만들어버리는 가격 상승이 향후 나타나게 될 것이다.

2022년에는 대선이 있다. 99%의 확률로 우리나라의 거대 양당(더불어민주당, 국민의힘) 중의 한 후보가 대통령이 될 것이다. 두 정당의 부동산 정책은 판이하다. 현재 여당인 더불어민주당은 대체로 규제책을 쓰며, 국민의힘은 완화책을 쓴다. 대체적인 기조가 그렇다. 물론 규제책이 옳은가, 완화책이 옳은가에 대해 쉽게 판단을 내리기는 어렵다. 정책은 원래 상황에 맞게 온탕 정책과 냉탕 정책을 반복하는 것이 맞기 때문이다. 그러니까 상황에 맞게 정책을 썼는가의 문제이지 옳고 그름의 문제가 아니다. 그런데 현재 정책은 상황을 고려하지 않고 무조건 규제책만 쓰고 있어서 문제가 불거진 것이다. 물론 가격이 상승하는 추세이니 전반적인 정책 기조로 규제책을 쓰는 것이 틀리지는 않았다. 하지만 징벌적 세금이라든가 시기가 좋지 않을 때 강행하여 부작용이 커지고 있는 계약 갱신 청구권 등의 정책은 그 내용과 적용 시기에 여러모로 아쉬움이 남는다.

내년 대권을 누가 잡느냐에 따라 부동산 시장도 판이해질 것이다. 결과에 따라 부동산 판도가 어떻게 바뀔 것인지 예측해보자. 먼저 현재 여당이 계속 정권을 유지할 경우를 생각해보면 집권 여당의 유력 대권 후보는 지금보다 더 강력한 부동산 대책을 내놓을 가능성이 크다. 부동산과 관련된 공약의 대체적인 내용이 그러하다.

그는 2020년에 집을 두 채 이상 소유한 고위 공무원들에게 연말까지 1채를 제외한 나머지 주택을 매각하라는 압력을 주었다. 그가 부동산을 바라보는 기준이 어떤지 딱 이 한 가지 사례를 봐도 알 수 있다. 다주택에 대한 강력한 대책을 유지 혹은 강화할 것이다. 이런 경우 다주택자 입장에서는 상당한 부담이 될 수 있다. 어느 정도의 강도일지 사실 감이 잘 오지 않는다. 현 정부의 부동산 정책도 강력하기는 역대급이다. 우리가 상상하지 못했던 정책들을 감행했다. 주택의 취득세가 1~3% 구조였는데, 이것을 8%, 12%까지 늘렸다. 무려 4배 이상 급등한 것이다. 종부세도 세액 기준으로 4~5배 오른 보유자가 부지기수다. 2021년 6월 다시 정책을 선회하여 상위 2%의 부동산 보유자들에게 종부세를 부담시키는 것으로 중재안을 내놓았다가 최종 공시 가격 11억 원을 기준으로 부과하는 것으로 바뀌었다. 공시지가 현실화를 통해 매년 공시 가격이 20% 상승하고, 세율이 상승을 넘어 폭등하는 모습은 우리가 예상할 수 없는 수준이었다. 그런데 아마도 이런 정책이 더욱 강화될 가능성이 커질 것이다.

예를 들어보자면 다주택자의 양도세는 누진 과세를 없애고 무조건 80%를 적용한다는 식이다. 이렇게 되면 투자자들이 아무도 집을 안 사게 된다. 다른 투자에 비해 현저히 이익이 떨어지기 때문이다. 문제는 시장에 매물도 공급이 되지 않는다. 80% 세금을 감당하면서 매도할 보유자는 아무도 없기 때문이다. 결국 살 사람도, 팔 사람도 없는 시장이 될 가능성이 크다.

그렇다면 실거주자로서 집을 사려는 사람들은 사고 싶어도 매물이 없거나 너무 비싼 것밖에 없어 살 수가 없다. 이때 공공에서 공급을 해주어야 한다. 하지만 사람들이 정작 필요로 하는 도심 공급은 사유지기 때문에 공급이 어렵다. 도심 공급이 가능하려면 막대한 자금을 통해 개별 사유지를 수용해야 하는데 그만한 재원은 없다. 도심을 서울로 가정할 때 사실상 전국에서 가장 높은 토지 가격을 형성하고 있으므로 서울 땅을 시세로 수용하고 주택을 공급하기는 사실상 불가능하며, 어떻게든 수용을 한 후 국가가 이익 없이 국민에게 분양한다고 해도 비싼 분양가가 책정될 수밖에 없을 것이다. 그러니 실소유자들이 필요로 하는 지역에 저렴하게 공급하는 방법은 수용 가격을 낮추는 방법 외에는 없다. 만약 정책 결정자가 무주택자를 위해 필요 지역에 저렴한 주택을 공급하겠다고 한다면 기존 토지 소유주들과의 충돌은 피할 수 없을 것이다.

국토교통부에서 2021년 2월 4일 발표한 2·4대책 내용 중의 하나가 바로 이런 것이다. 공공 주택 특별법에 의한 도심 공공 주택 복합 사업의 경우 서울의 노른자위 땅을 신도시 개발하듯 사실상 반강제적으로 감정가를 기준으로 수용하는 것이다. 이런 정책을 옹호하는 사람과 반대하는 사람 모두가 존재하겠지만 수용당하는 소유주 입장에서는 100% 반대를 할 것이 확실하다. 시세가 10억 원인 땅을 5억 원에 정부에 팔라고 하면 찬성할 사람이 있을까? 그럼에도 이런 정책을 찬성하는 사람은 개인적으로는 이해하기 힘들다.

물론 정부는 주변 거래 사례 등을 감안해 정당하게 보상한다는 원칙을 견지하고 있지만 현실적으로 어렵다. 또한 시세 보상이 된다면 그것은 그것대로 앞서 말한 분양가 상승의 원인이 되기 때문에 저렴

영등포 쪽방촌 주거 상업 복지 타운 조감도

한 공급이라는 틀에서 벗어나게 된다. 결국 감정가(수용가)는 낮게 책정될 수밖에 없는 구조다. 그런데도 공공의 이익이라는 명분으로 이런 정책을 시도하려 한다. 첫 번째는 영등포 쪽방촌 공공 주택 사업이고, 두 번째가 **용산 도심** 사업이다.

2020년 1월에 발표한 영등포 쪽방촌 공공 주택 사업은 2020년 하반기 중 공공 주택 지구 지정, 2021년에는 지구 계획 및 보상을 목표로 하고 2023년에는 공공 임대 주택, 행복 주택, 분양 주택 등을 완공해 1,200여 가구가 입주하게 된다. 그러나 예상대로 현재 보상가 문제에서 협의가 되지 않아 난항이 예상된다.

2021년 6월 22일 국내 언론은 영등포 쪽방촌 토지 소유자들의 저항을 보도했다. 이 기사들에 따르면 토지 소유자들은 정부 측의 감정 평가를 신뢰할 수 없다는 입장이다. 그래서 국민권익위원회에 집단 민원을 제기했다. 공공 주택 지구 대토 보상 공급 가격을 감정평가협회가 추천한 감정평가사 2명만으로 결정하는 것을 신뢰할 수 없으며 토지 소유자들이 추천하는 감정평가사가 참여할 수 있도록 제도를 바꿔 달라고 요구했다.

이렇듯 강제 수용 방식은 소유주와의 협의가 원활하지 않은 경우가 대부분이라 예상했던 것보다 시간이 많이 소요된다. 시간이 소요될수록 공급이 늦어지고 공급이 늦어질수록 가격은 더욱 상승하며 불안정한 모습을 보일 테니 이런 우려를 잠재우려면 재개발·재건축 등 민간 공급을 풀어주거나 양도세를 낮춰 기존 주택의 거래를 늘려야 한다. 그런데 이런 정책 완화는 시도하지 않을 것이기에 더욱 강력한 토지 강제 수용 정책이 시행될 가능성이 크다. 궁극적으로 소수의 토지주만 희생하면 많은 공급이 발생하고 전체 시장 안정화에 기여하기 때문에 일부의 희생은 크게 신경 쓰지 않는 모습을 보일 거라 예상된다.

이런 경우 민주주의 사회에서 개인의 재산권 행사에 큰 제약을 받게 되는 것으로 법리적으로 맞는지부터 따져봐야 하는 복잡한 상황이 펼쳐진다. 법률적인 분석은 이 책의 의도와는 맞지 않으니 다루지 않겠다. 다만 이런 식으로 정책 방향이 잡힐 경우 부동산 시장이 어떤 흐름으로 전개될지 살펴보자.

처음에는 많은 무주택자 혹은 저소득층 주민들을 중심으로 호응을 얻을 수 있다. 정책의 많은 부분이 이들의 복지에 초점이 맞춰져 있기 때문이다. 하지만 소유주들 입장에서는 이만저만 불안한 것이 아니다. 분명히 내 돈 주고 내가 산 주택이나 토지지만 정부가 '다수 공공의 이익을 위해서'라는 명분으로 저렴한 금액에 '내 것'을 강제 매수할 수 있다면 누구도 국내에서 사적인 재산을 구입하려고 하지 않을 것이다.

중국의 경우, 경제주의를 표방하고 시장에 개방적인 것처럼 보이지만 실상은 어떤 위법 행위를 했을 경우 국가에 전 재산을 몰수당하기도 한다. 그래서 중국의 부자들은 자국이 아닌 외국의 부동산을 매수하는 경우가 상당히 많다. 외국 자본에 대해서는 중국 정부도 손 쓸 수가 없기 때문이다. 이렇게 부자들의 자금이 해외에서 움직이면 자국의 경제 발전은 더뎌지게 되고 사실상 국부도 유출되는 꼴이다. 자국 내에서 돈이 돌고 경제활동이 활발해져야 국가 발전도 될 텐데 이런 관점에서 큰 손해가 아닐 수 없다.

이같이 사적 거래가 자주 이루어지지 않는다면 경제 전반으로 여파가 미쳐, 큰 틀의 경제 운용을 대부분 국가가 직접 해야 하는 상황이 발생하며, 이런 경우 거대 정부가 되어 정부의 권한이 매우 커진다. 거대 정부가 되면 국민과 시장의 의견보다 소수 정부 관료의 의견으로 의사결정이 될 수 있으므로 더 큰 문제가 야기될 수 있다. 나는 시장의 기능을 믿는 사람으로서 시장이 축소되고 정부가 주도적인 자리로 올라서는 것이 올바른 방향은 아니라고 본다.

정부는 게임에 직접 개입하는 것이 아니라 심판의 역할을 맡아야 한다. 중재자 기능으로 충분하다. 하지만 심판의 개입 강도가 높아지면 심판의 기분에 따라 경기 결과까지 뒤바뀔 우려가 있다. 그러니 심판의 역량은 제한적이며 감시할 수 있는 수준이면 충분하다. 너무 앞서나가는 것일 수도 있지만 만에 하나라도 앞서 말한 것들이 진행된다면 다시 돌이키기는 매우 어려우므로 미리 대비하자는 측면에서 언급한 것이다.

말하자면 지금보다 더욱 강력한 대책은 일시적으로는 효과를 발휘하는 것 같아도 오래지 않아 경제 전반에 더 큰 부작용을 초래할 수 있으므로 신중해야 한다. 2·4대책에서 나왔던 현금 청산에 대한 것도 마찬가지로 위험한 정책이라고 본다. 그 내용을 살펴보자.

2·4대책은 2020년 2월 4일에 발표되었는데 발표 다음 날인 2월

2·4대책을 발표하는 전 국토교통부 변창흠 장관

출처: 국토교통부

5일부터의 모든 거래에 대해, 해당 부동산이 향후 개발될 경우 입주권을 부여하지 않고 현금을 주고 청산하겠다고 밝혔다. 물론 현금 청산도 시세와 차이가 있는 감정가를 기준으로 할 테니 현금 청산을 당하는 입장에서는 큰 손해를 입을 것이 자명하다. 현금 청산 제도가 2·4대책 전에 없었던 것은 아니다. 투기 과열 지구 내 재건축 정비 사업의 경우 조합 설립 인가를 받은 이후의 거래에 대해서는 조합원 자격을 주지 않아 결국 관리 처분 시점에 현금 청산을 당하게 된다. 이런 제도는 거래를 줄여 가격 상승을 일부라도 막겠다는 취지다. 또한 재건축 현금 청산의 경우 누구라도 예상이 가능한 거래다. 즉 투기 과열 지구 내 재건축 단지가 어디인지 모두가 알고, 조합 설립 인가 여부도 다 알고 있다. 결국 이것을 알면서도 구입한다면 투기 목적이 강하니 투기 세력으로 간주하고 현금 청산하겠다는 법의 취지를 충분히 공감할 수 있다.

하지만 2·4대책의 현금 청산은 어디를 언제 개발할지 특정 짓지 않은 상태에서 발표 이후의 모든 거래에 대해 현금 청산을 하겠다는 것이니 상식적으로 이해할 수 없는 정책이다. 2·4대책의 발표 이후 시장은 커다란 혼란을 일으켰고, 현금 청산의 두려움으로 거래가 일시에 끊겨 가격이 떨어지는 모습을 보였다.

그러나 당시 나는 운영하는 유튜브 채널을 통해 아마도 국내 부동산 전문가 중 유일무이한 전망을 내놓았다. 2·4대책의 현금 청산은 법률적으로 불안정하니 도입되기 어렵다고 말했다. 이것은 거래 비활성화를 위해 정부가 엄포를 놓은 것에 불과하니 2월 4일 이후라도 빌라를 구입해도 된다고 말씀드렸었다.

나의 예측은 적중했다. 2월 4일이 아닌 6월 말경에 관련 법을 통과시키면서 법 통과일을 기준으로 청산일을 재지정했다. 내가 2월 4일 발표일이 절대로 기준일이 될 수 없다고 과감하게 주장할 수 있었던 근거는 기존에는 단 한 번도 발표일을 기준일로 정한 적이 없었기 때문이고 무엇보다 법리적으로 올바르지 못했다고 판단했기 때문이다. 당시 국토부는 2·4대책 현금 청산의 내용이 위헌 소지가 없고 법률적으로 해석도 마쳤다고 발표했지만 개인적으로 말도 안 된다고 판단했다.

정부의 발표는 법의 확정이 아니다. 이러이러한 방식으로 앞으로 어떻게 하겠다는 계획에 불과하다. 이후 발표대로 되는 경우도 있지만 폐기되는 경우도 있다. 또한 지연되거나 범위가 축소되거나 늘어나는

2·4대책 중 현금 청산에 대해 다룬 유튜브 섬네일

출처: 부동산 이소장TV

등 다양하게 전개된다. 물론 기존에 법으로 정해져 있는 경우에는 발표 익일부터 바로 적용할 수 있지만, 빌라 공공 개발의 현금 청산은 과거에는 전혀 없었기 때문에 발표 직후 바로 적용하는 것은 무리가 있을 것으로 판단했다. 이때 유튜브 방송을 통해 이러한 내용을 정확히 말씀드렸었다. 심지어 전 국민이 겁을 먹고 아무도 빌라를 사지 않으려 할 이때가 가장 매수하기 좋은 시점이라고도 했다. 하지만 당시 분위기에 압도되어 영상을 보신 분들조차 쉽사리 구매하지 못했을 것이라는 생각이 든다.

현 정부는 집권 이후 4년의 기간 동안 25번의 대책을 내놓았다 (2021년 7월 기준). 지나치게 규제를 한다는 지적에도 불구하고 기조가 바뀌지 않았었다. 그러다가 2021년에 이르러 몇 가지가 현실적으로 바뀌기 시작했다. 종부세를 상위 2%에게 부과하는 것, 1주택 양도세 기준을 12억 원으로 상향하는 것, 투기 과열 지구 재건축 단지 실거주 의무 폐지 등이다. 정부의 강한 대책으로 부동산 가격이 많이 올랐다. 계약 갱신 청구권 등으로 전세금이 폭등했다. 정부는 이런저런 다른 원인으로 가격이 올랐다고 했지만 인과관계가 명확한 데이터가 속속 나오자 국토부 장관과 총리는 사과했고, 대통령도 부동산 정책에 대해 사과했다. 여전히 큰 틀은 바뀌지 않고 있지만 변화가 조금씩 감지되고 있다.

미래의 일은 예측이 불가능하지만 다음 정권이 바뀐다면 부동산 정책은 많이 완화될 것이다. 집권당이 계속되면 처음에는 지금보다 더 강력한 대책이 나올 수도 있다. 하지만 금방 깨닫게 될 것이다. 그런 식으로는 지난 4년간 보았던 결과를 답습할 뿐이라는 것을. 그래서 국민의 불만은 더 높아질 것이고 결국 현실적인 정책으로 돌아서게 될 것이다.

양극화가 심화될수록
부동산에 대한 욕구도 높아진다

우리는 양극화 시대에 살고 있다. 빈부 격차는 날이 갈수록 심해지고 있는데 이는 우리나라뿐 아니라 전 세계적인 현상이다. 특히 코로나 시대에 접어들면서 이런 현상이 더욱 가속화되고 있으며 관련된 신조어까지 생겨났다. '벼락부자'와 '벼락거지'가 그것이다.

우리 주위를 둘러봐도 돈이 너무 많아서 어찌해야 할지 주체하지 못하는 부류가 있으면서도 그 반대편에 하루하루를 너무 힘겹게 살아가는 분들이 더더욱 많다. 실제로 중산층의 숫자보다 '상류층+저소득층'의 수가 더 많아지는 국가가 생겨나고 있는데, 이것은 안타까운 시대의 흐름이기도 하다. 이러한 양극화 시대에 나타날 현상을 생각해보자.

우리는 중산층이 많은 사회가 대체로 안정적일 것으로 생각한다.

가구 소득 구간별 월평균 총소득 비교

가구소득이 낮을수록 2019년 대비 소득 감소 폭이 커

20-19년 Gap

5구간 (상위 20%)
880만 원 · 887만 원 · 892만 원 · 902만 원 · 895만 원 · -0.8%

4구간
535만 원 · 537만 원 · 550만 원 · 566만 원 · 557만 원 · -1.6%

3구간
420만 원 · 420만 원 · 442만 원 · 453만 원 · 443만 원 · -2.2%

2구간
296만 원 · 297만 원 · 314만 원 · 319만 원 · 310만 원 · -2.8%

1구간 (상위 20%)
172만 원 · 170만 원 · 185만 원 · 189만 원 · 183만 원 · -3.2%

2016 2017 2018 2019 2020

저-고소득층 간 소득 격차 추이

완화되던 저-고소득층 간 소득 격차는
2020년 다시 벌어져

5구간 (상위 20%)
880만 원 · 887만 원 · 892만 원 · 902만 원 · 895만 원

5.1배 · 5.2배 · 4.83배 · 4.76배 · 4.9배

1구간 (상위 20%)
172만 원 · 170만 원 · 185만 원 · 189만 원 · 183만 원

2016 2017 2018 2019 2020

출처: 신한은행, 「2021년 보통 사람 금융 생활 보고서」

이는 대체로 맞다. 중산층을 규정하는 기준은 국가별로 다르지만 경제적 측면만을 고려하여 간단히 한 문장으로 정의하면 '평균 수준의 소득과 자산을 가진 계층'을 뜻한다. 적당한 수요자로서 소비를 하고 큰 위기 없이 평범한 사회 구성원으로 살아간다. 크게 문제 될 것 없이 안정적이다.

그런데 양극화가 심화되면 중산층이 줄어들게 되는데, 상류층으로 가는 수보다 하류층으로 전락하는 이가 많아지므로 이는 사회 전체적으로는 수요의 감소를 불러온다. 저소득층이 많아지면 복지 등의 지출이 늘어나기에 사회 전체적으로 부담이 높아진다. 국가와 사회는 그들을 외면할 수 없으므로 많은 예산을 투입할 수밖에 없다. 더 발전적인 자금으로 쓰일 부분이 복지 예산으로 많이 편입되어야 한다. 물론 당연히 그렇게 해야 한다. 그러나 냉정하게 들릴지 몰라도 이로써 사회 발전 측면에서는 상대적으로 속도가 더뎌진다. 저소득층이 많아지거나 고령화 사회가 될수록 경제 발전은 느려질 것이다. 그리고 저소득층을 위해 예산을 더 많이 편성하는 것보다 중산층이 저소득층으로 전락하지 않게 시스템을 구축하는 것이 진짜 복지다.

부동산 측면을 살펴보자. 저소득층은 주택을 소유할 능력이 없다. 살 의사는 있지만 능력이 되지 않아 유효한 수요층이 아닌 수요자이다. 이를 '가짜 수요'라고 칭하자. 이런 가짜 수요는 수백만, 수천만 명이 되어도 가격에 영향을 미치지 못한다. 수요, 공급 중에서 수요자가 월등히 많지만 가격에는 영향이 없는 것이다. 그러니 수급 현황을 살필 때의 수요자는 실제로 구입할 능력이 되는 유효 수요자를 골라내야 한다. 저소득층은 유효한 수요가 아니다. 중산층이 무너지면서 그들이 저소득층으로 이동되는 하향천이(下向遷移) 현상이 커지면 주택의 유효 수요가 줄어드는 상황이 되기 때문에 주택의 가격은 하락하게 된다. 이때 가격이 하락하는 주택은 중산층 중에서도 저소득층과의 경계에 있거나 낮은 소득을 가지고 있던 사람들이 거주하던 주택이다.

예를 들어 도심 외 한적한 지방의 구축 빌라 혹은 나 홀로 아파트 등이다. 이런 형태의 부동산은 우리 사회의 양극화가 해결되지 않는 한 앞으로도 가격이 상승하기 힘들 것으로 예상된다. 그러니 나는 이런 부동산은 가격이 저렴해 보여도 투자 대상으로 권하지 않는다.

한편 중산층이나 저소득층에서 상류층으로 올라간 사람들도 적지 않다. 이들 중에는 상대적 특수를 누린 사업을 영위했거나 투자의 시대에서 부동산 또는 주식과 코인 등으로 벼락부자가 된 케이스가 많다. 혹은 코로나로 인해 오히려 수혜를 본 몇몇 업종의 사업가들이다. 이들은 갑자기 엄청난 돈이 생기면서 긍정적인 측면에서는 소비를 진작시키고, 한편으로는 부동산 투자를 서두르고 있다. 누구나 큰돈이 생기면 안정적인 자산의 대표 격인 부동산을 고려하게 된다.

젊은이들이 부동산 투자보다는 주식을, 주식 투자보다는 코인 투자를 우선시하는 이유는 자금과 변동성 때문이다. 부동산은 일반적으로 투자 대상 중에서 가장 많은 자금이 소요된다. 최소한 수천만 원에서 수억 원 정도의 투자금이 필요하다고 알려져 있다. 실상은 더 저렴한 것도 있지만 언론에서 말하는 부동산은 정말 수억 원의 자금이 필요한 것이 맞다. 그러나 젊은이들은 그만한 돈이 없다. 그러니 그보다 저렴한 주식 투자로 눈을 돌린다. 수백만 원에서 수천만 원 정도면 충분히 투자할 수 있다. 그런데 사실 그 정도 자금이 없는 젊은이들도 많다. 그렇다고 손 놓고 월급만 받으면서 생활하자니 뭔가 불안해서 견딜 수가 없을 것이다. 그래서 그들은 코인 투자를 한다. 수십만 원에서 수백만 원의 소액 자본으로도 투자가 가능하며 변동성이 부동산, 주식, 코인 세 가지 투자 중 가장 크기 때문에 투자의 무서움을 모르는 젊은이들은 더욱 빠져들게 된다. 어쨌든 결론적으로 코인 투자를 통해 돈을 잃은 수많은 사람이 생겨났다. 하루아침에 수천만 원씩 잃는 사례도 적지 않다. 주식과 부동산에서는 좀처럼 나타나기 힘든 경우다. 하지만 그 와중에 하루에 수천만 원 혹은 단 며칠 만에 수억 원을 버는 사람들도 출현한다. 그리고 보통 그렇듯 이런 케이스는 소문에 과장이 얹혀 더 많은 사람을 끌어들인다. 더 많은 사람이 이런 위험한 투자를 할수록 돈을 잃는 사람도 많아지지만 한편으로는 비율상으로는 적더라도 모수가 커지니 돈을 버는 사람도 많아지게 된다. 그러니 결국 투자의 시대에 돈을 버는 사람은 늘어날 수밖에 없다. 돈을 잃는 사람은 아마도 번 사람보다 훨씬 많을 것이다. 결국 이런 투자도 양극화를 심화시키는 데 일조하게 된다.

처음에는 돈이 부족해서 주식 혹은 코인 투자를 했지만 수억 원이나 수십억 원이 내 수중에 들어왔다면 그들은 부동산에 관심을 가지게 된다. 생각해보면 지극히 당연한데 여러분도 내 투자금이 100만 원이라면 성공하든 실패하든 과감한 투자를 결정하게 된다. 매년 3%짜리 채권에 투자해봐야 '매년 3만 원' 받는다. 하지만 코인에 투자하면 '매일 30만 원'을 벌 수도 있다. 100만 원이 생각하기에 따라 적은 돈은 아닐 수 있지만 그렇다고 100만 원 잃어봐야 인생에 크게 지장이 있는 것도 아니다. 또한 누구나 스스로 하는 일에는 긍정적인 시각으로 접근하기에 주변에서 남들이 돈을 그렇게 잃어도 내 머릿속에 남은 것은 돈을 엄청나게 벌었다는 그 사례뿐이다. 그리고 나는 될 거라는 확신을 가지고 투자한다. 그러니 소액 투자에서는 과감해지고 공격적인 투자를 하게 되는 것이다.

그러나 내 전 재산이 100억 원이라 했을 때 100억 원을 투자한다고 해보자. 하루아침에 30억 원을 벌 수도 있지만 30억 원을 잃을 수도 있다. 투자할 수 있겠는가? 못 한다. 돈이 많은 사람일수록 그들의 포트폴리오는 대부분 안정성을 추구한다. 100억 원이라면 70억 원을 부동산에, 20억 원을 주식에, 10억 원을 코인에 투자할 수는 있다. 하지만 그 반대의 비율로는 절대로 하지 못한다. 그래서 벼락부자가 된 사람 중 상당수는 그 자금을 부동산에 투자한다. 나에게도 주식 및 코인으로 돈을 번 수많은 분이 상담 신청을 해왔다.

어차피 살면서 주택은 있어야 하고 많은 돈을 안정적으로 저금할 수 있는 상품도 주택이라 생각하기 때문이다. 그리고 그중 으뜸은 단연 핵심 지역의 아파트다.

이렇게 양극화가 심화될수록 좋은 지역, 좋은 아파트의 유효 수요는 늘어날 수밖에 없다. 내 주위에 경제적으로 어려워져 살기 힘들어하는 사람들을 보면 우리는 아파트 가격도 동반 하락할 것이라 전망한다. 우리가 코로나 같은 최악의 위기가 발생했을 때 향후 경기 침체를 예상하며 아파트 가격이 하락할 것이라고 예상하는 것도 당연하다.

하지만 그 반대의 결과가 나타난 이유가 바로 이것이다. 지금은 양극화 시대이고 이 시기에서도 누군가는 돈을 벌고 있다. 투자에 실패하거나 사업이 안 돼서 돈을 잃어버리는 사람들보다 돈을 버는 사람이 더 적지만 분명히 늘어나고 있다는 점을 반드시 인지해야 한다. **생활이 힘들어진 사람들이 많아졌다는 것은 상급지 부동산 가격에 전혀 영향을 미치지 못한다.** 돈이 많아지면 부동산 구입을 우선시하게 되고 급격히 늘어난 벼락부자는 상급지의 부동산 수요를 증가시켰다. 그러니 경제 불황 속에서도 핵심지의 부동산 가격은 늘어난 수요로 인해 계속 상승 추세를 나타내는 것이다.

"집은 사는 것이 아니라 사는 곳이다."

한 번쯤 들어보셨을 위의 말은 정확하게 틀렸다고 생각한다. 아파트는 단순히 사는 곳이 아니다. 누구나 살기 위한 목적만으로 아파트를 구입한다면 그렇게 비싼 아파트의 가격은 이해가 되지 않는다. 남들보다 그저 조금 더 편하게 살기 위해 수 배에서 수십 배나 비싼 집을 살까? 효율적이지 않으며 이해할 수 있는 결정이 아니다. 그렇다면 그들은 왜 비싼 아파트를 구입하는 걸까? 내가 볼 때는 이렇다. 그 점을 이야기해보자.

건물주가 되는 것은 대다수 사람의 꿈이다. 들어보셨겠지만 "조물주 위에 건물주"라는 말도 있다. 검색해보니 인터넷 용어 사전에도 등재가 되어 있다. 뜻은 "건물을 가지고 있으면 일을 하지 않고도 월세로 먹고살 수 있다는 이유로 요즘 청소년들의 장래 희망 1위가 건물주로 꼽히는 현상을 비판한 말이다"로 나와 있다.

실제로 건물 소유주라면 월세만으로도 생활이 가능하니 이런 말이 나오는 것도 당연하다. 그렇다면 건물을 구입하는 사람들은 월세 목적으로만 건물을 살까? 다음을 먼저 생각해보자.

월세가 잘 나오는 건물은 강남에 있을까, 강북에 있을까?

월세가 잘 나오는 건물은 서울에 있을까, 지방에 있을까?

월세가 잘 나오는 건물은 도심에 있을까, 외곽에 있을까?

정답은 강북, 지방, 외곽이다. 이런 지역으로 가야 월세 수익률이 극대화된다. 반면 중심으로 가면 갈수록 수익률은 떨어진다. 중심 중의 중심 지역이라 할 수 있는 강남의 경우에는 수익률이 얼마나 될까? 매물별로 다르지만 평균으로 잡아도 3%가 채 안 된다. 강남, 서초 등의 대로변의 경우 1%대로 떨어지며 심지어 0%대 수익률 건물도 있다. 하지만 낮은 수익률에도 불구하고 대기 수요가 넘치는 상황이다. 왜일까? 지방이나 외곽으로 가면 10% 이상의 수익률 건물이 많음에도 왜 수익률 낮은 건물을 사고 싶어 하는 걸까? 단순한 월세 목적을 떠나 다른 이유가 있기 때문이다.

첫 번째 이유는 경제적인 부분에서 찾을 수 있다. 월 수익률은 떨어지지만 향후 매각 차익이 더 커서 낮은 월세 수익률을 커버할 수 있다고 판단하기 때문이다.

예를 들어 지방의 20억 원짜리 건물의 연간 임대료가 2억 원이라고 하자. 10%의 수익률 건물이다. 반면 강남의 20억 원짜리 건물은 연간 임대료가 4,000만 원이라고 해보자. 2%의 수익률 건물이다. 매년 1억 6,000만 원의 연 수입이 차이가 난다. 10년이 흘렀다. 20억 원짜리 지방 건물을 매각하려니 시세가 25억 원이 되었다. 매각 차익 5억 원+임대료 수입 20억 원(2억 × 10년)=25억 원의 세전 수익이 발생했다.

반면 강남의 건물을 10년 뒤 매각하려니 50억 원에 팔 수 있다. 매각 차익 30억 원 + 임대료 수입 4억 원(4,000만 원 × 10년)=34억 원의 세전 수익이 발생했다. 결국 연간 수익률이 낮아도 매각 차익이 큰 중심지의 건물을 선호하게 되는 것이다. 또한 중심 지역은 지속적인 지가 상승을 기대할 수 있으며 안정적인 부동산 투자처라는 인식이 여전하다. 하지만 토지 가격이 꾸준하게 올라 점차 수익률이 악화되어 이제 수익률이라고 말하기 민망할 수준이 되었음에도 수요자들이 많은 데에는 또 다른 이유가 있다.

건물을 구입하는 사람들은 제각각 이유가 다르지만 고가 건물일수록 수익률보다는 외관 혹은 위치에 더 많은 신경을 쓴다. 이는 건물을 통해 자신을 드러내고 싶은 마음이 강하기 때문이다. 사실 고가 건물을 구입하려는 수요자 중에 생활이 어려운 사람은 단 한 명도 없다. 그래서 수익률에 크게 집착하지 않으며 그보다는 최상급 입지 혹은 아름다운 건물의 소유주가 됨으로써 나를 더 돋보이고 싶은 마음이 발현되는 것이다.

비싼 아파트를 구입하는 이유도 일정 부분 이와 일맥상통한다. 우리나라에서는 나이가 어떻게 되는지, 어느 대학 출신인지, 어느 회사에 다니는지, 어디에 살고 있는지 등을 그다지 어렵지 않게 물어본다.

그리고 내가 강남에 산다고 하면 나라는 사람은 아무것도 달라진 것이 없지만 상대방이 나를 바라보는 모습이나 대우가 달라지기도 한다. 이런 우리 사회의 모습 때문에 사람들은 더욱 높은 지위를 유지하려고 한다. 나이나 학교 등은 바꿀 수 없고 회사도 사실상 바꿀 수 없지만 사는 곳은 능력만 되면 바꿀 수 있다. 그래서 사람들은 돈이 생기면 내가 살던 지역에서 가장 좋은 아파트를 가기도 하지만 상당수가 강남 같은 핵심 지역으로 이사를 하는 것이다.

이들은 그저 남들보다 조금 더 살기 좋은 '곳'을 찾는 것이 아니다. 사실 강남에 사나 강북에 사나, 서울에 사나 지방에 사나, 도시에 사나 시골에 사나, 사람 사는 것이 그다지 다를 바 없다. 하지만 우리의 시선이나 고정관념은 그렇지 않다. 강남의 아파트에 살고 있다고 하면 우리는 '조금 더 좋은 아파트에서 더 편하게 사는구나'라고 생각하기보다는 직관적으로 '부자구나'라고 받아들인다. 그리고 사람들은 타인에게 이런 식의 인정을 받고 싶어 한다.

그러니까 사람들이 좋은 지역이라고 생각하는 곳, 좋은 아파트라고 생각하는 곳의 가격은 떨어지지 않을 것이다. 부자들이 형성된 시장은 가격이 하락하기 어렵다. 이렇게 고급 빌라 혹은 고급 아파트의 가격이 부자들로 인해 높은 가격이 형성되고 꾸준하게 가격이 높아지면 그보다 한 단계 아래의 부동산도 소위 갭을 메우면서 일정 부분 따라 올라가게 된다. 그리고 그 아래, 그 아래로 계속 영향을 미쳐 결국 최상위 부동산의 가격이 상승하면 순차적으로 부동산 전반의 가격 상승을 이끌게 된다.

양극화로 인해 부동산의 가격이 올라가면 이미 부동산을 보유한 부동산 소유자와 더욱 부동산을 구입하기 힘들어진 비소유자의 자산 격차는 더 벌어짐으로써 양극화는 더욱 심화된다. 그래서 사람들은 빨리 부동산을 구입해야겠다는 조급증이 생겨나고 이것이 영끌로 나타나게 되었다. 영끌이라고 하면 아직은 부정적인 어감이 더 강하게 묻어 있으나 나는 영끌을 통해서라도 '주택 무소유'를 벗어나라고 직언한다. 세상의 어떤 것이라도 한정된 재화의 방향은 우상향이다. 비록 상승 폭 자체는 다를지라도 말이다. 그러니 시간을 두고 기다리면 안 된다. 일시적인 하락이 없다는 의미는 아니다. 하지만 일시적 하락기에서는 대다수가 공포심에 묶이거나 추가 하락을 기대하는 심리로 인해 구입하지 못할 확률이 매우 높다. 여러분도 마찬가지다. 그러니 살 수 있을 때 사라는 현실적인 조언을 드린다. 좋은 지역의 부동산 가격은 장기적으로 하락할 가능성이 거의 제로에 가깝다.

Part 2

앞으로 5년,
우상향 사이클 부동산의
7가지 조건

코로나 이후,
삶의 질을 보장하는 아파트가 뜬다

우리는 바야흐로 코로나 시대에 살고 있다. 2020년 초에 나는 코로나에 대해 처음 알았고 의학적으로 무지했던 탓에 가벼운 해프닝 수준으로 끝날 것으로 기대했다. 길어야 2020년 상반기 내로 종식될 것으로 기대했으며, 적어도 치료제가 나와 어렵지 않게 해결되리라 생각했다.

우리가 기존의 전염병으로 기억하는 SARS(중증 급성 호흡기 증후군), MERS(중동 호흡기 증후군), 신종 인플루엔자 등은 분명히 사회적으로 큰 파장을 일으켰지만 지금처럼 일상에 지대한 영향을 주지 않았고 개인적으로도 공포감이 크지 않았다. 동물 전염병이라 할 수 있는 조류 인플루엔자나 광우병 때도 닭이나 소고기 등을 안 먹으면 될 뿐이지 큰 위협이라 느끼지 못했다.

실제로 SARS의 경우 2002년 겨울 중국에서 첫 발병한 후 이듬해 7월까지 약 7개월간 유행했는데, 전 세계 8,096명의 감염자가 발생했고, 사망자는 774명이었다고 한다. 그중 중국의 감염자는 5,327명에 사망자는 348명이었고, 홍콩은 감염자 1,750명, 사망자 299명이었다. 그러니까 중국과 홍콩을 제외하면 그 외의 나라에서는 피해가 미미했다. 한국도 4명 감염, 사망자 0명으로 보고되고 있다.

2015년에 발병한 메르스의 경우 한국은 186명이 감염되었고 그중 38명이 사망했다. SARS보다는 심각했지만 코로나에 비할 바는 못 된다. 2021년 8월 기준 전 세계 코로나 감염자는 2억 명을 넘겼고, 사망자는 400만 명을 넘어섰다. 더 나아지길 기대하지만, 이 글을 쓰는 시점에도 감염자가 빠르게 늘고 있으며 사망자도 크게 줄지 않은 상황이다.

전 세계가 공조하여 매우 빠른 시간에 백신을 만들었고 초기에 확실한 효과가 있는 듯하여 '드디어 코로나 사태가 종식되는구나.' 하는 기대감이 컸지만 이후 델타 변이 등 변이 바이러스가 속속 등장하면서 코로나 사태의 끝은 다시 보이지 않는 지경이 되었다. 언젠가 해결은 되겠다고 예측하는 의견도 점점 줄어들었다. 심지어 감기처럼 우리 일상과 같이 지내야 한다는 '위드 코로나'라는 키워드가 급부상하고 있다. 만약 획기적인 백신이 발명되어 완전히 코로나를 박멸시키더라도 우리는 이미 새로운 환경에 적응되어 코로나 이전의 생활로 돌아가기는 힘들 것으로 보인다.

21세기에 접어들고 굵직한 전염병이 여러 개 출현했다. 코로나가 종식되더라도 이후 어떤 새로운 전염병이 인류를 위협할지 알 수 없는 상황이다. 우리는 앞으로도 계속 건강에 대해 가장 많은 관심을 기울일 것이다.

그렇다면 이런 사회적 변화와 사람들의 인식은 부동산 시장에 어떤 식으로 다가올까? 결론부터 말하자면 숲, 강, 산, 공원 등 자연 친화적인 아파트에 사람이 몰릴 것이다. 지금은 자연 친화적인 것보다 편의성과 교통 접근성을 더욱 중요시한다. 사람은 편리한 것을 좋아하고 매일 회사를 출퇴근해야 하니 당연한 일이다. 그렇기에 역세권 아파트, 쇼핑·문화 시설 부근의 아파트 가격이 높다. 당분간 이런 흐름이 쉽게 바뀌지 않을 것이다. 하지만 점진적으로 조금씩 선호도가 바뀌어 갈 것이다.

공원 근처 아파트

출처: shutterstock

코로나 사태로 인해 온라인 활동이 우리 생활 깊숙이 들어왔다. 학교는 많은 아이가 어울려 공부하고 학습하는 곳이므로 전염의 위험도가 높다. 그렇다고 교육을 안 할 수는 없다. 그래서 많은 학교가 온라인과 오프라인 학습을 병행하고 있다. 많은 보습 학원에서도 온라인 학습을 병행한다. 이렇듯 코로나 이전에는 활용되지 않았던 비대면 학습의 비중이 점점 커지고 있다. 회사도 마찬가지다. 비대면 업무의 비중이 커지면서 재택근무가 늘어나고 있다. 예전에는 서로 만나서 처리해야 할 업무도 부득이한 경우가 아니라면 전화 혹은 이메일 등으로 처리한다. 이렇게 자율적인 업무 시간 조정 혹은 재택근무가 늘어날수록 역세권 아파트의 역할은 조금씩 축소된다. 물론 앞서 언급했다시피 매우 조금씩 변화하므로 지금 당장 역세권 아파트를 팔고 공원 옆 아파트로 이사 가는 것을 권하지는 않는다. 하지만 시대의 흐름을 읽고 충분한 대비를 해야 한다.

역세권은 매우 비싸고 공원이나 산 근처의 아파트는 역세권 아파트보다는 저렴하다. 그러나 부촌 지역의 경우는 역세권보다 오히려 공원이나 산 근처의 주택이 더 가격이 비싼 경우도 있다. 이러한 지역은 앞으로도 비역세권의 한적한 곳에 있는 주택 및 아파트 가격이 역세권 주택 및 아파트 가격보다 더 높을 것이다. 예를 들면 용산 한남동의 유엔빌리지 같은 곳이다. 이곳은 지하철역도 멀고 언덕이 많아 일반적인 선호도가 높은 곳은 아니지만 수십억 원의 주택이 즐비하다. 우리가 일반적으로 알고 있는 '역세권이 비역세권보다 비싸다'는 공식이 왜 몇몇 부촌에서는 적용되지 않을까?

이유는 아주 간단하다. 부촌 거주자들은 지하철을 거의 이용하지 않기 때문이다. 이용하지 않는 인프라가 인접해 있건 없건 무슨 상관이겠나. 오히려 프라이빗한 점을 좋아하는 부자들의 특성상 역이 가까워 많은 사람이 오가는 지역의 주택은 더 피하는 경향이 크다.

부자들이 지하철보다 강과 산, 공원을 좋아하는 또 다른 이유는 건강에 대한 관심이 평균보다 더 크기 때문이다. 모든 사람이 건강에 관심이 있지만 실생활에서 내 몸을 지키는 정도는 소득수준에 따라 차이가 날 수밖에 없다. 당장 일을 안 하면 생활이 힘든 가정이 있다고 해보자. 이런 분들은 보수가 더 좋다면 먼지 나는 작업장에서 일하는 것도 큰 고민 없이 받아들이게 된다. 소위 3D 업종이라는 분야에 종사하는 분들이 부자는 아닐 것이다. 부자들은 굳이 그런 일을 할 필요가 없다. 내가 일일이 열거하지 않아도 어떤 내용을 전달하려 하는지 충분히 공감되리라 믿는다.

부자들은 경제적 여유가 있는 사람들이다. 힘들고 더럽고 위험한 일은 하지 않는다. 중산층은 꾸준히 돈을 벌어야 생활이 가능하다. 공원에서 여유롭게 시간을 보내고 싶지만, 자동차로 편하게 출퇴근하고 싶지만 시간과 돈의 제약이 걸린다. 교통비를 아끼기 위해 대중교통을 이용하는 사람들은 무척 많다. 나도 30대 초반부터 자가용이 있었지만 자가용으로 출퇴근하기 시작한 때는 한참이 지난 뒤다. 그 전까지 자가용은 주말에 가족과 놀러 가는 레저용이었다. 출퇴근을 자가용으로 하기에는 주유비가 은근히 신경이 쓰였다. 지하철을 타고 출퇴근을 하려면 일단 역세권 근처에 집을 얻어야 한다. 공원 옆의 집이 좋다고 해도 어쩔 수 없다. 공원을 싫어해서가 아니라 현실적인 부분을 더 고려해야 하기 때문이다. 그러나 부자들은 그렇지 않다.

그래서 일부 부촌 지역은 친환경적 요소가 편의성보다 더 높은 평가를 받는다. 우리 사회가 온라인이 활성화되어 재택근무 등이 보편화된다면 역세권의 가치는 점점 옅어질 것이다. 또한 아이들 교육에서도 온라인이 활성화될수록 유명 학원가의 역할이 줄어들게 된다. 굳이 학원에 갈 필요가 없다면 학원가 주변의 높은 집값도 영향을 받을 수밖에 없다.

하지만 오해하지 않아야 할 점은 이것이 꽤 장기적인 관점의 시나리오라는 사실이다. 적어도 당분간은 아니다. 그럼에도 코로나 사태가 길어지거나 사람들의 인식이 변해 온라인 활동이 늘어나고 온라인 편의성이 증대되어 오프라인보다 높은 효율성이 나타나는 시점이 빠르게 다가오고 있는데 이런 시점이 오면 중산층 지역에서도 친환경성을 중시할 것이고 우리는 이러한 아파트로 옮겨야 한다.

자연 친화적인 아파트라면 어떤 것이 있을까? 수도 서울에서 가장 먼저 떠오르는 자연은 바로 한강이다. 서울 한가운데 한강이 흐르고 있다. 세계 유수 국가의 유명 도시 중에서도 도심 한복판에 강이 흘러가는 경관을 가진 곳은 거의 없다. 우리가 익히 알고 있는 파리의 센강이나 런던의 템스강도 한강처럼 크지 않다. 3개국 강폭을 비교해보면 센강이 50m, 템스강이 225m, 한강이 900m이다. 한강이 월등하게 크다.

파리의 센강

출처: shutterstock

런던의 템스강

출처: shutterstock

서울의 한강

이렇듯 어디에 내놔도 세계적으로 훌륭한 멋진 한강을 내 집 거실에서 언제나 편안하게 바라볼 수 있다면 얼마나 좋을까? 그래서 한강 뷰가 가능한 아파트의 가격은 상상을 초월하는 수준이다. 실제로 한강 뷰 단지의 가격은 바로 옆 단지에 비해 높고 심지어 같은 단지 내에서도 뷰의 정도에 따라 가격이 천차만별로 달라진다. 대표적인 한강 뷰 아파트 중의 하나인 용산 동부이촌동의 래미안첼리투스의 가격을 살펴보자.

2021년 1월에 거래된 2층 165㎡ B타입의 실거래 가격은 29억 5,000만 원이었다. 그런데 2021년 5월에 같은 평형, 같은 타입의 42층이 41억 7,500만 원에 거래되었다. 무려 12억 원이 넘게 차이가 난다.

모든 점이 똑같은데 다른 점을 찾자면 단 하나, 바로 한강 뷰의 유무다. 2층은 뷰가 없고, 42층은 한강 뷰가 매우 좋다. 동부이촌동 래미안 첼리투스 2021년 9월 현재 호가는 35억~45억 원이다. 역시 층이나 한강 뷰에 따라 호가에 큰 영향을 미치기에 가격 갭이 차이가 있는 것이다. 더구나 한강의 가치는 지금보다 향후에 훨씬 더 높아질 것으로 기대한다.

수년 전에 보았던 칼럼 하나가 생각난다. 2015년 8월 25일 《중앙일보》에 실린 칼럼으로 '대한민국은 강대국이다'라는 제목을 달고 있었다. 이 글에서는 폭 1km에 달하는 어마어마한 한강은 전 세계 어느 도시에서도 찾아볼 수 없는 자랑거리라고 말하며, 그런데 그 한강을 바라보기만 하는 '관상용'으로만 쓰이는 게 안타깝다고 지적했다. 그리고 한강의 부가가치를 높일 수 있도록 수상 레포츠를 발전시키고 관광 자원을 만들자고 제안했다. 한강을 가로지르는 케이블카를 연결하자는 아이디어도 소개되었다. 그리고 "이제 더 이상 우리나라의 강을 방치하지 말자. 강의 가치를 제대로 드러내기 위한 다양한 아이디어를 찾아보자. 우리는 강대국(江大國) 아닌가"라고 끝맺었다. 이 칼럼의 문제의식이 조금씩 실천에 옮겨진다면 한강의 활용도와 그 가치는 지금과는 비교할 수 없을 정도로 커질 것이다.

사실 한강변 아파트는 지금도 선호도가 워낙 좋아 가격이 매우 높다. 하지만 지금의 가격은 귀여워 보일 정도로 향후 한강변 고급 주택 및 아파트의 가격은 더더욱 천정부지로 솟을 것이다. 모든 재화가 마찬가지지만 부동산 역시 희소성에 따라 가격이 변하는데, 한강 뷰가 가능한 아파트는 극히 소수다. 반면 원하는 사람은 부지기수다. 그러니 가격이 오르지 않을 수가 없다. 특히 앞으로 자연 친화적인 아파트 선호 현상이 강해지면 그중 최고라 할 수 있는 한강변의 한강 뷰가 가능한 아파트의 가치는 지금 여러분이 상상한 가격이 얼마이든 그 이상이 될 것이다.

압구정동 현대아파트가 완성되어 한강 뷰까지 품는다면 평당 가격 2억 원은 가볍게 넘길 것이다. 완성되는 시기에 따라 다르겠지만 평당 3억 원까지는 무난하게 갈 것이다. 33평의 아파트 가격이 100억 원 시대가 도래하는 것이다. 지금은 헛소리로 들리겠지만 희소성이 주는 가치는 대단히 높다. 대다수 아파트는 평당 1억 원에 미치기 힘들겠지만 최상급 아파트 가격은 양극화의 최상단에 위치하여 지금으로서는 상상할 수 없는 가격이 분명히 형성될 것이다.

이번에는 압구정 옆의 반포를 살펴보자. 압구정동이 우리나라 아파트의 소위 '끝판왕'으로서 가격을 이끌고 있지만 완성된 아파트가 없다. 그 반면 반포는 최근 수년간 꾸준히 신축 아파트를 공급해왔다. 그래서 강남의 신축을 원하는 수많은 사람이 반포에 몰려들었고 반포는 이에 부응하듯 가격을 선도해왔다. 최근에 입주한 그리고 앞으로 입주할 반포 아파트 몇몇을 살펴보면서 한강변 아파트의 전망을 알아보자.

먼저 반포의 한강변 아파트 하면 먼저 떠오르는 아파트 중 하나가 아크로리버파크이다. 2016년 8월에 입주한 아파트로 1,612세대의 한강변 아파트다. 타 강남 단지처럼 매머드급 크기는 아니지만 적당한

반포 아크로리버파크

세대수에 역세권이며 학교가 가깝다. 특히 한강변을 길게 접하고 있다는 장점이 있다.

2021년 반포 아크로리버파크의 실거래 가격은, 6월에 35억 8,500만 원(4층), 37억 5,000만 원(7층), 39억 8,000만 원(10층), 7월에는 35억 7,000만 원(32층), 36억 원(33층), 36억 9,000만 원(27층) 등이다. 거래가 가장 많은 112㎡ B타입 기준이다. 6~7월 실거래 평균가격은 36억 9,600만 원이며, 평당 가격은 1억 1,200만 원이다. 5~6월의 25평형 거래는 4건으로 평균 26억 8,500만 원이며 평당 1억 740만 원이다.

이 아파트의 분양가는 25평형이 7억 원 내외였다. 아파트 공급자라고 볼 수 있는 시행자는 시장에서 받을 수 있는 최고가를 책정했다. 분양 당시 7억 원을 넘겨서는 분양이 힘들 것이라는 분석을 했다는 의미다. 그런데 이후 20억 원이 추가로 상승했다. 아파트 하나를 제대로 분양받으면 20억 원의 수익을 벌 수 있다는 뜻이다. 중요한 점은 이것이 현재까지를 기준으로 했을 뿐이라는 것이다. 조금 더 시간이 지나면 25평은 35억 원, 33평은 45억 원에 다다를 것이다. 프리미엄만 30억 원이다. 즉 30억 원의 수익도 가능하다.

모든 아파트가 이런 특혜를 누릴 수 있는 것은 아니다. 그러나 희소한 가치를 지닌 아파트는 가능하다. 역세권 아파트는 많고 학군이 좋은 아파트도 많고 강남에 있는 아파트도 많다. 하지만 역세권이며 학군이 좋고 강남에 있으면서 편의성도 좋고, 한강 뷰까지 가능한 아파트는 매우 드물다. 내가 투자할 아파트는 이런 식으로 희소한 가치를 찾아야 한다. 그리고 서울은 희소성이 가장 높은 지역이고 그중 한강 뷰 아파트의 희소성이 가장 크다.

아크로리버파크와 접하고 있는 한창 공사 중인 래미안원베일리는 어떨까? 2023년 8월경에 입주할 이 아파트의 입주 시점의 시세를 여러분은 얼마로 생각하는가? 나는 35평 아파트의 가격이 입주 시점에 이미 50억 원에 달한다고 본다. 왜 그렇게 생각하는지 설명해보겠다.

원베일리는 2,990세대로 리버파크보다 세대수가 약 2배 가까이 크며 트리플 역세권인 고속터미널역과 쇼핑 시설 이용이 더 편하다. 그리고 무엇보다 입주 연도에 7년의 차이가 존재한다. 서울의 공급 부족 심화로 새 아파트 선호 현상이 크게 두드러지면서 연식은 가격에 큰 영향을 미치는 요인이 되었다. 건축 공법의 발달로 7년 사이에 기술이

래미안원베일리 조감도

출처: 삼성물산

크게 발전한다. 이런 점을 고려할 때 최소한 아크로리버파크보다 20%는 더 높은 가격이 형성될 것이다.

래미안퍼스티지 아파트의 경우 이 글을 쓰고 있는 날을 기준으로 최근 2개월(2021년 4월 29일~6월 28일)까지의 33평 거래 사례는 4건이고 평균 가격은 32억 8,500만 원이다. 퍼스티지 아파트는 2008년도 아파트로서 원베일리와는 15년의 연식 차이가 있다. 원베일리는 퍼스티지보다 최소한 30%는 더 높게 형성될 것이다. 매년 4% 상승을 가정하고 2023년 8월경의 가격을 예측해보면, 아크로리버파크의 경우 산술적으로 39억 9,760만 원 수준이다. 개인적으로 판단하기에는 40억 초중반의 금액에 도달해 있을 것이다. 래미안퍼스티지의 경우 약 36억 원이 된다. 아크로리버파크의 120%, 래미안퍼스티지의 130%를 계산해보면 원베일리의 예상 금액은 대략 47억~48억 원 수준이다. 이 정도 금액으로도 많은 분이 놀라실 텐데 개인적으로는 입주 시점에 이미 50억 원에 넘어설 것이며 일부 로열동이나 로열층의 경우 50억 원 중반을 넘길 수 있다고 본다.

원베일리의 분양가는 평당 5,500만 원 수준이었다. 만약 33평 아파트가 50억 원이 된다면, 평당 1억 5,000만 원이 된다. 약 1억 원에 준하는 수준의 차익이 생겨난다. 프리미엄 총액 1억 원이 아니라 '평당 1억 원'의 프리미엄이다. 지금은 당연히 믿지 못하실 것이다. 하지만 2년 뒤 이 아파트에 입주하게 될 때 얼마의 가격으로 거래될 것인지 지켜보자. 한강변이라는 희소성을 갖춘 부동산의 가치는 여러분의 상상 이상이 될 것이다.

한강 뷰 만큼은 아니지만 이에 못지않게 사람들이 선호하는 뷰는 호수 뷰다. 일산이나 광교, 동탄, 세종 등의 신도시에 많은데 호수 뷰에 따라서 가격이 크게 차이가 난다. 광교의 대표적인 호수 뷰 아파트인 힐스테이트광교의 127㎡형의 경우 2021년 5월 17억 7,000만 원에 거래되었고 역시 호수 뷰 아파트인 광교중흥에스클래스 33평형의 경우 16억 2,000만 원에 거래되어 높은 인기를 실감해준다. 역세권 중의 초역세권인 자연앤힐스테이트의 경우 2021년 6월에 16억 1,500만 원으로 처음으로 16억 원을 넘는 실거래가를 보여 여전한 역세권의 힘을 보여주었다. 이런 자연앤힐스테이트와 호수 뷰 아파트를 비교하면, 비역세권 아파트라도 전망이 좋은 경우 역세권 못지않은 혹은 그 이상의 가격이 형성될 수 있음을 알 수 있다.

내부에서 바라본 광교의 호수 뷰

강이나 호수보다는 덜하지만 사람들의 인기를 끄는 또 다른 뷰는 공원 뷰와 숲 및 산 전망이다. 서울에서 가장 대표적인 공원은 서울 숲공원과 용산 민족공원인데, 서울숲은 압구정동과 마주 보는 부촌 으로 급성장한 성수동에 위치해 있으며 35만 평의 크기를 자랑하는 서울의 대표 공원이다. 성수동은 준공업 지역이 많아 개발 잠재력이 풍부하고 강남 접근성이 좋으며, 분당선과 2호선이 지나가는 지하철 대중교통도 훌륭하다. 또한 트리마제를 비롯하여 한화갤러리아포레, 아크로서울포레스트 등 고급화된 아파트가 많아 가격이 수십억 원을 호가하는 부촌이 되었다. 그래서 성수동의 가격이 높은 것이 서울숲 때문만은 아니다.

하지만 서울숲이나 한강변에 가깝다는 지리적 여건이 없었다면 성수동의 이런 고급 아파트는 탄생조차 하지 못했을 것이다. 이들이 분양할 때 한강 뷰와 공원 뷰를 적극적으로 홍보한 것을 보아도 알 수 있다. 이러한 고급 아파트를 성수동이 아닌 그저 그런 지역에 지었다고 하면 과연 지금과 같은 가격을 받을 수 있었을까? 당연히 아니다. 공원이 우리 집과 가까운 곳에 있다면 이는 엄청난 장점이고 앞으로 그 장점은 더욱 두드러질 것이다.

도심 내 대규모 공원이라 하면 생각나는 것이 뉴욕의 센트럴파크인데 이곳의 아파트 가격은 수십억 원에서 수백억 원에 달하며 심지어 수천억 원을 호가하는 것들도 있다. 과연 이런 터무니없는 금액으

서울숲의 모습

출처: 서울숲컨서번시

로 거래가 될까 싶겠지만, 전 세계의 부호들이 앞다투어 사고 싶어 한다. 삶의 질을 높여주는 희소성 높은 부동산이라 판단하기 때문이다. 우리나라의 센트럴파크라 불리는 곳은 용산의 민족공원이다. 서울숲보다 2배 이상 큰 80만 평의 위용을 자랑한다. 수십 년간 미군 부대 주둔지 등으로 사용되었지만 미군 부대가 평택으로 이전한 후 시민을 위한 녹지 공간을 조성 중이다.

이 주변의 아파트 및 주택의 가치는 천정부지로 솟을 것이다. 이미 공원에 인접한 토지 가격은 상당히 급등했다. 하지만 지금까지 오른 것보다 훨씬 큰 가격 상승이 계속될 것이다. 이 부근은 뉴욕의 센트럴파크처럼 고급화된 주택 및 아파트가 나타날 것이고 이런 고급 주택을 구입할 만한 수요들이 존재할 수 있는 위치이기 때문이다. 그래서 용산 민족공원 주변의 토지를 직접 구매하거나 작은 빌라라도 구입하는 것은 장기적인 관점에서는 좋은 투자라고 볼 수 있다.

이미 공원에 인접한 파크타워아파트, 시티파크아파트, 용산 센트럴파크해링턴스퀘어(이하 용산 해링턴)의 가격은 매우 높다. 2020년에 입주한 용산 해링턴의 경우 전용 92㎡의 분양 가격이 16억 원에 달했다. 2017년 7월에 이 정도의 분양가는 사람들을 주저하게 만들었다. 강남에서도 최고 중의 최고라 할 수 있는 대치동 래미안팰리스가 당시 17억 원 초반이었고, 입주한 지 1년이 된 한강 뷰를 자랑하는 반포 아크로리버파크도 20억 원 수준이었기 때문이다. 그래서 너무 가격이 비싸다며 분양 당첨자들이 주저했었다. 당시 똑같은 고민을 하는 2명의 고객이 같은 시기에 나를 찾아왔었다. 고민은 똑같았다. 좋은 건

알겠는데, 과연 16억 원이라는 금액에서 더 오르겠냐는 것이다. 나는 더 상승할 테니 당연히 보유하라고 조언드렸고 현재 매물은 나와 있지 않지만 시세는 최소한 20억 원대 후반에서 30억 원 정도로 추정된다.

우리가 좋은 아파트라 부르는 곳들의 가격은 제한이 없다. 놀랍게도 최상층의 부자들은 존재하며 그들의 자산은 상상 이상으로 많다. 내 주변에도 수백억 부자는 너무나 많아 세보기 힘들 정도이며 수천억 부자들도 여럿 만났다. 아파트 가격이 수십억 원을 호가한다고 해도 그들에게 이 가격이 비싸 보일까? 그렇지 않다. 마음에 들면 별 고민 없이 구입한다. 그렇기에 희소성이 있고 부자들이 좋아하는 한강 뷰, 공원 뷰, 호수 뷰 등의 핵심 지역 주택의 가격은 상한선이 없다. 미래를 본다면 오늘이 가장 싸며 가격이 잘 오르는 것이다.

그러므로 여유가 있다면 이런 부동산을 구입해야 하고 금액이 부족하다면 향후 이렇게 바뀔 부동산을 미리 사두어야 한다. 앞서 언급했듯 공원 주변의 소규모 빌라도 괜찮다. 언젠가는 개발을 통해 아파트 혹은 고급 빌라로 바뀔 것이다. 향후 높아진 가격에 매도해도 되고 지주 공동 사업이나 기타 개발 방식에 따라 조합원이 되어 서울의 센트럴파크를 조망하는 아파트를 보유하게 될 수도 있다.

한강변에 인접한 빌라는 허름해도 가격이 비싸다. 합정동, 망원동, 자양동 등에 이런 곳이 있다. 성수 뉴타운이나 한남 뉴타운의 가격은 훨씬 더 비싼데 이곳은 개발이 진행 중이기 때문이다. 한강변에 인접한 빌라는 매매가와 전세가의 차이인 갭 가격을 기준으로 수천만 원에서 수억 원 정도면 구입할 수 있다. 장기적인 관점으로 투자한다면 해도 좋다. 하지만 반드시 여유 자금의 투자를 권한다. 단시일 내 개발되는 것은 아니기 때문이다. 하지만 한남이나 성수의 사례에서 봤듯 뭔가 움직이기 시작하면 이미 소액 투자가 아니다. 이들 지역은 현금만 보통 15억 원 이상 소요된다. 그러므로 소액 자금밖에 운용이 안 되는 분들은 멀리 내다보고 이런 지역을 선점해야 한다.

노파심에서 다시 이야기하지만, 반드시 장기 투자 관점을 가져야 한다. 장기 투자라 함은 최소한 10년에서 20년 이상의 보유다. 또한 반드시 개발된다는 보장이 없기 때문에 여유 자금으로 투자해야 한다. 그러니까 묻어두고 잊어버릴 수 있는 자금으로 투자해야 한다는 의미다. 조급하게 마음먹거나 수년 뒤 차익을 보고 매도해야겠다는 사람이면 투자에 실패할 확률도 꽤 높다. 움직임이 있는 시점까지 기다릴 줄 아는 인내가 필요하며 그래야 수익을 누릴 수 있다는 뜻이다.

세상에는 위대한 발명이 많았지만 그중에는 발명 당시에는 너무 획기적이라 세상이 알아주지 못해 돈으로 치환되지 못한 것들도 많다. 이런 발명으로 경제적으로 실패한 사람들도 많다. 하지만 똑같은 아이디어를 십수 년 뒤 다시 세상에 내놓았을 때 시장이 반응하고 성공하는 것을 보았다. 투자도 맥락은 같다. 은마아파트라는 아파트를 사서 10억 원을 번 분도 있지만 4억 원을 잃은 분도 봤다. 그러니까 가격이 급상승하는 시기가 오겠지만 그 시기까지 기다리지 못한다면 아무런 의미가 없다는 것이다.

한 사람이 금광을 캐러 가서 5년을 열심히 일했지만 소득이 없어서 금광 사업권을 팔았는데 그다음 사람이 인수받아 일주일 만에 금을 캤다는 일화를 들은 적이 있다. 첫 번째 사람은 아주 조금만 더 시간을 투자했다면 인생 대박이 나올 수 있었으나 결과론적으로는 성급한 결정을 내려버린 것이다. 이처럼 투자의 성공 요인 중 타이밍도 상당히 중요하다. 희소성 있는 입지는 반드시 언젠가 빛을 발하겠지만 그 시점을 정확히 예단할 수 있는 사람은 없다. 하지만 흐름상 이런 부동산에 대한 부자들과 대중의 관심은 높아질 것이므로 장기 투자가 가능한 여유 자금이 있는 투자자들은 충분히 고려해보는 것이 좋겠다.

이번에는 삶의 질을 높여주되 자연 친화적인 것과는 다른 면을 살펴보자. 바로 단지 내 커뮤니티 시설이다. 이것은 최근에 대단히 중요하게 부각되는 내용인데 사람들은 남들과 다른 대우를 받고 싶어 하는 욕구가 있다. 누구든 대우받고 대접받는 것을 좋아한다. 호캉스를 즐기는 사람들의 경우 호텔 서비스에 대한 만족감이 높아서인 경우가 많다. 그야말로 대우받은 느낌이 좋다는 것이다. 단지 내 커뮤니티는 입주민만을 위한 시설이다. 입주민 외의 사람들에게도 이용하게 해주는 경우도 있긴 하지만 여전히 입주민 전용 시설이 대다수다. 그들만을 위한 시설이고 그들만을 대우해주는 시설이다. 이런 커뮤니티는 최근 매우 빠르게 발전하고 있다. 10여 년 남짓 전만 해도 아파트 커뮤니티라고 하면 노인정, 헬스클럽, 테니스장 정도에 조금 더 좋으면 탁구장, 스크린골프, 독서실 정도가 추가되는 수준이었다.

지금은 어떨까? 반포 구주공 1단지 아파트를 재건축하는 디에이

치클래스트(2026년경 입주 예정)의 커뮤니티를 살펴보자. 앞에서 설명한 기본적인 것들을 포함하여 호텔 로비식 대형 통합 로비, 한강 뷰 식물원, 아이스링크, 워터파크(수영장이 아니라 워터파크), 인도어 테니스코트, 복층형 실내 골프 연습장(스크린골프 아님), 볼링장, 50m×6레인 실내 수영장(우리가 일반적으로 이용하는 수영장은 25m 길이다. 50m는 선수용으로 50m 레인 수영장 자체가 서울에 3~4곳 정도이다), 실내 조깅 트랙, 농구장

반포디에이치클래스트 커뮤니티

출처: 현대건설

및 실내 락클라이밍, 오페라하우스, 황토 찜질방, 프라이빗 극장, 히노끼 노천탕, 레스토랑, 라운지 및 케어 센터, 컨시어지 센터, 키즈 라이브러리, 대형 카페, 키즈 레고랜드 등이다. 이 모든 것이 입주민만을 위해 단지 내에 모두 조성된다.

이런 커뮤니티 시설을 사람들이 좋아하지 않을 수가 없다. 최근 국토교통부에서 주거 실태 조사 결과를 발표한 것을 보자. 이사를 하고 싶은 이유에 대한 답변 중 1위가 '시설 및 설비가 더 양호한 집으로 이사'였다. 2위가 '교통과 인프라', 3위가 '직장 및 학교 접근성'이었음을 고려하면 최근에 사람들이 얼마나 좋은 집에 대한 애착이 강한지 알수 있다. 코로나로 인해 이런 점은 더욱 가속화되고 있는데 경제 불황이 심화되고 있는 최근 인테리어 업체는 나 홀로 호황을 누리고 있다. 인테리어 비용도 많이 뛰어오른 상황이다. 그런데도 일이 2~3달씩 밀린 업체가 많다. 그만큼 사람들이 집에 있는 시간이 많아졌고 집에 투자하는 환경으로 바뀐 것이다. 이건 코로나가 종식되더라도 쉽게 바뀌지 않을 것으로 보인다. 쇼핑도 온라인으로 할 수 있고, 쇼핑 외 대부분의 활동도 전화 혹은 클릭 몇 번으로 해결이 된다. 이렇게 집에 있는 시간이 길어질수록 단지 커뮤니티의 영향력도 커지게 된다. 그러니 앞으로는 커뮤니티 수준에 따라 가격 편차가 커질 것이고 결국 대단지와 소단지의 격차도 더욱 커지게 된다.

📍 핵심 포인트 정리

+ 자연 친화적인 아파트가 부각될 것이다. 한강 뷰, 호수 뷰, 공원 뷰, 산 뷰, 골프장 뷰 등이다. 앞으로 서서히 사람들의 관심이 높아질 것이다. 코로나로 인해 선호도가 빨라지는 현상을 보이고 있으며 부촌일수록 이런 경향이 높으니 되도록 좋은 입지 중에서 이런 아파트를 선별해야 한다.

+ 아파트 커뮤니티가 부동산 가격에 많은 영향을 주는 시대. 역시 코로나로 인해 집에 머무르는 시간이 많아져 커뮤니티 완성도가 중요해졌다. 지역을 불문하고 대단지 신축일수록 유리하다. 역세권 소단지보다는 비역세권 (커뮤니티가 좋은) 대단지의 가격이 더 높아지는 시대가 도래할 것이다.

공급 대비 수요가 많은 곳에 미래가 있다

　가격 변동의 마지막 프로세스는 수요와 공급의 비교이다. 예를 들어 정책으로 인해 가격이 낮아졌다면 이것은 규제 정책으로 인해 최종적으로 수요자가 줄어들게 되어 가격이 하락한 것이다. 경기가 좋지 않아 가격이 낮아졌다면 어려운 상황에서 최종적으로 집을 사려는 수요자가 줄어들어 가격이 하락한 것이다. 어떤 지역의 아파트 가격이 올랐다면 이유는 다양할지언정 어찌 되었든 최종적으로 공급보다 수요가 많아져서 가격이 올랐다는 의미다. 그러니 지속해서 가격이 오를 부동산은 최종적으로 공급보다 수요가 많은 곳이다. 이런 곳을 찾는 게 긴요하다. 공급보다 수요가 많은 조건은 정도의 차이는 있지만 이렇게 나눠볼 수 있다.

① 공급은 줄어들고 수요는 멈춰 있다. → 수요 초과

② 공급은 줄어들고 수요는 늘어난다. → 수요 초과

③ 공급은 줄어들지만 수요는 더 줄어든다. → 수요 초과

④ 공급은 멈춰 있고 수요는 늘어난다. → 수요 초과

⑤ 공급은 늘어나지만 수요는 더 늘어난다. → 수요 초과

이외의 상황은 수요 초과가 없기에 가격이 상승하기 어렵다. 공급은 멈춰 있는데 수요 역시 멈춰 있거나 줄어드는 경우, 공급은 늘어나는데 수요가 멈춰 있거나 줄어드는 경우 등은 가격이 상승하지 않는다. 그러니 위의 5가지 상황을 잘 파악해야 한다. 아파트에 적용하여 하나씩 살펴보자.

① 공급은 줄어들고 수요는 멈춰 있다.

→ 이런 상황은 현실적으로 어렵다. 아파트를 철거만 하고 건설을 안 하는 경우는 사실상 없다.

② 공급은 줄어들고 수요는 늘어난다.

→ ①과 마찬가지다.

③ 공급은 줄어들지만 수요는 더 줄어든다.

→ ①과 마찬가지다.

④ 공급은 멈춰 있고 수요는 늘어난다.

→ 공급이 멈춰 있는 경우는 일시적으로 가능하다. 즉 시간을 한시적으로 설정하면 공급이 없을 수 있다. 하지만 공급이 멈춰 있

는 상태에서 수요가 늘어나는데 가만히 있을 공급자는 없다. 결국 공급자가 움직이기 시작해서 늘어난 수요를 흡수하게 되고 과하면 다시 공급 초과 상태가 되어 가격 상승 여력을 둔화시키거나 하락 전환시킨다. 그러므로 ④의 경우도 일반적이라고 볼 수는 없다.

⑤ **공급은 늘어나지만 수요는 더 늘어난다.**

→ 사실은 이런 지역과 부동산을 찾는 것이 가장 현실적이다. 수요가 있는 곳에는 자연스럽게 공급이 따라올 수밖에 없다. 하지만 늘어나는 수요만큼 공급이 따라오지 못하는 경우가 있다. 이런 곳은 지속해서 가격이 오를 수밖에 없다. 그렇다면 공급이 늘긴 늘되 수요보다는 부족한 공급 부족 지역은 어디일까?

공급이 원활하게 이루어지지 않는 원인은 여러 가지가 있다. 최근 수년간 우리가 몸소 느꼈듯 정책을 통해 인위적으로 공급을 막을 수 있다. 이런 경우 가격은 상승할 수밖에 없다. 정부는 수급 예측에 실패하여 충분한 공급 없이 투기 수요만 잘 막는다면 가격을 제어할 수 있을 것이라고 착각하는 커다란 오류를 범했다. 하지만 정책으로 공급이 부족한 지역은 다시 정책이 풀리면 공급이 늘어날 것이므로 장기적으로 큰 문제는 아니다. 앞서 대구의 사례를 보았다시피 부족할 경우 가격이 상승하지만 물량을 쏟아내면 가격은 안정화된다. 그러므로 정책으로 인허가를 늦춘다거나 청약을 지연시키는 것들은 일시적인 가격의 상승을 가져올 뿐 지속적인 상승은 쉽지 않다.

지속적인 가격 상승을 일으키는 공급 부족은 정책의 변화에 의한 일시적 부족이 아닌 물리적으로 공급이 부족한 지역이다. 대표적인 곳이 서울이다. 서울은 지방과 달리 대규모 아파트를 지을 땅이 절대적으로 부족하다. '부족하다'는 표현보다는 그냥 '없다'는 게 옳다. 그런데 수요는 전국 최고이다. 그래서 서울의 집값이 쉽게 잡히지 않는 것이다. 서울에서 아파트 공급은 재개발·재건축인데 사실 수요에 비해 공급이 턱없이 부족하므로 서울의 가격 상승은 꺾이기가 어렵다. 그래서 서울 같은 지역을 투자해야 한다. 강남은 서울 전체보다 더욱 수요 대비 공급이 부족하다. 지방에서도 핵심 지역은 수요 대비 공급이 부족하며 추가 공급할 토지도 없기 때문에 가격이 떨어지지 않는다. 단지 비싸다는 이유로 떨어진다는 환상에서 벗어나자. 수요자가 감당할 수 없는 비싼 가격이므로 반드시 가격이 떨어진다는 주장이 많은데 말도 안 되는 이야기다. 핵심 지역의 수요자는 부자들이다. 앞서 언급했지만 벼락부자가 꾸준히 나타나고 있는 상황에서 소수의 핵심 지역 부동산 가격은 앞으로도 계속 오를 수밖에 없다.

이번에는 인구가 증가하는 곳, 즉 수요가 늘어나는 지역은 어떨지 생각해보자. 2021년 8월 24일 체크 기준점으로 삼았다. 통계청 자료를 보면 시도별로 인구 증감이 나타난다. 그리고 모든 지자체는 자치구의 인구를 늘리려고 혈안이 되어 있다. 당연히 인구가 많아야 경제가 활성화되고 지역이 살아나기 때문이다. 하지만 인구는 곧 정점에 다다르고 줄어들게 된다. 인구의 이동으로 인해 인구가 증가하는 곳이 있겠지만 그만큼 줄어드는 곳도 생겨난다. 그러니 모든 지자체의 전망 중 약 절반 정도는 희망 사항으로 봐야 한다.

지방 특정 도시의 인구가 늘어나고 있다면 해당 지역의 아파트 가격은 반드시 꾸준한 상승을 나타내게 될까? 꼭 그렇지는 않다. 대체로 인구가 늘어나면서 가격도 오르는 모습을 보이긴 하지만 계속 가격이 상승할 것이라고 낙관하지는 않는다. 이유는 이 지역 주변에 개발할 토지가 많기 때문이다. 수요가 늘어나면 반드시 공급자가 나타나게 된다.

지난 수백 년간 모든 분야의 시장 경제는 수급의 원리로 움직였다. 이렇게 공급자가 나타날 수 있는 환경이 있다면 가격이 단기적으로는 수급 불균형으로 오를지언정 공급자의 참여로 공급이 늘어나게 됨으로써 가격은 조정기에 돌입하게 된다. 그러니 이런 지역을 투자할 때는 소위 치고 빠지는 시점을 잘 조정해야 한다. 장기 투자는 서울과 같은 핵심 지역이 가장 유리하다. 이런 지역은 장기 보유하면 계속 상승한다. 하지만 지방 투자는 매도 타이밍, 매수 타이밍을 잘 살펴야 한다.

결론을 내보면 인구(수요)가 증가하는 것보다 공급이 물리적으로 부족하여 지속적으로 수요 초과가 되는 지역이 핵심 지역이라고 할 수 있다. 서울의 인구는 한때 1,000만 명을 넘어 1,100만 명에 육박했다가 수년간 줄어 현재는 1,000만 명 이하까지 내려갔다.

서울 인구수 감소 추이를 근거로 서울의 부동산 가격이 하락할 것이라는 주장도 역시 말이 안 된다. 인구가 정점에 비해 100만 명 이상 줄었지만 여전히 서울의 주택 대기 수요는 최소한 수십만~수백만이

서울시 인구 추이

(만 명)

1,037.0
1,029.7
1,020.4
1,012.5
1,005.0
1,001.1
991.1

내국인 972.9
외국인 28.2

내국인 966.8
외국인 24.3

2014　2015　2016　2017　2018　2019　2020

출처: 서울특별시

고, 아파트를 기준으로 공급 물량은 매년 5만 호 안팎이다. 서울의 간접 대체재 지역이라 할 수 있는 경기도에서 아파트를 많이 짓고 있고 이것이 서울의 수요를 흡수해준 것이 서울의 인구를 줄어들게 한 가장 큰 요인이다. 실제로 서울의 전출입 상황을 살펴보면 경기도로 가장 많이 이사한 것을 살펴볼 수 있다.

2021년 1월 26일 통계청이 발표한 '2020년 국내 인구 이동 통계'에 따르면 2020년 동안 경기도와 인천, 서울 등 수도권에 8만 8,000명의 인구가 순유입되었다. 이 중 경기도에는 16만 8,000명이 순유입돼 전국에서 가장 큰 순유입 규모를 보였다.

그런데 2020년 서울의 전출자 57만 4,864명 중 65.4%인 37만 5,867명(65.4%)이 경기도로 이동했다. 그리고 경기도 전출자 53만

6,138명 중 49.7%인 26만 6,375명은 서울로 이동했다. 서울 인구 10만 9,492명이 경기도로 순유입된 셈이다. 이에 대해 전문가들은 정부의 연이은 부동산 정책에도 급등한 서울의 집값과 전세금 등을 견디지 못한 이들이 비교적 가격이 저렴한 경기도로 이동했다고 분석한다.

하지만 서울에서 경기도로 이동하는 규모는 서울의 주택 수요를 감당하기에는 조족지혈이다. 서울에서 경기 및 다른 지역으로 이동한 수요자를 제외하고도 여전히 공급 대비 수요가 넘치는 서울이기에 가격은 절대로 하락할 수 없다. 그래서 단순히 서울의 인구 감소 데이터만 가지고 부동산 가격 하락의 전조로 보는 예상은 대단히 위험하며 또한 틀렸다. 서울을 예로 들었지만 특별시, 광역시 등은 모두 핵심 지역으로 칭할 수 있다. 도시의 확장이 힘들고 사람들이 선호하는 도시 혹은 특정 동네의 아파트는 일시적인 조정기를 거칠지언정 장기적으로 반영구적 우상향이라고 생각해도 된다.

⊙ 핵심 포인트 정리

+ 공급은 늘어나지만 수요는 더 늘어나는 지역을 찾는 것이 핵심이다. 시장은 수요가 늘면 필연적으로 공급을 늘린다. 하지만 공급을 늘리는 것이 한계가 있는 지역이 분명히 존재한다. 이런 지역의 부동산을 구입하면 반영구적인 상승을 기대해도 된다.

+ 서울 및 기타 특별시, 광역시 등 인지도가 있는 대도시가 좋으며, 도시 확장성이 힘들어야 한다. 예를 들어 서울은 외곽이 그린벨트로 묶여 대규모 공급이 어렵다.

어떤 기업이 있는가를 본다

직주 근접성으로 표현되는 직장과의 거리는 부동산을 구입할 때 매우 중요한 요소다. 향후 재택근무가 완벽히 자리 잡고 세상이 더욱 기술적으로 발전하여 전 세계가 경제적 안녕을 누리는 시기가 온다고 하지만 그것이 언제인지 지금은 알 수 없다. 아마도 그때까지는 직주 근접성은 여전히 중요한 요소로 자리 잡고 있을 것이다.

직장의 숫자도 중요하지만 실제 어느 정도의 고용 창출 효과가 있는 기업인지부터 살펴야 한다. 예를 들어 최근 제조업의 경우 스마트 팩토리가 점점 일반화되며 대부분 기계가 업무를 대신하기 때문에 엄청난 크기의 회사가 들어섰더라도 고용 인원은 턱없이 부족해 지역의 부동산 가격 상승에 크게 영향을 행사하지 못하는 경우가 생기고 있다.

또한 직장의 수준도 고려해야 한다. 같은 고용 인원 1,000명이라도 삼성 같은 대기업이 들어온 것과 10명이 근무하는 소기업 100개가 들어온 것은 부동산 가격에 주는 영향력이 다르다. 연봉의 차이는 결국 소비력의 차이를 만들 수밖에 없고 이것은 고스란히 가격에 반영된다. 그러니 고용 인원이 많고 대기업이 많이 있는 곳 주변의 아파트 가격이 오를 수밖에 없다.

이렇게 우리나라에서 기업이 많은 곳은 어디일까? 가장 먼저 떠오르는 곳은 강남 테헤란로, 여의도 금융 지구, 종로 등 도심, 마곡 지구, 문정 지구, 구로 및 가산 디지털단지 정도다. 물론 이 밖에도 마포구 상암동의 미디어시티, 강동구 고덕동의 고덕비즈밸리 등도 있고 향후 기대가 되는 업무 지역인 용산 국제 업무 지구 단지, 창동 기지창 개발지 등도 있다.

우리나라 대기업 본사의 65% 정도가 서울에 자리 잡고 있다. 본사는 해당 기업에서도 최고 엘리트들이 근무하는 곳이다. 당연히 높은 급여와 대우를 받고 있다. 그런데 왜 우리나라 대기업들은 대부분 서울에 있을까? 생각해보면 매우 당연하다. 서울에 영입할 만한 인재들이 가장 많기 때문이다. 여러분이 살고 있는 곳이 제주도인데, 자녀가 공부를 대단히 잘한다면 제주대를 보내겠는가, 서울대를 보내겠는가? 살고 있는 곳이 전북인데, 자녀가 공부를 잘한다면 전북대를 보낼 건가, 서울대를 보낼 건가? 지방의 대학을 무시하는 것은 아니지만 최상위 인재는 자연스럽게 서울에 몰리게 된다. 《중앙일보》에서 최근 4년간 종합대학 순위를 조사했는데, 1위부터 15위까지가 전부 서울 및 서울 근교 학교였다.

국내 대학 종합 평가 순위(2018년, 2020년 기준)

2018년				2020년	
1위	서울대학교	17위	동국대학교	1위	서울대학교
2위	성균관대학교	18위	국민대학교	2위	성균관대학교
3위	한양대학교	19위	서울과학기술대학교	3위	한양대학교(서울)
공동 4위	고려대학교	20위	숙명여자대학교	4위	연세대학교(서울, 국제)
	연세대학교	21위	경북대학교	5위	고려대학교(서울)
6위	경희대학교	22위	충남대학교	6위	경희대학교
7위	서강대학교	23위	세종대학교	7위	중앙대학교
8위	이화여자대학교	24위	전남대학교	8위	서강대학교 / 이화여자대학교
9위	한양대학(ERICA)	공동 25위	전북대학교	10위	한양대학교(ERICA)
10위	중앙대학교		가톨릭대학교	11위	아주대학교
공동 11위	아주대학교	27위	충북대학교	12위	서울시립대학교
	인하대학교	28위	인천대학교	13위	한국외국어대학교
13위	한국외국어대학교		숭실대학교	14위	건국대학교(서울)
14위	서울시립대학교	공동 29위	울산대학교	15위	인하대학교
15위	건국대학교		홍익대학교		
16위	부산대학교				

인문·사회·자연·공학 등 4개 계열 이상을 갖춘
종합 4년제 대학 대상(포스텍·카이스트·
유니스트·광주과학기술원 등은 제외)

출처: 《중앙일보》

　　이렇듯 기업 입장에서는 훌륭한 인재를 뽑고 싶을 때 1차적으로 평가할 수 있는 자료라 할 수 있는 좋은 대학의 대부분이 서울에 있으니 기업의 본사도 서울을 벗어나기가 힘들 수밖에 없다. 그러니 좋은 직장은 앞으로도 대부분 서울에 있을 것이다. 이 뜻은 직주 근접성에 있어서 서울이 가장 좋다는 뜻이고 부동산 가격이 계속 강세를 띨 수밖에 없다는 의미다.

　　강남 및 여의도, 도심의 아파트 가격이 비싼 중요한 이유 중 하나가 직주 근접이 뛰어나기 때문이라는 것은 이제 상식이다. 강남은 우리나라에서 가장 많은 회사가 밀집한 곳이고 여의도는 금융권의 허브로서 섬이라는 한정된 공간으로 인해 희소한 가치가 빛을 발해 아파트 가격이 더 뛰고 있다. 도심에는 아파트가 별로 없지만 수년 전 경희궁자이가 7억 원 중반 수준으로 분양할 때 비싼 가격에 청약 시도조차 안 한 사람도 많았고, 당첨이 되고도 고민 끝에 포기한 사람도 적지 않았다. 그런데 2021년 6월 기준 그 아파트의 실거래 가격은 19억 4,500만 원(18층)이다.

경희궁자이가 분양할 때만 해도 비교 대상 아파트가 없었다. 도심에 신축 대단지 아파트가 없었기 때문이다. 그래서 과연 분양 금액이 적절한가를 놓고 당시 설왕설래가 있었다. 지금 생각해보면 터무니없이 저렴했지만, 그때는 그랬다.

이렇듯 직장이 주변에 많다면 해당 아파트는 가격이 상승한다. 경기도지만 서울의 최상급 지역들과 비교되는 판교를 보자. 판교의 가격 상승 요인 중 가장 큰 것이 직주 근접성이다. 수많은 직장이 만들어지면서 그곳의 회사를 다니는 많은 수요자가 편입되었고 대부분 대기업이었기에 아파트를 구매할 수 있는 유효 수요층이 많았다. 판교의 가격은 현재 20억 원을 넘어서는 수준이며 당분간은 강세를 지속할 것이다. 직주 근접성 외에 판교의 장점 몇 가지를 더 보자면 강남 접근성, 교통 편의성, 생활 편의성, 교육, 새 아파트 등이다. 상당히 장점이 많은데, 판교에서 강남까지 신분당선을 이용하면 불과 20분 정도면 도착한다. 현대백화점 판교점은 판교뿐 아니라 주위 도시 주민들이 몰려들 정도로 규모가 크고 볼거리, 놀 거리가 많다. 신도시로서 교통 역시 뛰어나고 10여 년 남짓 된 아파트도 여전히 쓸 만하다.

　교육도 좋아져서 지금은 경기도 최고 수준이다. 경기권 전통의 교육 중심지는 1기 신도시 중 하나였던 평촌이다. 지금은 판교, 분당과 엇비슷하거나 판교, 분당 쪽이 더 낫다는 평가를 받기도 한다. 판교에 여유 있는 계층이 들어오게 되었고 이들 대부분은 대기업에 다니는 엘리트다. 이들 대다수는 학창 시절에 공부를 꽤 잘하는 학생들이 었음이 쉽게 짐작이 된다. 이런 사람들은 자녀 교육에 대해 특별히 더 신경 쓴다. 그리고 좋은 학원은 안타깝기도 하지만 당연하게도 모두 비싼 학원들이다. 그러나 이들은 자녀에게 교육비를 아끼지 않을 만큼의 여유가 있다. 좋은 학원은 소비력이 되는 여유 계층의 지역에만 입점한다. 비싼 학원비를 감당하지 못하는 지역에 입점하면 학원 운영이 잘되지 않을 것이다. 결국 지역에 여유 계층이 편입되면 자연스럽게 학원가는 형성되고 공부를 잘하는 학생들이 들어와 학군도 좋아지게 된다. 판교에 있는 이름을 밝힐 수 없는 한 학교는 그야말로 공부 못하는 학생들만 모인다는 소문이 자자했었는데 판교신도시 개발 이후에는 손꼽히는 명문 학교로 거듭났다. 주변이 개발되며 뛰어난 학생들이 많이 전학을 왔기 때문이다.

　좋은 직장이 많이 몰린 곳은 아파트 가격이 높아질 수밖에 없다. 왜냐하면 교육열 높고 경제적 여유가 있는 계층의 유입으로 학군이 좋아지고 소비력도 높아지니 백화점 등 상권의 발달과 지역 발전이 이루어지며 지속적인 인프라 확충 등의 선순환이 되기 때문이다. 좋은 직장이 많은 곳을 선점 투자하는 것은 매우 중요하다. 중요한 것은 '좋은' 직장이 많은 곳이다. 직업에 귀천은 없지만 사람들은 좋은 직장이 어떤 것인지를 직관적으로 안다.

여의도에 있는 금융 업종과 구로 G밸리에 있는 제조 업종을 비교했을 때 여러분은 어디에 투자하는 것이 좋다고 보는가? 투자에 있어서는 아쉽게도 직업에 귀천이 있다. 주로 대기업이 몰려 있거나 연봉수준이 좋은 회사들이 몰려 있는 곳 주변의 아파트 가격이 상대적으로 상승 폭이 더 클 것이라고 쉽게 짐작할 수 있다.

직장 근접 지역의 아파트에 투자해야 한다는 것은 이제는 독자 여러분 대부분이 알고 있을 내용일 것으로 판단하여 간략하게 언급했다. 요약하면 무작정 인원이 많은 곳, 직장이 많은 곳보다는 연봉이 높아 부동산에 많은 영향을 끼칠 수 있는 대기업 위주의 직장 밀집 지역을 찾는 것이 중요하다.

📍 핵심 포인트 정리

+ 대기업 혹은 연봉이 높은 기업체가 많이 몰린 곳에 투자해라. 비록 지금은 주변이 열악하다 해도 개의치 않아도 된다. 자연스럽게 교육, 생활 편의성, 인프라 등이 좋아진다.

어쨌거나 교육이다

우리나라의 입시 시스템이 획기적으로 바뀌지 않는 한 주택 가격에 교육이 미치는 영향력은 매우 클 수밖에 없다. 지난 수십 년간 정부는 공교육만으로 충분한 효과를 거둘 수 있게 많은 재원을 투입했고 일정 부분 효과도 거두었다. 그럼에도 족집게 과외, 대형 학원 등에 대한 사교육 효과는 꼬리에 꼬리를 물고 소문으로 전해지며 학부모들의 마음을 설레게 한다. 여력만 된다면 자식 교육에 돈을 아낄 부모가 어디 있겠는가? 그러니 좋은 학원을 보내기 위해 유명 학원가 주변으로 이사를 하게 된다. 또한 좋은 학교는 대체로 좋은 학원가 주변에 포진해 있다. "아이들 학원비를 벌기 위해 엄마들이 야간에 노래방 도우미를 한다"는 따위의 뉴스를 접한 적이 있다. 하루 내내 자녀 돌보고 집안일 하느라 힘이 쭉 빠질 텐데도 자녀를 위해 또다시 야간에 일하는 열정적인 엄마들이다. 안 먹고 안 입어도 아이들 학원은 보내는 상황이니 어쨌거나 교육은 부동산에서 빠질 수 없는 요소다.

특히 요즘은 좋은 대학을 가기 위해서는 좋은 고등학교가 아니라 좋은 중학교를 선택하는 것부터 시작해야 한다는 말이 있다. 그런데 이러한 유명 중학교를 배정받으려면 그 주변의 초등학교에 가야 하는데 당연히 이런 초등학교도 인기가 높을 수밖에 없다. 그래서 유명 중학교 부근의 초등학교는 학생 수가 넘친다. 내가 사는 곳의 초등학교 한 학년의 반 수가 무려 16개 반이나 된다. 반면 차로 불과 10분 거리인 비인기 학군 지역 초등학교 한 학년의 반 수는 2개뿐이다. 좋은 중학교를 배정받기 위해 너도나도 전학을 오는 바람에 생긴 일이다. 자녀가 좋은 학교에 다니려면 그 주변에 집을 구해야 하고 학원가 근처 집은 한정되어 있으니 가격이 오를 수밖에 없다.

재미 삼아 하는 말이지만 방금 언급한 두 지역을 교육적 측면의 수요만을 고려하여 평가하면 8배(2개 반 vs. 16개 반)의 주택 가격 차이가 나도 이상할 것이 없다. 실제로도 두 지역의 가격은 두 배가 넘게 차이가 나며 심지어 그 차이는 시간이 갈수록 더 커지고 있다.

아직은 중학교가 근거리 배정이므로 얼마 전까지도 좋은 중학교에 배정받기 위해 6학년 때 이사를 하거나 위장 전입을 하는 경우가 많았다. 최근에는 이런 것들이 너무 많아서 적발되는 사례도 늘었다고 한다. 그래서 이사를 하려면 자녀가 4학년이나 최소한 5학년 초에는 하라는 조언도 있다. 최근에는 거주하는 지역의 초등학교 및 중·고등학교 배정이 어디인지 통학 구역을 제공하는 사이트도 생겼다. 학구도

안내 서비스(https://schoolzone.emac.kr)라고 하는데 필요하신 분들은 가서 살펴보면 편리할 것이다.

참고로 학부모들은 학교 알리미(https://www.schoolinfo.go.kr)라는 사이트도 알아두면 유용하다. 전국의 학교 정보와 공시 정보를 알기 쉽게 검색할 수 있다.

사실 나도 나름 학군으로 유명한 지역에 살고 있는데, 어렸을 때 공부를 그다지 잘하지 못했었기에 자녀들에게도 과도한 교육을 시킬 생각을 하지 않았었다. 하지만 아이들이 태어나고 여러 가지 현실을 깨닫자 제대로 된 교육을 시키지 않으면 우리 아이들이 도태될 것이

학교 알리미 홈페이지

출처: 교육부 '학교 알리미'

우려되었다. 솔직히 지금도 하루에 몇 번씩 헷갈리긴 한다. 아이가 공부 때문에 너무 힘들어하면 '공부가 전부는 아닌데'라며 '초등학교 때 못 놀면 언제 노나' 싶은 생각이 들다가도, 학원 선생님께서 우리 아이 학습이 부진하다는 이야기를 해주시거나 혹은 아이가 숙제를 안 하거나 간이 시험 성적이 별로 안 좋으면 그건 또 그것 나름대로 신경이 쓰인다.

또한 요즘 아이들은 선행 학습이 필수인 것 같다. 처음에는 책을 많이 읽게 하고 학교 교육은 굳이 선행까지 할 필요가 없다고 생각해서 그 흔한 영어 공부도 일찍 시키지 않았는데 요즘에는 학원에서도 선행 학습을 하지 않으면 아예 받아주지를 않는다. 놀라운 일이지만 사실이다. 공부가 부족해서 학교 교육에 도움을 받기 위해 학원을 가는 것인데 오히려 지금의 학원은 공부를 못하면 등록 자체가 안 되고 심지어 한두 학년 위의 과정을 선행 학습 해놓는 학생들도 많고 적어도 한 학기 정도는 선행을 해야 학원을 등록할 수 있는 최소한의 조건이 된다. 학원에서도 선행이 되어 있는 학생을 전제로 수업을 진행하는 것이다. 학습 수준이 높아 선행이 되어 있지 않으면 따라가기 힘들어 받아주기 어렵다고 한다. 물론 몇몇 유명 학원에 해당하는 이야기지만 이런 상황을 알고 놀라지 않을 수가 없었다.

자기 주도 학습이 완벽한 아이들은, 요즘 온라인 교육도 워낙 잘되어 있으니 굳이 비싼 학원에 갈 필요는 없다. 하지만 아이들은 어른이 아니다. 스스로 깨닫고 노력하여 공부를 열심히 하는 친구들은 학교 전체를 훑어봐도 손에 꼽을 정도다. 대다수 아이는 친구들과 노는 것, 운동하는 것, 게임하는 것을 좋아하는 귀염둥이들이다.

그러니 잔소리까지는 아니더라도 동기 부여를 해주고 서포트를 해줘야 아이들이 움직인다. 최소한 학원에 보내면 요즘 워낙 학생들 관리 시스템이 잘되어 있기에 자의든 타의든 아이들은 뭔가를 해내고 성과가 나온다. 나는 40대 중반인데 우리 때와는 확연히 다르다. 어릴 적 초등학교 시절 주산 학원, 태권도 학원 정도를 띄엄띄엄 다니면서 그마저 빠지는 경우가 많았고, 나머지 시간은 종일 동네 아이들과 놀기 바빴다. 하지만 요즘 아이들은 그럴 시간이 없다. 놀이터에 가도 사람이 없다. 좋은 학군 지역의 경우, 코로나 이전에도 그랬다. 미취학 아동이나, 기껏해야 초등학교 저학년 아이들만 있다. 초등학교 고학년 아이들은 보이더라도 잠깐만 보이고 금세 없어진다. 짬을 내서 놀

앉지만 곧바로 학원 스케줄이 있기 때문이다.

학원도 우리 때처럼 1~2개가 아니다. 보통 5~6개는 기본이다. 학원당 주 2~3회 정도 간다면 일주일에 총 14~15회 정도 학원을 가야 한다. 주말 빼면 하루 2~3개의 학원 스케줄을 소화해야 한다. 그럼 주말에는 잘 놀 수 있을까? 주말에도 밀린 숙제하느라 바쁘다. 나의 말을 일반화시킬 수는 없고 다양한 케이스가 있겠지만 들은 바로는 학원가에 거주하는 아이들은 대체로 이런 식의 빡빡한 스케줄을 소화하며 공부하느라 정신이 없다.

그렇다면 부모님들은 어떨까? 일단 학원비를 대느라 등골이 휜다. 학원비가 저렴할까? 절대로 그렇지 않다. 기절할 수준이다. 하지만 이상한 건지 당연한 건지 비싼 학원일수록 마감이 빨리 된다. 대기를 걸어도 수개월째 연락도 안 온다. 나의 자녀들은 초등학생들이다. 그러니까 초등학교 학원비를 기준으로 말씀드린 것이다. 아시다시피 중·고등학교에 진학하면 학원비는 기하급수적으로 늘어난다. 이 정도면 우스갯소리로 돈이란 돈은 전부 학원에 모여 있는 듯한 느낌이 들 정도다.

'그 비싼 학원비를 다들 어떻게 내는 거지?'라는 생각이 들 수밖에 없다. 엄마들의 모임에서 나왔던 이야기들을 들어보면 부모님들의 면면이 화려하다. 주로 전문직이 많다. 의사와 교사가 가장 많고 변호사와 공무원도 드물지 않다. 대기업 직원들도 상당하다. 그러니까 대체로 경제적으로 여유가 있는 사람들이 모인 곳이다. 이런 수요자들로 형성된 시장에서 주택 가격이 높지 않다면 그것이 더 이상할 것이다. 여유 있는 유효 수요자가 한정된 상품을 가지고 경쟁을 하면 당연히

유명 학원가

가격은 높아진다. 그러니까 나는 당장 교육과 무관하더라도 투자자라면 교육의 영향력을 숙지하고 관련된 부동산을 찾아 투자해야 한다.

코로나로 인해 한때 학원가의 강의가 중단된 적이 있다. 이때 학원들은 발 빠르게 온라인 학습으로 대체를 했는데 온라인 학습에 대한 학생이나 학부모들의 만족도가 매우 낮았다. 아무래도 얼굴을 마주 보고 직접 코칭하는 것과 비대면으로 학습하는 것의 효과 차이는 아직은 클 수밖에 없을 것이다. 코로나 사태가 장기화되고 언제 또다시 강제 온라인 학습으로 바뀔지 모르기 때문에 이번 기회에 완전히 비대면 온라인 학습으로 전환을 시도한 몇몇 학원도 있었다. 그러니까 다른 학원은 집합 금지가 풀리자 빠르게 리턴해서 예전의 모임식 학습을 진행하는 가운데 여전히 온라인을 자발적으로 진행한 학원도 있었다는 것이다.

결과는 어땠을까? 온라인을 지속한 학원은 수강생이 하나둘씩 줄어들었다. 오프라인 학원과의 학습 효과 차이가 시간이 지날수록 확연히 벌어졌기 때문이다. 너와 내가 모두 온라인으로 학습한다면 어차피 상대 평가 개념의 입시이므로 상관이 없을 텐데, 온라인 학습을 길게 하면 할수록 친구들과의 격차가 벌어진다면 불안한 마음이 들 수밖에 없다. 그러니 장기적으로 보고 온라인으로 새롭게 세팅한 학원들도 대부분 울며 겨자 먹기로 다시 오프라인 학습을 진행하게 되었다. 온라인 학습이 초기여서 그렇지 미래 언젠가는 온라인이 오프라인의 학습을 대체할 것은 분명하다. 하지만 그 시기가 금방 올 것 같지는 않다.

다시 교육 이야기로 돌아와 보자. 학원이나 학교에서는 수능 결과가 발표되면 현수막을 붙여놓는데 주로 서울대 합격자를 얼마나 배출했는가를 자랑한다. 그런데 왜 이렇게 서울대 합격자가 많을까? 입학 정원은 한정되어 있을 텐데 사방팔방 붙여진 현수막에는 명문대에 합격한 학생이 무척이나 많다. 집 근처가 학원가라 둘러보며 서울대 합격생의 수를 대충 세어보았는데 우리 동네에서만 100명은 되는 것 같다. 도대체 어떻게 된 일일까?

이는 생각해보면 자연스럽다. 학생 1명이 중·고등학교 때 다녔던 학원의 수는 최소한 10개 이상은 될 것이다. 그렇다면 합격한 학생은 1명인데 그가 다녔던 학원 10곳은 전부 서울대 합격생을 배출했다고 광고할 테니 많아 보일 수밖에 없다. 사실 뭐라 할 수는 없다. 단 1달을 다녔어도 다니긴 다닌 거니까, 재원생 중 서울대 합격생이 배출된 것은 맞다.

그런데 실제로 서울대에 합격한 비율을 보면 절반 이상이 특목고 등 출신이고 나머지도 대부분 강남을 비롯한 학군 우수 지역에서 배출된다. 교육부 방침에 따르면 2025년이면 자사고(자율형사립고)와 특목고(특수목적고)가 폐지된다. 외국어고, 국제고 등 79개의 학교가 일반고로 전환이 되는 것인데 그중 서울이 29개교, 경기가 13개교로 다른 지역보다 압도적으로 많다. 물론 워낙 민감한 사안이다 보니 헌법소원까지 제기되고 곳곳에서 재판이 열리고 있어서 향후 추이를 조금 더 지켜보아야 할 것이다.

2021년 2월 1일 국내 언론들은 서울시교육청의 자사고 지정 취소 처분을 취소해달라며 소송을 낸 배재고와 세화고의 손을 법원이 들어주었다는 기사를 실었다. 이로 인해 자사고와 특목고를 없애려는 교육부 정책 추진에 제동이 걸렸다는 해석이 뒤따랐다. 하지만 이들 학교도 곧 자사고 지정이 취소될 운명이다. 교육부가 이미 2019년에 자사고·외고·국제고를 2025년 일괄 일반고로 전환하도록 초·중등교육법 시행령을 개정한 상태이기 때문이다. 시행령대로라면 당장은 이들 학교가 자사고 지위를 유지하더라도 2025학년도 신입생부터는 일반고 지위로 학생을 선발해야 한다.

하지만 이 법령의 추진 역시 불투명하다. 자사고·외고·국제고 24곳이 이 시행령 개정이 헌법상 기본권 침해에 해당한다며 헌법 소원 심판을 청구한 상태이기 때문이다. 따라서 시행령 개정에 대한 헌법 소원 결과가 나와야 자사고·외고·국제고 존립 여부가 최종 결론 날 것이다. 2022년에 치러질 대통령 선거 또한 변수이다. 정권이 바뀐다면 자사고·외고·국제고가 유지될 가능성이 크다. 자사고·외고·국제고 폐지를 둘러싼 교원 단체 간에도 팽팽하게 의견이 갈린다. 전국교직원노동조합(전교조)는 찬성 입장이지만, 한국교원단체총연합회(교총)는 유지해야 한다고 주장하고 있다.

특목고는 전국에 80여 개 있다. 전국의 고등학교가 약 2,400여 개니까 3%의 비중을 차지한다. 그런데 이 3%의 비율로 서울대 합격생의 절반을 차지하니 공부 좀 한다는 학생들은 너도나도 특목고를 진학하려고 하고 있다. 학부모 중에서도 특목고 폐지를 반대하며 유지하라고 주장하는 사람들이 상당히 많다. 실제로 서울대 진학률을 제외하고서라도 성적 상위권에 속한 대다수가 특목고에서 배출되었다. 사실상 고등학교도 서열화되었다고 볼 수 있다.

2021학년도 서울대 입시에서 합격자를 많이 낸 상위 20개 고교 가운데 일반고가 한 곳도 없는 것으로 나타났다. 2020학년도 대학입시에는 일반고 2곳이 상위 20위 안에 들었었다. 그러나 2021학년도 입시에는 상위권 일반고 순위가 줄줄이 하락하면서 이런 결과가 나왔다. 서울대 합격자를 20명 이상 낸 일반고는 2020학년도 입시에서는 3곳이었는데 2021학년도 입시에서는 없다. 전문가들은 2020년 코로나 사태로 등교 수업이 제대로 진행되지 않는 가운데, 일반고 우수 학생들이 입시에 어려움을 겪었다는 분석도 나온다.

그렇다면 주요 특목고나 자사고 등은 강남이나 목동 등 유명 학군

2021학년도 서울대 신입생 출신 고교 순위

순위	학교	유형	수시	정시	합계
1	서울예술고	특목	70	4	74
2	서울과학고	영재	56	12	68
3	용인외대부고	자사	30	30	60
4	경기과학고	영재	47	6	53
5	하나고	자사	42	4	46
6	대원외국어고	특목	32	11	43
6	대전과학고	영재	43	0	43
8	한국과학영재학교	영재	33	4	37
9	대구과학고	영재	34	1	35
10	선화예고	특목	29	5	34
11	세종과학예술영재학교	영재	32	0	32
12	민족사관고	자사	21	10	31
13	광주과학고	영재	30	0	30
14	인천과학예술영재학교	영재	29	0	29
15	세화고	자사	6	19	25
15	명덕외국어고	특목	24	1	25
17	대일외국어고	특목	24	0	24
17	한영외국어고	특목	22	2	24
17	현대고	자사	11	13	24
20	국립국악고	특목	23	0	23
21	휘문고	자사	5	17	22
21	인천하늘고	자사	20	2	22
23	상산고	자사	9	10	19
23	중동고	자사	8	11	19
23	세종과학고	특목	17	2	19
23	배재고	자사	11	8	19
27	서울고	일반	10	8	18
27	낙생고	일반	3	15	18
27	상문고	일반	7	11	18

| 30 | 한성과학고 | 특목 | 12 | 5 | 17 |
| | 선덕고 | 자사 | 8 | 9 | 17 |

일반고 서울대 입학생 순위

순위	학교	소재지	수시	정시	합계
1	서울고	서울 서초구	10	8	18
	상문고	서울 서초구	7	11	18
	낙생고	경기 성남시	3	15	18
4	단대부고	서울 강남구	7	9	16
5	화성고	경기 화성시	5	10	15
6	반포고	서울 서초구	6	8	14
7	한민고	경기 파주시	8	5	13
	공주사대부고	충남 고양시	7	6	13
	경기고	서울 강남구	6	7	13
10	한일고	충남 공주시	6	6	12

출처: 서울대학교

지역에 있을까? 정답은 그렇지 않다. 이들은 서울과 경기에 주로 있지만 유명 학군 지역과는 오히려 동떨어진 곳에 홀로 존재한다. 이들 학교는 주변의 집값에 영향을 미칠까? 그렇다. 영향을 미친다. 하지만 영향력이 크지는 않다. 대규모의 학원가가 존재하는 것이 아니기에 수요 자체가 적고, 대부분 이런 학교는 기숙사 등을 갖추고 있어 이사를 올 필요가 없다. 일부 유명한 외고 주변은 집값이 들썩이기도 하는데 교육열이 강하고 가까워서 뒷바라지해주고 싶은 부모들이 이사를 오는 경우이다. 하지만 고등학교 3년 고생하면 될 일이기에 집을 구매한다기보다는 전세를 알아보는 경우가 더 많다.

만약 2025년을 기점으로 특목고가 정말 폐지된다면 이후에는 강남, 목동 등 일반고 중 상위 클래스 학교로 수요가 집중될 것이다. 그렇다면 지금도 강세인 학군 지역의 아파트 가격은 또 한 번 폭등할 것으로 예상된다. 앞서 언급했지만 유명 학원가의 학원비나 집값은 매우 비싸다. 그런데도 이런 지역으로 오고 싶어 하는 사람들은 강력한 경제력을 지니고 있다. 이런 상위 유효 수요자가 형성된 시장의 부동산 가격은 떨어지고 싶어도 떨어질 수가 없다. 앞으로 최소 10년 이상, 교육 여건이 좋은 지역의 아파트 가격은 계속 상승할 것으로 진단할 수 있다.

자! 교육 여건이 좋은 지역을 다시 한번 살펴보자. 이 지역들은 교육이 좋다는 이유만으로도 투자 대상 리스트에 올릴 수 있는 지역들이다. 물론 다음의 지역들은 갑자기 학군이 생긴 것이 아니므로 학군 프리미엄이 이미 가격에 반영되었다고 할 수 있다. 다만 수요가 매년 꾸준히 발생하므로 하방 경직성이 더욱 강하게 나타나 안정적이고, 다른 지역보다 오름폭이 더 클 가능성이 높다.

교육이 좋은 곳이라고 할 때 직관적으로 떠오르는 지역들은 서울에서는 대치동, 목동, 중계동 등이다. 서초동과 잠실동도 강남 3구라 대치동에 비할 바는 아니지만 중학교 학군까지는 꽤 탄탄하다. 하지만 대치동과 멀지 않기 때문에 고등학교에 진학하면 죄다 대치동으로 학원을 다닌다. '서초와 잠실의 학생들도 충분히 공부를 잘하기 때문에 유명 학원 프랜차이즈가 진입할 만할 텐데 왜 안 할까'라는 의문을 품은 적이 있다. 그러다가 한 강사님에게 사정을 들었다. 대치동 학원가가 워낙 우수하기 때문에 가까운 지역에서는 전부 대치동으로 학원 통학을 한다고 한다. 그래서 잠실이나 서초에 학원이 들어가도 대치동에 밀리는 상황이 발생한단다. 그래서 몇몇 학원은 서초나 잠실에 들어갔다가 예상보다 운영이 잘 안 되어 다시 나왔다고 한다. 마치 큰 상권과 작은 상권이 있으면 큰 상권으로 수요가 몰리듯 학원가도 같은 현상이 나타나는 것이다.

대치동이 주변 유명 지역보다 우세한 또 다른 이유는 예를 들어 대치동 중학생, 잠실동 중학생이 공부를 비슷하게 잘한다고 하면 대치동 학생은 특목고를 갈 수도 있지만 집 주변의 명문 일반고를 선택해도 좋은 선택이 된다. 하지만 잠실동 학생은 집 주변 일반고를 선택하기 힘들다. 대치동과 비교할 경우 잠실동 일반고의 대입 실적이 상대적으로 떨어지기 때문이다. 그러니 잠실동 학생은 특목고를 목표로 하고 만약 특목고 입학이 실패한다면 그나마 나은 교육을 위해 대치동 등 강남 이사를 고려하게 된다.

결국 잠실동의 상위권 중학생들은 타 지역으로 대부분 이동함으로써 잠실동의 중학교 성적은 우수하지만 고등학교의 성적은 다른 유명 학군 지역에 비해 떨어지게 된다. 이런 점도 해당 지역의 최상위권 학

지역	우수 학군
서울	강남구 대치동, 강남구 압구정동, 서초구 반포동, 송파구 잠실동, 광진구 광장동, 노원구 중계동, 양천구 목동
경기도	분당&판교, 경기도 평촌, 광교신도시, 송도신도시, 일산신도시
수도권 외 지역	대전 둔산, 대구 수성구, 부산 해운대구, 광주 봉선동, 울산

생을 타깃으로 한 유명 학원들이 입점을 꺼리는 이유가 될 것이다. 노파심에서 하는 이야기지만 잠실동은 우리나라 최상위 클래스를 보여주는 학군인 것은 맞다. 다만 비교 대상이 더 높은 레벨인 대치동과 비교되었기에 부족해 보이는 것뿐이다. 지역별로 학군이 좋은 지역으로 꼽히는 곳은 앞의 표와 같다.

📍 핵심 포인트 정리

+ 교육 시스템의 혁신적인 변화가 없는 한 대형 학원가 주변의 집값은 꾸준하게 상승할 것이다.
+ 특목고가 폐지되면 현재 학군 지역의 가격은 또 한 번 출렁이게 될 것이다.

미래의 교통을 본다

우리가 부동산에 투자할 때 가장 많이 고려하는 것 중 하나가 바로 교통이다. 특히 지하철 역세권 여부를 중요하게 보기에 미래 철도가 어떻게 변모하는지를 살피는 것은 매우 중요하다. 투자자들이 교통 관련 정보를 얻기 위해 살펴볼 사이트가 여럿 있는데, 그중에서 가장 쉽고 편하게 살펴볼 수 있도록 잘 정리된 사이트는 '미래철도 DB(http://frdb2.ivyro.net)'이다. 이 사이트를 이용하면 지역별로, 개통 시기별로 일목요연하게 정리되어 있으며, 신설 예정역과 폐기된 계획까지 모두 살펴볼 수 있다.

최근에 '교통' 하면 가장 먼저 떠오르는 키워드는 GTX다. GTX는 3가지 노선이 진행 중이고, D노선이 최근 계획이 잡히면서 새롭게 부상하고 있다.

미래 철도 DB 웹사이트

출처: 한우진, 미래철도DB

GTX는 'Great Train eXpress'의 약자로 '수도권 광역 급행 철도(대심도 광역 급행 철도)'라고 불린다. 말 그대로 수도권에 급행 열차를 만들어 출퇴근 시간을 획기적으로 줄이려는 시도이다. 이는 2010년 경기도지사에 출마한 김문수 후보가 공약으로 제시하면서 처음으로 알려졌다. 유튜브에는 수도권 광역 급행 철도에 대한 홍보 영상이 올라와 있는데 여기에 김문수 (당시) 도지사의 모습도 보인다(제목: 수도권광역급행철도(한글), 등록일: 2009년 5월 12일). 여담으로 당시 또 다른 유력 후보였던 유시민 작가는 GTX에 비판적이었다. 만약 유시민 후보가 도지사에 당선되었다면 GTX는 다른 방향으로 흘러갔을 가능성도 있었을 것이다.

GTX는 영국의 크로스 레일 등을 롤모델로 하는데 이는 2015년 국토교통부에서 만든 3분짜리 GTX 홍보 영상에 나와 있다. 크로스 레일은 영국 런던의 복잡한 도심 교통 문제를 해결하기 위해 나온 것으로 전체적인 구상이나 목적이 우리나라의 GTX와 유사하다. 다만 우리보다 훨씬 많은 정류장으로 구성된다. 현재 '크로스 레일 1'이 2022년경 완전 개통을 목표로 공사 중이며, 크로스 레일 2는 2019년에 착공하여 2033년경 개통을 목표로 삼고 있다. 또한 크로스 레일 3은 2028년 착공하여 2043년에 개통을 목표로 하고 있다. 엄청난 장기 프로젝트다. 물론 영국의 크로스 레일도 계획보다 많이 늦어졌다. 우리나라도 공사가 한창인 GTX-A 노선의 경우 2023년 개통 예정이라고 홍보 중이지만 아무리 빨라도 2025년이 되어야 개통될 것으로 예상된다.

GTX의 특징은 주행 속도가 빠르고 땅속 깊은 곳에 건설된다는 점

GTX 예상 모습

출처: 한국철도공사

이다. 사실 도심의 얕은 지하 부분은 건물의 지하층으로 쓰이거나 이미 지하철이 얼기설기 자리 잡았기 때문에 고속철도는 깊은 곳에 건설될 수밖에 없다. 이런 경우 토지 보상 문제에서 자유롭다는 장점과 공사 비용이 많이 들어간다는 단점이 공존한다. 그러나 최근의 도심 토지 가격 상승을 고려하면 공사 비용이 늘더라도 토지 보상을 줄이는 것이 결국은 훨씬 더 이득일 것으로 보인다.

앞서 GTX가 수도권 광역 급행 철도라는 이름과 더불어 대심도 광역 급행 철도라고도 표기했는데 여기서 '대심도'란 통상적으로 지하 40m보다 더 깊은 곳의 지하 공간을 뜻한다. 일반적으로 이 정도 깊이라면 토지 소유자의 통상적 이용 행위가 없을 것으로 예상되며 지상 및 얕은 부분의 지하 공간을 활용할 때 방해가 되지 않는다. 이를 한계 심도라고 표현하는데 우리 법은 현재 한계 심도를 벗어나면 보상하지 않도록 규정한다. 한계 심도는 정확히 규정된 것은 아니고 지상의 토지 이용에 따라 달리 보고 있다. 고층 시가지일수록 한계 심도는 깊어지며, 농지 혹은 임야 등은 통상 20m 이상이면 보상이 없는 것으로 판단한다. 고층 시가지라도 40m 이상이면 대부분 한계 심도로 보는데 GTX는 지하철역이 아닌 라인은 최소한 지하 40m 이하이므로 보상 문제가 많지 않을 것으로 보인다. **참고로 서울시 지하 공간 보상 조례 등은 지하 1층을 4.5m로 규정하되 4층까지를 유효 층수로 보고 이곳으로부터 최소 이격 거리를 20m로 인정하고 있다. 한계 심도를 사실상 38m쯤으로 판단하고 있다는 뜻이다.**

하지만 이것이 명확한 규정은 아니므로 지역별 GTX의 깊이에 따

GTX-A 노선도

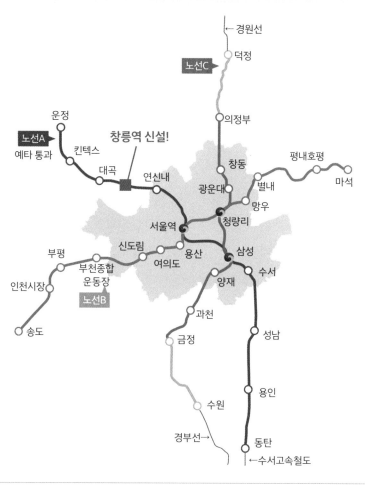

출처: 국토교통부

라 보상 금액은 달리 책정될 것이다. GTX-A 노선의 경우 2019년 7월 경부터 토지 보상에 착수했다.

GTX-A 노선은 2020년 말, 고양시 창릉신도시 광역 교통 개선 대책에 창릉역 신설이 포함됨으로써 다음과 같은 노선이 최종 결정되었다. 더불어 A노선에 지속적인 편입이 이야기됐던 광화문역은 포함되지 못했다.

GTX-A 노선이 2025년경 개통되면 파주 운정이나 동탄 등에서 서울 진입은 획기적으로 좋아진다. 우리가 생각해봐야 할 점은 GTX라는 고속철도가 들어올 경우 수도권 부동산 시장에 어떤 영향을 미치는가다. 영국, 프랑스, 일본 등 많은 선진국에서는 이미 고속철도가 운행하고 있지만 우리나라는 처음이다. 그래서 실제 개통 후 부동산에 어떤 변화를 줄지는 정확히 예단하기는 쉽지 않다. 현재 상황을 보면 GTX-A 노선은 물론이고, 아직 착공 시작도 안 한 B, C 노선의 역 주변 아파트 가격도 상당히 많이 상승했다. 글을 쓰고 있는 최근에도 GTX의 인기는 식지 않고 있다.

고속철도 관련 지역 집값 변화

구분	지역	아파트 가격(3.3m²)		상승률
		2020년 6월	2021년 6월	
GTX-A	고양시	1,353만 원	1,970만 원	45.6%
서부권 광역급행철도	김포시	1,066만 원	1,545만 원	45.0%
GTX-B	남양주시	1,184만 원	1,703만 원	43.8%
GTX-C	의정부시	1,085만 원	1,568만 원	44.5%

출처: 경제만랩

GTX와 집값 영향 분석

시군구	2021년 상승률(%)	GTX역
의왕시	21.78	의왕(GTX-C · 미확정)
안산시	18.74	상록수(GTX-C · 미확정)
인천 연수구	17.09	송도(GTX-B)
안양 동안구	16.82	인덕원(GTX-C)
군포시	14.09	금정(GTX-C)
남양주시	13.96	별내, 평내호평, 마석(GTX-B)
고양 덕양구	13.70	대곡, 창릉(GTX-A)
양주시	13.27	덕정(GTX-C)
의정부시	12.88	의정부(GTX-C)
고양 일산서구	11.19	킨텍스(GTX-A)
인천 부평구	10.51	부평(GTX-B)
전국	6.36	
서울	2.16	

출처: 한국부동산원

각종 기사를 통해 GTX 관련 부동산 가격 인상 소식을 접하고 인터넷으로 매물 가격을 확인해봤더니 놀라지 않을 수가 없었다. 가장 많이 올랐다고 되어 있는 의왕시의 인덕원역 주변(포일동)의 신축 아파트 가격을 찾아보았다.

2021년 6월에 거래된 33평형 금액이 무려 16억 3,000만 원이다. 호가는 17억~20억 원에 달한다. 시간이 조금은 더 걸리겠지만 의왕시의

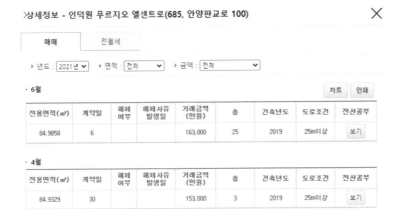

>상세정보 - 인덕원 푸르지오 엘센트로(685, 안양판교로 100)

매매	전월세

▶ 년도 : 2021년 ▾   ▶ 면적 : 전체 ▾   ▶ 금액 : 전체 ▾

· 6월   차트 인쇄

전용면적(㎡)	계약일	해제여부	해제사유발생일	거래금액(만원)	층	건축년도	도로조건	전산공부
84.9858	6			163,000	25	2019	25m이상	보기

· 4월

전용면적(㎡)	계약일	해제여부	해제사유발생일	거래금액(만원)	층	건축년도	도로조건	전산공부
84.9329	30			153,000	3	2019	25m이상	보기

출처: 국토교통부 실거래가 공개 시스템

33평 아파트 가격이 20억 원 시대가 열리는 것이다. 딱 5년만 시간을 뒤로 돌리면(2016년 중순경) 20억 원 아파트의 위용은 다음과 같았다.

>상세정보 - 아크로리버파크(2-12, 신반포로15길 19)

매매	전월세

▶ 년도 : 2016년 ▾   ▶ 면적 : 84.95㎡ ▾   ▶ 금액 : 전체 ▾

· 7월

전용면적(㎡)	계약일	해제여부	해제사유발생일	거래금액(만원)	층	건축년도	도로조건	전산공부
84.95	12			180,000	16	2016	25m미만	보기

· 5월

전용면적(㎡)	계약일	해제여부	해제사유발생일	거래금액(만원)	층	건축년도	도로조건	전산공부
84.95	24			179,500	35	2016	25m미만	보기

> **상세정보 - 아크로리버파크(2-12, 신반포로15길 19)**   ✕

| 매매 | 전월세 |

▸ 년도 : 2021년 ▾   ▸ 면적 : 84.95㎡ ▾   ▸ 금액 : 전체 ▾

・6월   차트 인쇄

전용면적(㎡)	계약일	해제여부	해제사유 발생일	거래금액(만원)	층	건축년도	도로조건	전산공부
84.95	19			398,000	10	2016	25m미만	보기
84.95	12			375,000	7	2016	25m미만	보기

출처: 국토교통부 실거래가 공개 시스템

서초구 반포동 대장 격인 아크로리버파크의 2016년 중순 실거래 가격이 18억 원이었다. 그리고 2021년 중순 거래 가격은 39억 8,000만 원이다.

> **상세정보 - 래미안대치팰리스(1027, 삼성로51길 37)**   ✕

| 매매 | 전월세 |

▸ 년도 : 2016년 ▾   ▸ 면적 : 84.97㎡ ▾   ▸ 금액 : 전체 ▾

・12월   차트 인쇄

전용면적(㎡)	계약일	해제여부	해제사유 발생일	거래금액(만원)	층	건축년도	도로조건	전산공부
84.97	24			153,000	20	2015	-	보기

・9월

전용면적(㎡)	계약일	해제여부	해제사유 발생일	거래금액(만원)	층	건축년도	도로조건	전산공부
84.97	13			155,000	5	2015	-	보기

전용면적(㎡)	계약일	해제여부	해제사유발생일	거래금액(만원)	층	건축년도	도로조건	전산공부
84.97	18			312,000	17	2015	25m미만	보기

· 5월

전용면적(㎡)	계약일	해제여부	해제사유발생일	거래금액(만원)	층	건축년도	도로조건	전산공부
84.97	1			303,000	6	2015	25m미만	보기

출처: 국토교통부 실거래가 공개 시스템

강남구 대치동의 대장 격인 래미안대치팰리스의 2016년 중순 실거래 가격은 15억 5,000만 원이었다. 5년 뒤의 실거래 가격은 31억 2,000만 원이다.

2017년경의 일로 기억한다. 당시 대치동 현장 조사를 하면서 래미안대치팰리스의 부동산에 들러 이야기를 나누었다. 이 당시 33평 아파트 가격은 17억 원 내외였다. 그리고 전세 가격은 약 12억 원 수준. 그러니까 5억 원이면 대한민국 최고의 아파트 중 하나를 구입할 수 있었다. 그리고 불과 4년 만에 차익은 약 14억 원이 되었다. 그러니 세전 수익이긴 해도 5억 원 투자로 매년 3억 5,000만 원의 수익이 생긴 것이다.

놀랍게도 당시 단지 내의 꽤 많은 부동산 중개인(로컬 부동산)이 최근 가격이 급등하여 고객들에게 지금 매수를 권유하는 것이 괜찮을지 확신하지 못하고 있었다. 이해할 수 있는 일이다. 사람들은 미래의 일을 알지 못하므로 대부분의 생각이 과거 금액에 갇혀 있다. 이분들은 2년 전 14억~15억 원의 금액을 기억하고 있어 2년도 안 되는 사이 2~3억 원 상승한 것을 두고 향후 추가 상승 여력이 있을지에 대해 의심스러웠던 것이다. 이렇게 해당 지역 전문가라고 할 수 있는 로컬 부동산도 정확한 판단을 하기가 어렵다. 이런 모습은 오히려 그 지역을 잘 아는 사람일수록 그러하다. 왜냐하면 과거 금액을 잘 알고 있기에 현재의 금액이 오히려 타지인보다 더 비싸게 느껴지는 경향이 발생하기 때문이다. 그래서 지방에서 서울로 원정 투자 온 사람들이 서울 시민보다 더 쉽게 서울의 아파트를 구매하는 모습을 보이기도 한다.

이제 이런 점을 파악하게 된 독자 여러분들은 과거의 금액은 참고하되 얽매여서는 안 된다. 앞서 언급된 인덕원의 아파트 인덕원푸르지오엘센트로의 33평 평균 분양가는 약 5억 5,000만 원이었다. 평당 1,700만 원을 약간 하회하는 분양가였다. 당시 인덕원역 부근에 오랜만에 들어오는 새 아파트여서 기대가 컸지만 분양가에 놀라는 사람들이 많았다. 너무 비싸다는 것이다.

이해가 되는가? 현재 20억 원을 호가하는 아파트가 불과 4년 전에 겨우 5억 5,000만 원에 분양했는데 그 가격조차 비싸다고 생각했다는 사실을 말이다. 실거래가 기준으로 약 11억 원이 상승했다. 5년도 채 안 된 사이의 일이다.

복기해보자. 인덕원역 부근은 불과 5년 전에 5억 5,000만 원이 비싸다고 아우성이었다. 미분양까지는 아니었어도 실제 당첨이 되고도 저층이라 계약을 포기한 사람들도 다수였다. 전체적인 분위기는 그래도 새 아파트니까 비싼 분양가라도 '조금'은 프리미엄이 붙을 것이라는 생각 정도가 지배적이었다. 하지만 결과는 앞서 말한 상상 못 할 폭등이었다. 단언컨대 이 아파트 분양 초기에 세상 누구도 이 정도의 금액이 되리라고 예상하지 못했다.

나는 이 아파트에 대해 많은 상담을 받았고 한결같이 무조건 보유하라고 조언했다. 당연히 더 오를 것으로 판단했기 때문이다. 하지만 불과 4~5년 만(엘센트로의 입주자 모집 공고일은 2016년 11월 24일이었음)에 16억 원의 금액이 되리라고는 상상조차 하지 못했다. 입주 시기(2019년 11월)를 기준으로 하면 불과 1년 7개월 만의 일이다.

이 아파트 관련 기사를 보면 "10억 돌파", "11억 돌파", "12억 돌파" 등 믿기지 않는 가격이라는 어조의 헤드라인을 달고 있다. 그럴 만도 한 것이 의왕은 아파트 가격이 매우 저렴한 동네였다. 의왕은 인구가 불과 16만 명에 불과한 작은 도시다. 그런데도 가격이 치솟은 이유는 GTX-C 라인이 인덕원역을 경유할 것이 확정적이기 때문이다.

2021년 7월 5일 《한국경제》에는 흥미로운 기사가 실렸다. 인덕원역에 GTX 정차가 결정된 후 주변 집값이 들썩이자, 안양과 의왕시 아파트 주민들이 앞다퉈 단지명에 '인덕원'을 넣겠다고 나서고 있다는 내용이다. 즉 인근 지역 아파트 소유자들이 인덕원역 교통 호재를 반영해 집값을 올리겠다는 의도를 드러낸 것이다.

국토교통부는 2021년 6월 17일에 GTX-C노선 우선 협상 대상자로 인덕원역 등을 추가하는 내용의 계획안을 제출한 현대건설 컨소시

엄을 선정했는데, 이로써 GTX-C노선의 인덕원역 정차가 결정된 셈이다. 이후 인덕원역에서 가까운 안양시 동안구 관양동 인덕원마을삼성과 의왕시 포일동 인덕원푸르지오엘센트로는 가격이 급등했다. 이렇듯 인덕원의 지명도가 높아지고 경기 남부 교통 요지로 떠오르는 상황에서 아파트 가치를 높이기 위해 공식 명칭에 인덕원을 추가하는 바람이 분 것이다. 단지 이름을 바꾸려면 소유주 80% 이상이 찬성하고 지방자치단체의 승인을 받아야 하는데 이런 절차를 밟아 공식 명칭을 바꾼 단지들이 늘어났다.

GTX가 향후 개통된 뒤 교통 혁명을 이끌지는 아직 미지수다. 높은 운임으로 이용객이 적을 것이라는 점도 지적되고 있고, 대심도에 지어짐으로써 급행열차를 타기까지의 시간 자체가 오래 걸려 실제 출퇴근 단축 효과가 크지 않을 것이라는 의견 등도 있다. 그러나 GTX 개통 후 어떻게 될지는 차치하고 당장의 GTX 효과는 어마어마하다. 가격이 엄청나게 상승 중이라는 것이다. 하지만 이게 끝이 아니다. 지금의 금액은 놀랍도록 비싸 보이지만 현재 시점에서 그렇게 보이는 것일 뿐 몇 년 뒤에는 기회를 놓쳤다고 생각할지도 모른다. 4~5년 전보다 인덕원이 10억 원, 강남이 20억 원 오를 것이라고 생각 못 했던 것처럼 말이다.

그러니 지금이라도 GTX 역 주변을 눈여겨보는 것이 좋다. 앞의 그림 'GTX와 집값 영향 분석'을 보면 A라인보다 한참 늦게 진행될 B, C 라인의 가격 상승세가 더 가파르다. 아마도 A노선은 예전부터 진행하여 가격이 한 번 반영되었고 상대적으로 B, C 라인은 덜 올랐기 때문일 것이다. 하지만 B, C 노선이 가격을 어느 정도 따라잡았기에 다시 A노선이 저렴하게 느껴질 수 있다. 이는 GTX로 인해 경기권의 아파트 가격이 가파르게 오르자 서울이 다시 저렴하게 보이는 현상과 같다. 부동산은 자체적인 내재 가치로 상승하는 경우 외에도 주변의 시세가 오름으로써 덩달아 오르는 현상이 실제로 더 많다. 아무런 호재도 없지만 주변 지역들이 비싸지면 뒤따라 비싸지는 것이다. 그러니 A, B, C 라인의 어디를 투자해도 상관없다. 순차적으로 가격이 오를 것이다.

GTX는 서울과 경기를 잇는 라인인데 서울과 경기도 중 어느 곳이 더 혜택을 누릴 수 있을까? 역시 둘 모두 좋다. GTX에 대한 여러 가지 의견이 있는데 그중 하나가 '서울의 경우 이미 대중교통이 잘 발달했는데, 굳이 GTX를 이용하겠는가?'라는 것이다. 하지만 출퇴근 시에 밀리는 서울의 교통 체증은 정말 심각하다. 예를 들어 연신내에서 삼성동을 간다고 해보자. 현재 교통수단으로는 가장 빠르게 이동해도 51분이 걸린다.

하지만 GTX로는 불과 10분이면 이동할 수 있다. 비용이 1,000~2,000원 더 비쌀 수는 있어도 획기적인 시간의 단축이다. 그래서 굳이 서울과 경기도 중 어느 쪽이 더 효과가 좋을지를 묻는다면 경기도겠지만, 서울 역시 GTX의 수혜를 충분히 받을 수 있는 지역이 많다. 경기도는 GTX 효과가 탁월하다. 파주의 경우 현재 교통으로는 1시간 23분이 소요되나 GTX 이용 시 25분 만에 주파하여 약 1시간이 단축되며, 수원역에서 삼성역은 현재 1시간 7분에서 GTX 개통 시

22분으로 크게 단축된다.

이렇게 통근 시간이 획기적으로 줄어들면 서울의 양재, 삼성, 여의
도 등에서 일하는 사람 중 비싼 서울 집값이 감당 안 되는 분들이 경
기권의 아파트로 이사를 고려할 수 있다. 지금은 경기도 신도시에서
출퇴근하려면 너무 멀다고 판단해 서울의 전세 혹은 반전세, 이마저
도 힘들다면 거주 형태를 바꿔 빌라를 선택하기도 한다. 하지만 교통
개선이 되면 쾌적한 신도시의 인프라와 새 아파트를 누리면서도 출퇴
근이 힘들지 않게 된다. 자연스럽게 많은 서울 근무자들이 경기권으
로 이동하게 된다. GTX 개통 전임에도 서울에서 경기도로 이동하는
인구는 벌써 꽤 많다. 물론 서울의 높은 집값으로 밀려나는 케이스가
대부분이지만 GTX가 개통되면 자발적인 이동도 많아질 것으로 보인
다. 앞에서 지나치게 오른 집값의 영향으로 서울에서 경기도로 이동
한 사람이 많다는 내용을 소개했었다.

그런데 이렇게 서울에서 경기도로 이동하는 사람이 많다고 해도

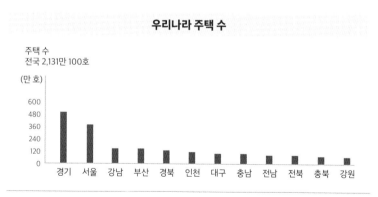

우리나라 주택 수

주택 수
전국 2,131만 100호

출처: KOSIS, 국토교통부

서울의 집값이 떨어지는 것은 아니다. 서울의 인구가 지속해서 줄어들었다고 해도 여전히 1,000만 명에 살짝 못 미치는 수준이며, 서울의 주택 수는 400만 호에 미치지 못한다. 더구나 이 수치는 모든 주택 수를 포함한 것으로 실제로 거주할 만한 양질의 주택은 이보다 한참 부족하다. 우리나라의 주택 보급률은 이미 100%를 넘어섰으나(약 105%) 여전히 집값이 안정화되지 못한 것은 소위 살 만한 주택은 부족하다는 것을 방증한다.

추가적으로 고려할 것은 GTX의 운임이 얼마로 책정되는가이다. 아무리 획기적인 운송 수단이라고 해도 가격이 지나치게 비싸다면 시민들의 외면을 받을 것이다. 그렇다면 GTX로 인한 부동산 가격에도 부정적인 영향을 끼칠 수밖에 없게 된다. 현재로서는 정확한 가격을 가늠할 수 없지만, 이용객이 부담스럽지 않은 수준으로 책정되어서 많은 분이 이용했으면 좋겠다.

전문가들은 GTX 요금이 최소 5,000원에서 최대 7,000원 수준에서 책정될 것으로 보고 있다. 이는 현행 지하철보다 2~3배 비싼 수준이다. 따라서 GTX가 제대로 운영되기 위해선 적절한 요금 체계 정비와 함께 정기권 발매 및 환승 할인 등의 인센티브가 필요할 것으로 보인다. 요금을 터무니없이 싼 가격으로 책정하면 장기적 지속 가능성이 떨어질 것이다. 하지만 서민이 이용하기에 지나치게 부담스러운 수준에서 운임이 결정된다면 승객이 부족하여 GTX 운영이 힘들 수도 있다. 이러한 점을 잘 고려해야 한다. 기존 신분당선과 SRT 등의 사례를 고려해야 할 것이다.

📍 핵심 포인트 정리

+ GTX A, B, C 라인의 개통 시기는 정확히 알 수 없지만 정부 추진 국가 철도망 사업으로서 매우 중요하기 때문에 반드시 완공될 점이라는 것을 알아두자.

+ 신분당선, 신안산선 등은 서울의 핵심 업무 지역을 관통하는 라인으로 향후 개통될 지하철역 주변의 아파트를 눈여겨보는 것이 좋다.

재건축과 재개발을 주목한다

　최근 우리나라의 부동산 가격 상승은 신축 아파트가 주도하고 있다. 사람은 누구나 헌것보다는 새것을 좋아하기 마련이므로 이것은 당연한 현상이다. 그런데 과연 어떤 수준까지 상승이 적정한지에 대해서는 의견이 분분하다. 신축이 좋은 것은 알겠지만, 지금처럼 구축과의 가격 갭을 심각하게 벌리며 상승한 가격에 거품이 없느냐는 것이다. 앞의 '제3법칙(핵심 지역은 영원히 공급이 수요를 잡을 수 없다)'에서 설명했듯, 이 세상 모든 재화의 가격 상승은 수급에 의해 결정되며 수요 대비 공급이 매우 부족한 상품은 희소성이 높아져 더욱 크게 상승한다.

　신축의 가격 상승 또한 그러하다. 최근 재개발·재건축 규제로 인해 신축 아파트가 눈에 띄게 줄어든 상황이다. 서울은 2023~2024년경에 많은 수의 아파트가 공급(약 7만 9,000호)되지만, 수요와 대비해서 결코 많은 숫자라고 볼 수 없다. 2021년과 2022년의 서울 아파트 신규 공급은 부족하다. 2021년 7월 현재 코로나가 여전히 기승을 부리고 있고 델타 변이, 델타 변이 플러스까지 등장하여 4차 대유행 조짐을 보이고 있다. 하루에 늘어나는 코로나 확진자의 수는 역대 최고를 갈아치우고 있다. 이렇듯 코로나 변수가 계속되는 상황에서 사람들은 외출을 자제하고 집에 있는 시간을 늘리고 있다. 집에 있는 시간이 많아지니 게임 산업의 주가는 계속 상승하고, 인테리어 업체는 나 홀로 호황을 누리는 중이다.

사람들이 집에 있는 시간이 늘어나면서 새 아파트에 대한 니즈가 더욱 강해진 것이다. 온라인의 발달도 집에 있는 시간을 늘린다. 쿠팡, 11번가, 마켓컬리 등 온라인 쇼핑을 이용하면 굳이 힘들게 마트에 갈 필요가 없다. 홈쇼핑 업체가 성황인 것도 마찬가지다. 거의 대부분의 물품을 손가락 몇 번만 까딱 움직이면 집에서 편하게 주문할 수 있다. 눈으로 확인하고 사야 하는 몇몇 물품을 제외하고는 모두 온라인이 지배하는 세상이다. 아직은 절대 비중이 낮지만 교육과 업무 분야에서도 온라인의 점유율이 점점 커지고 있다.

사람들은 심지어 모임조차도 '메타 버스'라 일컫는 가상 세계로 이동시켰다. 코로나라는 변수로 인해 갑자기 이러한 경향이 늘어난 감이 없지 않지만, 코로나가 완전히 종식되더라도 기술적 진보가 더 나타나고 사람들이 편리함을 맛보게 되면 집에 있는 시간의 증가는 기존보다 훨씬 클 것으로 보인다. 이렇듯 집의 활용도가 높아지고 있다.

신축 아파트 시설 소개 사례

출처: 대우건설

예전의 직장인들은 집보다 회사에 더 많은 시간을 할애했다. 그때는 응당 그렇게 해야 하는 사회 분위기였다. 지금은 어떤가? 많은 것이 달라졌다. 집의 가치는 예전보다 지금이 훨씬 크다. 그리고 지금보다 미래에 점점 더 커질 것이다. 가치가 커지면 비례하여 가격이 높아질 수밖에 없고 특히 신축의 가치는 더욱 그러하다.

신축 아파트가 엄청난 가격에 거래되는 모습을 보고 혀를 끌끌 차는 사람들도 있다. 예를 들어 18억 원에 신축 아파트를 샀는데 거의 모든 인프라를 똑같이 이용할 수 있는 바로 옆 단지 20년차 구축 아파트는 13억 원 수준이라고 해보자. 이때 5억 원이나 더 주고 신축에 들어가는 것이 이해가 안 되는 사람들도 있을 것이다.

하지만 18억 원에 매수한 사람도 옆 단지 구축이 13억 원이라는 것쯤은 알고 있다. 많은 사람이 대부분의 자금을 쏟아부어 집을 매수하는 것이 일반적인데, 마트에서 과자 사듯 아무렇게나 아파트를 구입하는 사람은 없다. 그럼에도 신축 매수자는 5억 원을 더 주고서라도 신축의 가치가 더 높다고 판단하거나 혹은 실거주 만족도가 5억 원 그 이상이라고 판단하고 최종 결정한 것이다. 사람마다 평가의 기준은 다 다르다. 그리고 신축은 수요에 비해 무척 부족한 상황이다. 그렇기에 개인적으로는 현재 신축의 가격이 충분히 이해가 간다. 그리고 앞으로 오를 폭이 여전히 크다고 생각한다.

신축의 가격이 안정되려면 대안은 역시 공급뿐이다. 모든 가격 안정화는 수요와 공급을 맞춰주는 것 외에는 도리가 없다. 신축이 얼마나 공급될지는 정부의 의지와 정책이 많은 것을 좌우한다. 사실 도심이 아니라면 공급 부족이 장기적으로 일어나는 경우가 거의 없다. 주위에 아파트를 지을 만한 땅이 많기 때문이다. 하지만 도심은 나대지가 없기 때문에 기존의 낡은 아파트와 빌라를 철거하고 그 위에 지어야 한다. 현 정부의 정책에서 보듯 국유지 및 시유지를 활용하는 경우도 있지만, 이것이 부족하므로 결국 재개발·재건축이 활성화되어야 도심의 신축 공급이 늘어날 수 있다.

그런데 현재의 정책은 재개발·재건축 규제 위주다. 그래서 신축 공급은 더욱 부족한 실정이다. 2022년 대선에서 어떤 정당이 대권을 잡느냐에 따라 정책의 변화가 있을 것인데, 만약 재개발·재건축 규제가 풀리지 않고 규제 위주의 기조가 유지된다면, 신규 공급이 되지 않는다는 신호를 시장에 줌으로써 현재 도심권 신축의 가치는 희소성으로 인해 상승하고 가격은 치솟을 것이다. 그렇다면 신축 아파트의 폭발적인 상승이라는 부작용을 감수하고 밀어붙인 재개발·재건축 규제로 인해 정비 구역의 주택 가격은 안정화되었냐고 묻는다면 안타깝게도 그렇지도 않다.

왜일까? 왜 강력한 규제를 시행하고도 재개발·재건축은 계속 오르는 것일까? 여기에는 몇 가지 이유가 있다. 먼저 재개발과 재건축은 정비 구역이라는 용어를 사용하기로 한다. 사전적으로 정비 구역은 노후 지역을 재개발·재건축을 통해 계획적으로 정비하기 위해 '도시 및 주거환경 정비법'에 따라 지방자치단체가 지정 고시한 구역을 말한다.

정비 구역은 결국 '미래의 신축'이다. 지금은 비록 허름한 주택이나 아파트지만 나중에는 번듯한 새 아파트로 변모한다. 그것도 대부분 1,000세대 이상의 대단지가 많다. 부동산의 현재 가격은 미래 가치를 일부 선반영한다. 예를 들어 개통이 아직도 한참 남았지만, 미래에 지하철역이 들어선다는 이유만으로 가격이 급등하는 것 등이다. 어차피 오를 가격이니까 미리 사두겠다는 것이다. 예전에는 부동산 정보 습득이 늦어 가격도 천천히 상승했다. 그러나 지금은 초기에 가격이 상당 부분 반영되는 모습을 보인다. 그만큼 정보 습득도 빨라졌고, 시중 유동 자금이 풍부하고 부동산 투자 수요도 많아졌다는 의미다.

압구정 현대아파트나 대치동 은마아파트, 여의도의 재건축 대상 아파트, 한남 뉴타운 등 굵직한 정비 구역 현장에 가보면 '여기에 사람이 살 수 있나' 싶을 정도로 낡은 집들이 많다. 그런데 가격은 평당 1억 원을 훌쩍 넘기기도 한다. 부동산을 이해하지 못하는 사람은 "말이 안 된다"고 이야기하겠지만 그곳들은 결국 대한민국 최고의 주거지로 거듭날 것이 확실하다. 정책으로 규제해봤자 단지 시간을 지연시키는 효과만 있을 뿐이다. 즉 규제 정책이 아무리 강력해봤자 정비 구역 내 부동산의 내재 가치까지 감소시킬 수는 없다.

미래의 신축 아파트 가격은 현재의 신축 아파트 가격에 큰 영향을 받는다. 현재의 신축 가격이 낮다면 미래의 신축 가격도 낮게 측정될 수밖에 없어 가격이 쉽게 오르지 못한다. 2008년 말 서브프라임 모기지 위기 이후 수년간 신축 아파트도 미분양이 발생하는 등 가격이 오르지 못하자 정비 구역의 가격도 많이 하락했었다. 결국 재개발·재건축은 현재의 신축 가격에 따라 등락 폭이 많이 결정된다. 그런데 미래의 신축인 재개발·재건축을 규제함으로써 공급이 줄어들게 되자 현재의 신축이 희소한 가치가 생겨 신축 아파트의 가격이 급등하는 현상이 발생했다. 그러자 급등한 신축 가격에 영향을 받는 재개발·재건축 역시 강력한 규제에도 불구하고 가격이 천정부지로 오른 것이다. 아마도 정부가 정비 구역의 가격 상승 메커니즘을 제대로 알지 못했기에 이런 실수가 나온 것으로 보인다.

결과적으로 정비 구역 규제는 일시적으로 거래량을 끊으면서 가격 상승을 제어할 수는 있지만 가치가 폄하된 것이 아니기에 누른 만큼 튀어 오르게 된다. 용수철을 누르면 크기가 작아지지만 언젠가는 누르는 힘이 빠지게 되는데 그때 하늘 높이 솟구쳐 오르는 원리와 비슷하다. 정비 구역의 규제로 정비 구역 주택의 가격이 하락한다는 것은 어불성설이다. 오히려 재개발·재건축을 풀어 공급을 늘리고 계속 공급하겠다는 신호를 주면 기존 신축의 희소성이 줄어들어 가격이 안정화되고 덩달아 정비 구역의 가격도 안정화될 수 있다.

물론 지역에 따라 안정화되는 모습은 다른데 수요가 적은 지역에서는 재개발·재건축을 활성화하면 전체적으로 가격이 안정화될 것이다. 반면 서울과 부산 등의 일부 핵심 도시에서는 꾸준히 공급하더라도 수요가 워낙 많은 곳이어서 공급 초과를 달성할 수는 없을 것이다. 그래서 완화한다고 하더라도 서울 등의 지역은 가격이 떨어지지 않을 것이다. 하지만 적어도 지난 수년간과 같은 식의 폭등은 막을 수 있었으리라 생각한다.

그런데 서울의 경우 공급이 줄어들면 가격이 오르는 것은 이해가 되는데, 공급을 늘려도 가격이 오른다는 것은 무슨 뜻인가? 서울과 같은 수요 초과 지역은 공급을 줄이면 당연히 가격이 오르고, 공급을 늘리는 것도 한계가 있기에 결국은 가격이 오른다. 그렇다면 서울의 부동산 가격을 안정화시키는 방법은 없을까? 없지는 않다. 서울의 인구를 타 지역으로 최대한 분산시키고 서울에 최대한 공급을 늘리는 것을 꾸준히 오랜 기간 지속하면 언젠가는 안정화될 것이다. 포인트는 수요보다 공급이 많아야 하는데 이미 유명한 지역일수록 수요 초과가 심하기에 이를 공급 초과로 만들어 시장을 안정화시키기까지 더욱 오랜 시간이 필요한 것이다.

우리는 신축을 좋아한다. 그런데 신축은 희소하다. 수요가 많은 지역일수록 그런 경향은 더욱 짙다. 여기에 정책까지 규제로 바뀌면 오히려 정비 구역 내의 부동산 가격이 치솟게 된다. 사실상 단시일 내에는 가격 상승을 막을 방법이 없는 재개발·재건축을 우리는 반드시 주목해야 한다.

그렇다면 재개발과 재건축 지역 중 서울과 수도권 위주로 몇 군데를 확인하며 향후 가격 예측은 어떻게 할지, 그리고 어떤 점을 주의해야 할지 살펴보자.

'재건축' 하면 강남이 가장 먼저 떠오른다. 강남은 재개발이 사실상 아예 없다. 서초구, 송파구까지 눈을 돌려도 송파의 거여·마천 뉴타운 외에는 재개발 진행 구역이 없다. 왜 그럴까? 주로 재건축은 정비 기반 시설이 양호한 지역에서 이루어지고, 재개발은 열악한 지역에서 이루어지기 때문이다. 강남은 기반 시설이 양호하므로 재개발을 할 만한 사업지가 없으며 반면 열악한 지역은 재개발을 위주로 개선 사업을 한다.

강남의 재건축이 좋은 건 알겠는데 엄청나게 비싸다. 만약 돈에 여유가 있다면 이렇게 비싼 강남의 재건축 아파트를 사도 될까? 결론은 '무조건 사야 한다'이다. 최상급 입지에 신축이라면 가치의 정점에 있는 아파트다. 가격은 감히 가늠할 수 없다. 가장 좋은 상품은 가장 돈이 많은 부자들이 구입한다. 그들은 돈이 많다. 마음에 들면 산다. 가격을 책정하기 힘들다. 앞서도 언급했듯이 33평 아파트 100억 원 시대가 멀지 않았다. 돈이 있다면 그냥 사두면 된다.

하지만 대다수 독자분은 현실적으로 강남의 재건축을 구입하기 어렵다. 그렇기에 강남을 벗어나 보자. 서울의 재개발·재건축에 대한 신뢰할 수 있는 정보를 담은 사이트 하나를 소개하겠다. '정비사업 정보몽땅(http://cleanup.seoul.go.kr)'이라는 웹사이트에는 정비 구역별로 자세한 현재 상황과 정보가 담겨 있다. 서울의 재개발·재건축에 투자하시

여의도 아파트

출처: 지역 부동산

동부이촌동 한강맨션

출처: 지역 부동산

녀는 분들은 반드시 알아두어야 할 사이트다.

강남 3구 못지않은 주목을 받는 재건축으로 여의도 재건축, 동부이촌동 재건축, 과천 재건축 등이 있다. 또한 성동구, 광진구, 강서구 등에서 한강변에 접해 있는 재건축 예정 단지의 가격은 꾸준하게 상승하고 있다. 강남 3구와 용산, 여의도, 과천, 한강변 등 누가 봐도 좋은 입지의 재건축은 하루라도 빨리 사는 것이 가장 정확한 답이다. 좋은 타이밍을 기다리는가? 그게 언제일까? 생각할 것도 없다. 바로 지금이다. 다시 강조하지만 희소한 가치를 지닌 부동산의 가격은 오늘이 가장 싸다.

이번에는 서초구의 바로 옆인 동작구 쪽으로 가보자. 아직 재건축 단계라고 볼 수는 없지만 30년 연한을 넘겨 언제라도 추진이 가능한 아파트 2개가 한강변에 붙어 있다. 바로 명수대현대아파트와 한강현대아파트다. 이들의 30평형 최근 거래는 15억 원 선이다. 명수대현대아파트는 2021년 4월에 15억 원이고 한강현대아파트는 2021년 5월에 15억 8,500만 원이다.

비슷한 시기 인덕원의 입주 2년차 신규 아파트의 실거래가가 16억 3,000만 원이다. 내가 말하는 지역 혹은 아파트의 위치는 여러분들이 지도를 놓고 살펴보면서 확인하시기 바란다. 그래야 이해하기가 더 쉽다.

15년쯤 뒤를 생각해보자. 인덕원은 17년차 아파트가 된다. 물론 가격은 훨씬 더 올라가 있을 것이다. 연간 4% 상승만 가정해도 약 30억 원이 된다. 이쯤 되면 명수대현대아파트와 한강현대아파트는 신규 아파트가 되었을 것이다. 얼마의 가격이 될까? 참고로 도보 20분 거리에 2026년경 완공될 반포 디에이치클래스트(반포주공1단지 1·2·4주구)가 있다. 이 아파트는 입주 시점에 33평 최소액 기준으로 60억 원이 될 것이다. 이후 10년간 4%씩만 계산해도 88억 8,000만 원으로 약 90억 원에 육박한다. 도대체 믿기지 않는 금액이지만, 시간이 흐르면 여러분이 직접 목격하게 될 것이다.

자, 다시 돌아와서 한참 아래쪽에 있는 17년차 아파트가 30억 원이고, 반포의 10년차 아파트는 90억 원을 호가한다. 동작구의 한강변 아파트는 얼마가 되어야 할까?

반포 아크로리버파크의 최근 최고가 거래는 39억 8,000만 원(2021년 6월)이고, 동작구 흑석동의 아크로리버하임의 최근 최고가 거래는 21억 5,000만 원(2021년 4월)이다. 2달 정도의 실거래가 시차가 있음을 고려하여 리버하임의 현재 실거래가를 22억 원 정도로 보정하면 반포 대장 아파트 대비 흑석동 대장 아파트의 가격 비율은 약 55.3%다. 이 비율을 단순 적용해서 계산해보면 90억 원의 55% 비율로, 약 50억 원이라는 아파트 예상 가격을 추정해볼 수 있다. 그런데 현재 금액이 얼마라고? 15억 원이다.

물론 향후 전망은 신의 영역이라 그 누구도 알 수 없다. 말도 안 되게 낙관적인 전망이라고 비판을 할 수는 있지만, 그 누구도 감히 반드시 틀릴 것이라 이야기할 수도 없다. 충분히 가능한 가정이고 개인적으로는 이런 시나리오대로 흘러갈 가능성이 가장 크다고 예측하고 있다.

앞서 말한 '정비사업 정보몽땅'에서 동작구의 재건축을 검색하면 6개의 정비 구역이 나온다. 하지만 재개발을 검색하면 17개가 나온다. 그렇다. 동작구에는 재개발이 많은데 아주 중요한 뉴타운 두 곳이 있기 때문이다. 바로 흑석 뉴타운과 노량진 뉴타운이다. 뉴타운의 양대 산맥을 뽑아보라 하면 십중팔구 한남 뉴타운과 성수 뉴타운을 선택할 것이다. 하지만 그 두 곳을 제외하고 최고의 뉴타운을 뽑으라면 단연 노량진 뉴타운과 흑석 뉴타운을 선택할 수 있다.

앞에서 말한 흑석동 아크로리버하임은 흑석 뉴타운 7구역이 개발되어 완공된 아파트다. 이 밖에도 흑석은 여러 구역이 완공되어 입주를 마쳤다. 반면 노량진 뉴타운은 아직 하나의 구역도 입주까지 완료된 곳이 없다. 2003년에 지정된 것을 고려하면 매우 느리다. 하지만 최근 속도를 내면서 모든 구역이 상당히 진척되었다. 수년 뒤 노량진의 첫 입주가 시작될 예정이며 뒤를 이어서 속속 입주가 예상되고 있다. 이곳의 가격은 비쌀까? 당연히 비싸다. 현금 10억 원 이상은 소요될 것이다. 하지만 수익은 충분히 만족스러울 것으로 예상된다. 강남과 여의도와의 접근성, 한강변 인접, 9호선 편의성 등의 장점과 서울의 몇 안 되는 핵심 입지의 새 아파트가 되기 때문이다. 희소한 가치는 쉽게 가격을 측정하기 힘들다. 하지만 지금 금액이 향후 가치에 비해 매우 저렴하다는 점은 강조하고 싶다.

영등포구의 신길 뉴타운 역시 여의도 접근성이 좋아 인기가 많다. 여의도는 우리나라의 금융 중심지라서 금융 기업이 무척 많다. 그런데 상대적으로 아파트는 크게 부족하다.

여의도의 지적편집도

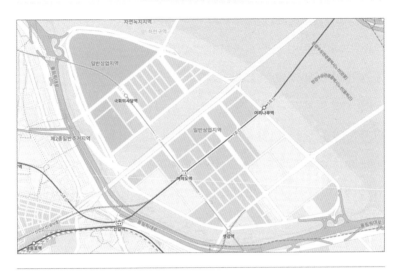

출처: 네이버 지도

서울시 전체의 지적편집도

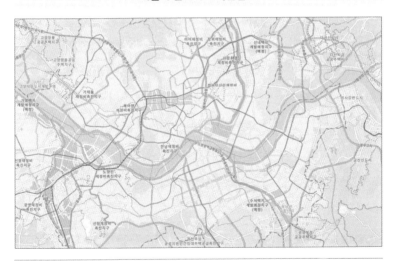

출처: 네이버 지도

213페이지 위의 그림은 여의도의 지적편집도인데, 분홍색 표시가 상업 지역이고, 노란색 표시가 주거 지역이다. 상업 지역은 회사가 있는 지역이라 보면 되고, 주거 지역은 아파트 등의 주택이다.

아래의 서울 전체 지적편집도를 보면, 거의 대부분 주거 지역이고 상업 지역은 매우 적다는 것을 알 수 있다. 실제로 서울 전체 중 상업지의 비율은 4% 내외 수준이고, 그것도 대부분 도심에 몰려 있다. 이에 비해 여의도가 얼마나 많은 상업지를 가지고 있는지 한눈에 파악될 것이다. 상업지가 많기에 그에 맞추어 주택 수요가 많지만, 여의도는 섬이라서 주택 공급에 한계가 뚜렷해 집이 매우 부족한 지역이다.

여기에 1970년대 지어진 아파트가 대부분이라 무척 낡았다. 그러니 여의도 근무자들은 여의도가 아닌 인근으로 집을 구매하는 경우가 많은데 주로 선호했던 곳은 목동이었다. 목동이 여의도가 가깝고 아이들 교육시키기에 적합했기 때문이다. 하지만 목동 아파트도 여의도에 비해서는 새것이지만 그래도 30년을 넘긴 상황이다. 그렇다고 여의도 주변 영등포구는 최근 꾸준히 개발되며 좋아지고 있지만 불과 얼마 전까지만 해도 공장만 즐비한 주택 비선호 지역이었기 때문에 선택하지 않았었고 다른 지역도 딱히 선택할 만한 곳이 없었다. 이런 상황에서 여의도를 기준으로 목동보다 가까우면서 새 아파트이며 인프라 역시 개선된 뉴타운이 생기는데, 이곳이 바로 신길 뉴타운이다. 사실 원래 신길 뉴타운의 조성 계획 목표 중 하나가 여의도의 배후 주거지를 만드는 것이었는데 충실하게 그 역할을 수행하고 있는 것이다.

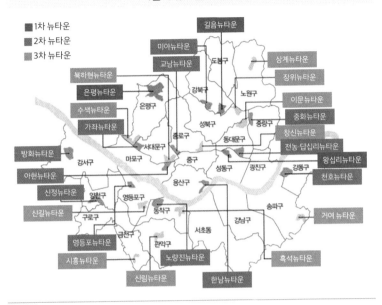

서울시 뉴타운 위치도

■ 1차 뉴타운
■ 2차 뉴타운
▨ 3차 뉴타운

길음뉴타운
미아뉴타운
교남뉴타운
상계뉴타운
장위뉴타운
북하현뉴타운
이문뉴타운
은평뉴타운
중화뉴타운
수색뉴타운
창신뉴타운
가좌뉴타운
전농·답십리뉴타운
방화뉴타운
왕십리뉴타운
아현뉴타운
천호뉴타운
신정뉴타운
신길뉴타운
거여 뉴타운
영등포뉴타운
시흥뉴타운
노량진뉴타운
흑석뉴타운
신림뉴타운
한남뉴타운

도봉구 노원구 강북구 성북구 중랑구 은평구 종로구 동대문구 서대문구 중구 성동구 광진구 마포구 용산구 강동구 강서구 양천구 영등포구 동작구 송파구 구로구 금천구 관악구 서초동 강남구

출처: 서울특별시

신길 뉴타운에서 여의도까지는 도보로 30분, 자전거로 10분, 거리는 2.5km 안팎이기 때문에 길이 좀 막혀도 자동차로 10분 정도면 접근할 수 있다.

이번에는 좀 더 서쪽으로 가보자. 최근에 관심이 커지는 뉴타운 중 하나는 방화 뉴타운이다. 서울의 서부 끝자락에 붙어 있어 입지가 처 져 그동안 관심이 적었지만 다른 뉴타운의 가격이 천정부지로 치솟으 며 가격이 상대적으로 저렴해졌고 마곡 지구 등의 개발로 주변 일대 의 아파트 가격이 급등하여 사업성이 좋아졌기 때문이다. 실제로 방 화 뉴타운은 해제된 구역이 많은데 이는 경기가 안 좋을 때 주민들이

신길 뉴타운 사업 추진 현황

출처: 영등포구청

사업성이 없다고 판단하여 해제를 요청했기 때문이다. 하지만 이후 긴 등마을이 마곡힐스테이트로 2017년 입주하며 가능성을 보여주었고, 최근 실거래가 시세는 무려 14억 5,000만 원(2021년 6월)이다. 인근 신축 아파트의 가격이 높아지면 정비 구역의 사업성도 증대되어 가격이 덩 달아 뛰는 것이 당연하기 때문에 이후 탄력이 붙어 사람들의 관심도 높아지고 사업 진척도 빨라지고 있다. 2021년 6월 말 언론에서도 이런 경향을 다루었다. 강서구 마곡 지구의 아파트 매매가가 17억 원을 넘 어섰으며, 전용 84㎡도 15억 원에 육박했는데, 매물이 빠지고 호가가 치솟는 분위기라고 소개했다. 2021년 6월 27일 국토교통부의 실거래 가 공개 시스템을 보면 마곡동 대장 아파트로 꼽히는 마곡엠밸리 7단 지 전용면적 115㎡는 지난 6월 8일 17억 3,500만 원으로 신고가를 경

방화6 재정비 촉진 구역 주택가와 방화 뉴타운 구역도

출처: 강서구청

방화 뉴타운 정비 사업 추진 현황

구역명	진행 단계	신축 가구 수(임대 포함)
긴등마을 재정비 촉진 구역	입주 완료	603가구
방화6 재정비 촉진 구역	사업 시행 인가	557가구
방화5 재정비 촉진 구역	조합 설립 인가(건축 심의 통과)	1,657가구
방화3 재정비 촉진 구역	조합 설립 인가(건축 심의 준비)	1,415가구
방화2 존치 정비 구역	정비 구역 지정을 위한 동의서 징구 중	미정
방화 1, 4, 7, 8구역	구역 지정 해제 (가로주택 정비, 지역주택조합 사업 추진)	미정

출처: 강서구청

신하며 마곡 전체에서 가장 높은 매매가를 기록했다. 이는 불과 3개월 만에 1억 원이 뛴 금액이라고 한다.

방화 뉴타운은 입주가 완료된 긴등마을 구역까지 총 9개의 구역이 있었으나 이 중 1·4·7·8구역은 해제가 되었고 2구역은 동의서를 징구 중인 상태로 현재 3·5·6구역이 활발히 사업을 추진하고 있다. 인기에 힘입어 가격이 예전보다 많이 상승했지만, 여전히 수익이 클 것으로 기대된다. 마곡 지구의 회사 입주가 여전히 많이 남았고 목동 재건축 및 영등포 권역의 개발로 인한 서부권 전체의 부동산 상승 분위기가 좋은 편이기 때문이다. 그런데 방화 뉴타운을 투자할 때는 한 가지 잘 알아야 할 점이 있다.

뉴타운이라고 하면 낡은 단독주택, 연립, 빌라 등을 개발하는 큰 재개발 사업지로 판단하는 분들이 많다. 그리고 아파트를 철거하고 새로 짓는 것은 재건축이라고 생각한다. 하지만 아파트를 허물고 지어도 재개발이 될 수 있고, 주택이나 빌라 등을 철거하고 지어도 재건축이 될 수 있다. 재개발과 재건축을 가르는 기준은 정비 기반 시설이 양호한지 열악한지다. 이에 따라 나뉘는 것이지 주택의 형태에 따라 나뉘는 것이 아니다. 그래서 주변이 열악한 지역이라면 아파트라 할지라도 재건축이 아닌 재개발 방식의 정비 구역에 포함될 수 있다. 또한 양호한 빌라 밀집 지역은 재건축으로 지정될 수 있다. 방화 뉴타운은 빌라보다는 단독주택의 비중이 높아 환경이 양호해 재건축으로 분류된다.

정비 구역의 사업 구분을 정확히 알아야 하는 이유는 재개발과 재건축에 적용되는 규제가 다른 것이 있기 때문이다. 우선 투기 과열 지구에서 조합원 지위 양도 금지는 재개발과 재건축이 다르다. 먼저 재건축의 경우 조합 설립 인가를 받은 정비 사업지는 특별한 예외를 제외하고 조합원 지위 양도가 제한된다. 즉 특별한 경우를 제외하고는 투기 과열 지구 내 조합 설립 인가를 받은 재건축 아파트를 구매한다면 향후 새 아파트 대신 현금으로 청산 당한다는 뜻이다.

재건축의 경우 조합 설립 이후에도 지위 양도가 허용되어 거래할 수 있는 물건은 매도인이 1주택자로서 10년 이상 보유하고, 5년 이상 거주한 주택일 경우다. 정부는 이렇게 장기 보유와 거주를 한 사람은 투기 세력이 아니라 보고 거래를 할 수 있게 해주었다. 그래서 이런 물건은 조합 설립 인가 이후에 거래하더라도 온전히 조합원 자격을 획득할 수 있다. 하지만 이런 물건이 워낙 귀하다 보니 역시 법 시행 이후 이러한 물건의 가격은 치솟았다.

재개발은 관리 처분 인가(조합 설립 인가가 아님에 유의) 이후 조합원 지위 양도 금지가 적용된다. 하지만 재개발 역시 예외가 있다. 2018년 1월 23~25일경(2017년 10월 24일에 법이 개정되고 시행일은 3개월 뒤부터라고 했는데 해석의 기준에 따라 23일부터 25일까지 달리 볼 수 있어서 넓게 해석됨. 안정적으로 보려면 2018년 1월 23일까지)까지 사업 시행 인가를 신청한 재개발 정비 사업지는 향후 관리 처분 인가를 받은 후에 거래하더라도 조합원 지위 양도 금지에 적용되지 않는다. 즉 2018년 1월 23일 이후 사업 시행 인가를 받은 투기 과열 지구 내 재개발 사업지는 관리 처분 인가를 받은 후에는 조합원 지위 양도 금지가 되어 아파트가 완공되고 소유권 이전 등기 시까지 사실상 매도할 수 없다는 뜻이다. 그래도 매매할 경우 매수자는 향후 아파트를 배정받는 것이 아니라 현금 청산을 당하게 되니 주의해야 한다. 여기서 거래 자체를 법으로 막는다는 뜻은 아니다. 사인 간의 거래이기 때문에 관리 처분 인가 이후라도 거래는 자유롭게 할 수 있다. 단 조합원 자격이 없는 물건을 거래하는 형태이기 때문에 사실상 거래가 일어날 수 없다.

「주택법」 제63조제1항에 따른 투기과열지구(이하 "투기과열지구"라 한다)로 지정된 지역에서 재건축사업을 시행하는 경우에는 조합설립인가 후, 재개발사업을 시행하는 경우에는 제74조에 따른 관리처분계획의 인가 후 해당 정비사업의 건축물 또는 토지를 양수(매매·증여, 그 밖의 권리의 변동을 수반하는 모든 행위를 포함하되, 상속·이혼으로 인한 양도·양수의 경우는 제외한다. 이하 이 조에서 같다)한 자는 제1항에도 불구하고 조합원이 될 수 없다.

법률적인 내용은 아무리 자세히 쓰려고 해도 어려우니 나중에 재개발 물건을 구입하기 전 반드시 재확인할 것을 강조드린다.

제39조(조합원의 자격 등)

② 「주택법」 제63조제1항에 따른 투기과열지구(이하 "투기과열지구"라 한다)로 지정된 지역에서 재건축사업을 시행하는 경우에는 조합설립인가 후, 재개발사업을 시행하는 경우에는 제74조에 따른 관리처분계획의 인가 후 해당 정비사업의 건축물 또는 토지를 양수(매매·증여, 그 밖의 권리의 변동을 수반하는 모든 행위를 포함하되, 상속·이혼으로 인한 양도·양수의 경우는 제외한다. 이하 이 조에서 같다)한 자는 제1항에도 불구하고 조합원이 될 수 없다. 다만, 양도인이 다음 각 호의 어느 하나에 해당하는 경우 그 양도인으로부터 그 건축물 또는 토지를 양수한 자는 그러하지 아니하다. <개정 2017. 10. 24., 2020. 6. 9., 2021. 4. 13.>

1. 세대원(세대주가 포함된 세대의 구성원을 말한다. 이하 이 조에서 같다)의 근무상 또는 생업상의 사정이나 질병치료(「의료법」 제3조에 따른 의료기관의 장이 1년 이상의 치료나 요양이 필요하다고 인정하는 경우로 한정한다)·취학·결혼으로 세대원이 모두 해당 사업구역에 위치하지 아니한 특별시·광역시·특별자치시·특별자치도·시 또는 군으로 이전하는 경우

2. 상속으로 취득한 주택으로 세대원 모두 이전하는 경우

3. 세대원 모두 해외로 이주하거나 세대원 모두 2년 이상 해외에 체류하려는 경우

4. 1세대(제1항제2호에 따라 1세대에 속하는 때를 말한다) 1주택자로서 양도하는 주택에 대한 소유기간 및 거주기간이 대통령령으로 정하는 기간 이상인 경우 → (10년 보유, 5년 거주 요건임)

5. 제80조에 따른 지분형주택을 공급받기 위하여 건축물 또는 토지를 토지주택공사등과 공유하려는 경우

6. 공공임대주택, 「공공주택 특별법」에 따른 공공분양주택의 공급 및 대통령령으로 정하는 사업을 목적으로 건축물 또는 토지를 양수하려는 공공재개발사업 시행자에게 양도하려는 경우

7. 그 밖에 불가피한 사정으로 양도하는 경우로서 대통령령으로 정하는 경우

③ 사업시행자는 제2항 각 호 외의 부분 본문에 따라 조합원의 자격을 취득할 수 없는 경우 정비사업의 토지, 건축물 또는 그 밖의 권리를 취득한 자에게 제73조를 준용하여 손실보상을 하여야 한다.

[법률 제14567호(2017. 2. 8.) 부칙 제2조의 규정에 의하여 이 조 제1항 각 호 외의 부분 단서는 2018년 1월 26일까지 유효함]

[시행일: 2021. 7. 14.] 제39조

이 밖에도 재개발·재건축을 진행하는 현장은 수도 없이 많다. 앞서 말한 '정비사업 정보몽땅'을 잘 활용하여 내 금액에 맞는 정비 구역을 찾아서 투자해보자.

📍 핵심 포인트 정리

+ 재개발·재건축은 미래의 신축으로서 현재 신축 가격이 높아 사업성이 증대되었고, 새 아파트 선호 현상이 강하므로 높은 가격을 형성할 것이다.
+ 한강변 혹은 1980년대 후반, 1990년대 초중반의 아파트 중 대지 지분이 넓거나 대단지 위주로 찾아서 투자하는 게 효과적이다.

3기 신도시를 대하는 우리들의 자세

우리나라 수도권의 1기 신도시는 1990년 초중반에 입주를 시작했다. 1기 신도시는 분당·평촌·산본·부천·일산의 서울 근접 5개의 위성도시를 말한다. 2기 신도시는 수도권 10곳, 충청 2곳으로 총 12곳이었다. 수도권 2기 신도시는 판교·위례·동탄1기·동탄2기·김포·수원·평택·검단·양주·광교·파주(운정)이며 아직 입주 중인 곳도 있고 이미 완료된 곳도 있다.

2018년 12월 발표한 3기 신도시는 남양주 왕숙1·남양주 왕숙2·하남 교산·인천 계양·고양 창릉·부천 대장·광명 시흥·안산 장상·과천 과천이다. 정확하게 따지면 신도시의 기준은 330만 ㎡(약 100만 평)라서 과천 등은 신도시가 아닌 택지 지구이지만, 이해의 편의상 모두 3기 신도시라고 지칭하겠다.

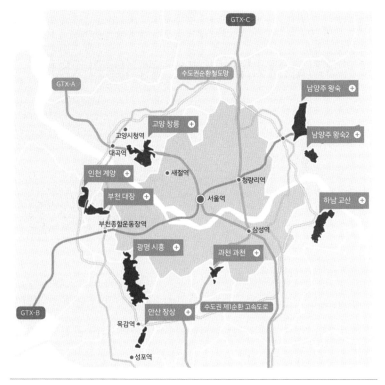

3기 신도시 위치도

출처: 한국토지주택공사 3기 신도시 홈페이지

3기 신도시는 발표된 지 얼마 되지 않았기 때문에 많은 분이 익숙하실 것이다. 이는 수도권의 주택 부족 공급 문제를 해결하기 위한 공급 확대 방안의 하나로 발표되었으며 이를 통해 부동산 가격 안정화와 서민 주거 안정을 해결하겠다는 취지다. 100만 평이 넘는 신도시가 7곳(왕숙1, 왕숙2, 교산, 계양, 창릉, 대장, 시흥)이고, 과천과 장상도 30만 평이 넘는 택지 개발 지구라 공급 효과는 확실히 있다. 3기 신도시 9곳

3기 신도시 지역별 예상 호수

지구명	남양주		하남 교산	인천 계양	고양 창릉	부천 대장	광명 시흥	과천 과천	안산 장상
	왕숙	왕숙2							
면적	866만 m²	239만 m²	631만 m²	333만 m²	813만 m²	343만 m²	1,271만 m²	155만 m²	221만 m²
호수	54,000호	15,000호	34,000호	17,000호	38,000호	20,000호	70,000호	7,000호	14,000호
비고	3기 신도시							대규모 택지	

출처: 한국토지주택공사 3기 신도시 홈페이지

의 총 공급 예상 호수는 약 26만 9,000호 수준이다.

정부가 야심 차게 3기 신도시를 준비하며 홍보하고 있어 많은 분의 관심이 쏠린다. 또한 시세의 60~80%로 공급될 예정이기 때문에 일단 당첨만 되면 내 집 마련과 투자 수익을 한 방에 해결할 수 있다. 무주택자에게는 정말 좋은 기회가 아닐 수 없다. 하지만 현실적으로 요건을 갖춘 상당수 무주택자가 똑같은 생각을 하고 있으니 경쟁률이 높아 행운의 주인공이 될 확률은 현실적으로 크지 않다.

또한 최근에는 시세의 60~80% 내외의 분양가를 책정하더라도 워낙 높아진 집값 때문에 무주택 실수요자들이 여전히 접근하기 어렵다는 지적도 나오고 있다. 언론은 이와 관련하여 비판적 기사를 내보냈다. 대표적으로 《연합뉴스》는 2021년 7월 15일 "시세 60~80% 맞나?…3기 신도시 '고분양가' 논란"이라는 제목의 기사를 실었다. 이 기사는 "정부가 16일부터 3기 신도시 사전 청약에 들어가는 가운데 분양가를 두고 가격 책정이 다소 높게 이뤄진 게 아니냐는 불만이 나오고 있다. 주변 시세의 60~80% 수준이라던 정부의 설명과 달리 시세와 비슷하거나 오히려 비싸다고 여겨지는 경우도 있다는 주장이다"라고 배경을 설명했다. 그리고 "분양가가 공개되자 사전 청약을 기다리던 수요자들 사이에서 '고분양가' 논란이 일었다. 정부의 설명과 다르게 기존 단지와 비교하면 사전 청약 분양가가 시세의 60~80% 수준을 넘는 곳이 있다는 것이다. 성남 복정1지구의 경우 인접한 수정구 태평동 가천대역 두산위브 59㎡는 2021년 상반기 6억 9,800만~7억 7,000만 원에 거래됐다. 같은 면적의 사전 청약 분양가인 6억 8,000만~7억 원과 비교해 크게 차이가 나지 않는다. 인천 계양의 경우도 계양구 박촌동 한화꿈에그린 59㎡가 6월 7일 3억 7,500만 원에, 계양한양수지안 59㎡가 3월 3억 7,000만 원에 거래되는 등 사전 청약 분양가(3억 5,000만~3억 7,000만 원)가 결코 저렴하다고 보기 어렵다"라고 지적했다. 이어서 "인근 지역 일부 단지의 분양가와 비교해도 사전 청약 분양가가 높은 편이라는 지적도 나왔다. 2021년 1월 수정구 창곡동에서 청약을 진행한 위례자이더시티 공공 분양의 경우 3.3㎡당 분양가가 2,260만 원이었다. 성남 복정1지구의 사전 청약 분양가는 3.3㎡당 3,800만 원대로 이보다 높다. 5월 청약을 진행한 계양구 계양하늘채 파크포레 59㎡의 분양가는 3억9,000만 원이다. 시세의 60~80%라면 2억 3,400만~3억 1,200만 원이 돼야 하지만, 사전 청약 분양가는 같은 면적이 3억 5,000만 원부터 시작한다. 이 때문에 최근 1년 사이 집값이 급등했는데 급등 이후 시세 기준으로 분양가를 산정하고 저렴하다고 설명하는 게 부적절하다는 목소리도 나온다"라고 썼다.

이 기사를 보면 주변 시세보다 많이 저렴하지 않은 것처럼 보인다. 하지만 최근의 가격 상승과 새 아파트라는 점을 고려하면 당첨만 되면 프리미엄이 상당할 것이다. 그러니 당장 지금 여력이 안 돼 지금은 내 집 마련이 힘든 분들은 3기 신도시 청약을 잘 노려봐야 한다. 하지만 현재 집을 살 수 있는 여력이 된다면 3기 신도시보다 먼저 내 집을 마련하는 전략이 더 좋다. 확률적으로도 그렇고 수익 면에서도 그렇다. 내 주장대로 주택 가격이 향후 수년간 우상향 패턴으로 오른다면 미래에 급매를 구입할 수 있더라도 지금 먼저 빨리 사는 것이 더 좋은 방법이다.

예를 들어보자. 지금 5억 원의 주택이 향후 8억 원쯤 된다고 해보자. 그럼 그 시점에 70% 가격으로 분양받는다고 해도 5억 6,000만 원에 구입하게 된다. 같은 금액일 경우 미리 구입한 사람은 3억 원의 수익이, 미래에 30% 저렴하게 구입한 사람은 2억 4,000만 원의 수익이 발생한다. 매우 단순하게 가정했지만, 미래의 가격은 현재의 가격보다 높으므로 할인율이 엄청나게 크지 않다면 하루라도 빨리 사는 것이 수익 극대화에 도움이 된다. 물론 가격이 상승한다는 전제에서다. 위 기사에서 한 부동산 전문가는 주변 아파트 값이 비싼 지역은 수요자가 만족할 것이나 비인기 지역에서는 수요자의 만족이 떨어질 것이라 했는데, 나도 같은 의견이다.

양극화 시대를 사는 우리는 앞으로도 인구 감소에 따른 지방 소멸과 특정 지역 집중 현상이 발생함으로써 양극화가 더 가속화되는 모습을 볼 것이다. 이 뜻은 결국 상급지와 하급지의 가격 갭이 더 커진다는 의미로서 현재 비싼 지역은 더 많이 오르고, 비인기 지역은 덜 오르게 된다는 뜻이다. 결국 비싼 지역에 당첨된 수요자는 입주 시점에 충분한 프리미엄을 달성하여 금액에 만족할 것이고, 비인기 지역의 수요자는 비록 이익은 나지만 상대적인 박탈감은 느낄 것이다. 그렇다고 인기 지역에만 신청할 경우 당첨 확률이 현저히 떨어지므로 수익과 당첨 확률 사이의 상관관계와 밸런스를 잘 파악하고 조절하여 전략을 짜야 할 것이다.

3기 신도시를 조성하는 몇 가지 방안을 큰 줄기로 써보면 이렇다.

① 서울 도심까지 30분대 출퇴근 가능한 도시

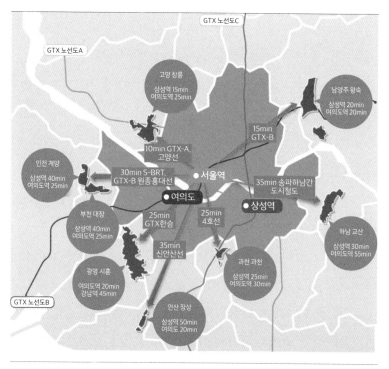

출처: 한국토지주택공사 3기 신도시 홈페이지

② 좋은 주택을 주변 시세보다 낮은 가격으로 공급하는 도시

③ 양질의 일자리로 가득한 활기찬 도시

④ 우수한 보육·교육 환경의 아이 키우기 좋은 도시

⑤ 특색 있는 디자인 도시

⑥ 생활이 편리한 스마트 도시

스마트 주차

스마트 횡단보도

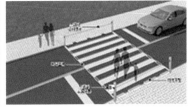

스마트 도로

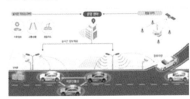

　　정부 주도 하에 만드는 도시이므로 신도시는 대체로 사람들이 선호하게 된다. 실제로 입지에 따라 가격이 차이가 날 수밖에 없지만, 거주자들의 만족도는 다른 도시보다 훨씬 높다. 아무래도 녹지 비율도 많고 새집이며 모든 인프라도 새것이기 때문에 당연한 결과다. 3기 신도시의 현황과 입지 여건을 살펴보자.

01 남양주 왕숙 지구

- 위치: 경기도 남양주시 진접읍 연평리, 내곡리, 내각리, 진건읍
  신월리, 진관리, 사능리 일원
- 면적: 8,662,125㎡(약 2,625,000평)
- 주택: 54,000호 인구: 126,000명 사업 기간: ~2028년

남양주 왕숙 지구 위치도

출처: 한국토지주택공사 3기 신도시 홈페이지

남양주 왕숙 지구 관련 이미지

메인 조감도

특화구역 투시도

특화구역 조감도

출처: 한국토지주택공사 3기 신도시 홈페이지

남양주 왕숙 지구 교통 계획

주요 내용

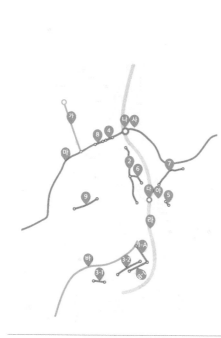

㉮ 별내선 연장(별내역~진접선)
㉯ 경춘선 역사 신설(GTX-B 정차)
㉰ 경의중앙선 역사 신설
㉱ 서울 강동~하남~남양주 간 도시철도 건설
㉲ 상봉~마석 간 셔틀열차
㉳ 강변북로 대중교통 개선
㉴ 경춘선 신설역사 환승시설
㉵ 경의중앙선 신설역사 환승시설
1-A 한강교량 신설(4차로)
1-B 올림픽대로 확장(강일IC~선동IC)
2 지방도383호선 확장(왕숙-도농4)
3-1 올림픽대로 확장(암사IC~강동IC)
3-2 강일IC 우회도로 신설
4 진관교 확장
5 연결도로 신설(왕숙2~양정역세권)
6 연계도로 신설(왕숙2~다산)
7 구국도 46호선 확장(진안4~금곡4)
8 경춘북로 확장(퇴계원4~진관교)
9 북부간선도로 확장(인창IC~구리IC)
⬤ 입주 초기 대중교통 운영 지원

출처: 한국토지주택공사 3기 신도시 홈페이지

+ 4호선(진접선), 8호선(별내선), 9호선(2028년 예정) 및 GTX-B와 BRT가 들어설 예정임.

+ GTX 이용 시 청량리역 10분, 서울역 15분 소요.

+ 왕숙천, 사릉천, 용정천을 중심, 역사적 배경을 바탕으로 다양한 테마파크 조성 예정.

+ 신도시 어디서든 10분 이내 대중교통 이용이 가능하고 물과 만나는 교통 편의성 및 수변 도시로 계획.

+ 경제 중심 도시, 기업 친화 도시(첨단 산업 단지)로 조성할 계획.

+ 남양주시의 현재 인구는 2021년 67만 명인데, 2035년경 약 85만 명까지 늘어날 것으로 예상.

02 남양주 왕숙2 지구

- 위치: 경기도 남양주시 일패동, 이패동 일원
- 면적: 2,391,830㎡(약 723,000평)
- 주택: 15,000호 인구: 35,000명 사업 기간: ~2028년

남양주 왕숙2 지구 위치도

출처: 한국토지주택공사 3기 신도시 홈페이지

남양주 왕숙2 지구 관련 이미지

출처: 한국토지주택공사 3기 신도시 홈페이지

+ 문화 중심 도시로 만들 계획.

+ 포레스트 어드벤처형 놀이터로 특화.

03 하남 교산

- 위치: 경기도 하남시 천현동, 교산동, 춘궁동, 덕풍동 일원

- 면적: 6,314,121㎡(약 1,913,000평)

- 주택: 34,000호   인구: 81,000명   사업 기간: ~2028년

하남 교산 지구 위치도

출처: 한국토지주택공사 3기 신도시 홈페이지

하남 교산 지구 관련 이미지

출처: 한국토지주택공사 3기 신도시 홈페이지

하남 교산 지구 교통 계획

㉮ 송파~하남간 도시철도 건설
(L=12km)
㉯ BRT 신설 및 지구 내 가로변 버스전
용차로 설치(L=12km)
㉰ 동남로 연결도로버스 전용차로 설치
(편도)(L=26km)
㉱ 교산지구 환승시설
㉲ 중앙보훈병원역 환승시설
㉳ 하남드림휴게소 환승시설
❶ 객산터널~국도43호선(L=1km)
❷ 서울~양평고속도로 부분 확장
(L=4.7km)
❸ 신팔당대교
❹ 서하남로 확장(L=1.4km)
❺ 동남로연결도로(L=2.6km)
❻ 황산~초이간도로(L=2.1km)
❼ 국도43호선 도로 확장 및 개선
(L=5.4km)
❽ 천현로 교량 확장(L=0.1km)
❾ 감일지구~고골 간 도로(L=1.8km)
❿ 동남로 확장 및 개선(L=3.7km)
⓫ 서하남IC 입구 교차로 부분 확장
(L=0.2km)
⓬ 위례성대로TSM
⓭ 초이IC 북방향 연결로

출처: 한국토지주택공사 3기 신도시 홈페이지

+ 5호선 하남시청역과 연결되며, 서울 접근성이 매우 뛰어남.

+ 광주향교 등 기존의 역사 문화 자원과 신규 건설 예정인 역사문
화박물관을 연계하여 교육과 관광 등 문화 콘텐츠 발굴.

+ 첨단 산업 및 스타트업 창업 생태계 조성 예정.

+ 서울-세종 고속도로가 2025년까지 완공 예정(구리-안성 구간은
2022년 개통 예정).

+ 도보로 10분 이내 지하철을 이용할 수 있는 컴팩트 시티로 계획.

04 인천 계양

- 위치: 인천광역시 계양구 귤현동, 동양동, 박촌동, 병방동, 상야
  동 일원
- 면적: 3,331,714㎡(약 1,008,000평)
- 주택: 17,000호   인구: 39,000명   사업 기간: ~2026년

인천 계양 지구 위치도

출처: 한국토지주택공사 3기 신도시 홈페이지

인천 계양 지구 관련 이미지

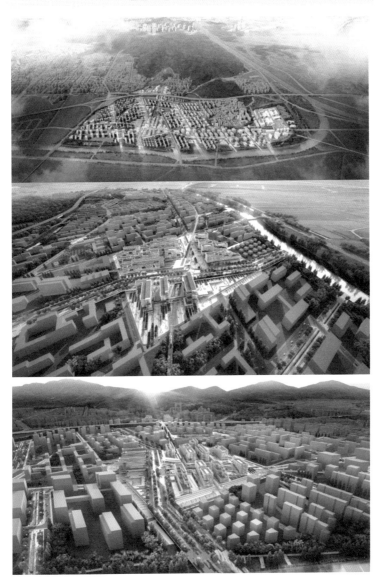

출처: 한국토지주택공사 3기 신도시 홈페이지

인천 계양 지구 교통 계획

1. S-BRT 등 신교통수단 신설(김포공항역 ~박촌역)
2. 국도39호선(벌말로) 확장
3. 국도39호선 연계도로 신설
4. 경명대로 확장
5. 인천공항고속도로 IC 신설(접속도로)
6. 장제로 기능개선(확장 및 교차로 개량)
7. 장제로 확장
8. S-BRT 등 신교통수단 신설(계양지구~ 부천)
9. 청라-강서 BRT 연계노선 신설
10. 경명대로 신설
11. 대장안지구 연결도로 신설
12. 오정로 확장
13. 소사로 확장
14. 고강IC 연결도로 신설
15. 고강IC 신설
16. 봉오IC 신설
17. 오정IC 신설
18. 내동지하차도 신설
19. 신일지하차도 신설
- 환승시설 설치(부천종합운동장)
- 서울간선도로 TSM
- 대중교통 운영 지원 및 회차 공간 확보

출처: 한국토지주택공사 3기 신도시 홈페이지

+ 교통편의 극대화한 초연결 도시 건설 계획.

+ 도심형 첨단 산업 거점·직주 근접형 주거 단지 2개 축 개발(인천 계양테크노밸리).

+ 대곡–소사 복선, 광명–서울 고속도로 개통 예정.

+ 모든 생활권 200m 내 공원 녹지 이용 가능.

05 고양 창릉

- 위치: 고양시 덕양구, 원흥동, 동산동, 용두동, 향동동, 화전동, 도내동, 행신동, 화정동 일원
- 면적: 8,126,948㎡(약 2,460,000평)
- 주택: 38,000호   인구: 92,000명   사업 기간: ~2029년

고양 창릉 지구 위치도

출처: 한국토지주택공사 3기 신도시 홈페이지

고양 창릉 지구 관련 이미지

출처: 한국토지주택공사 3기 신도시 홈페이지

고양 창릉 지구 교통 계획

- ㉮ 고양~서울 은평 간 도시철도 건설
  (고양시청~새절역)
- ㉯ GTX-A 창릉역 신설
- ㉰ 대곡~고양시청 신교통수단 신설
- ㉱ 고양시청~식사지구 신교통수단
- ㉲ 경의중앙선 증차
- ㉳ 중앙로~통일로 BRT 연계
- ㉴ 화전역 환승시설
- ㉵ 화전역-BRT 정류장 연계
- ㉶ 광역버스 교통체계 개선
- ❶ 일산~서오릉로 연결도로
- ❷ 서오릉로 부분 확장(4차로→6차로)
- ❸ 중앙로~제2자유로 연결도로
- ❹ 수색교 확장(7차로→9차로)
- ❺ 강변북로 확장(10차로→12차로)
- ❻ 덕은2교교차로 개선
- ❼ 서울 간선도로 TSM
- 입주 초기 대중교통 운영 지원

출처: 한국토지주택공사 3기 신도시 홈페이지

+ 고양선 경전철 신설 계획이며 GTX와 서부선과 연결 예정(여의도 25분, 강남 30분 소요).

+ 창릉천 친수 공간 조성 및 망월산 활용하여 창릉 도시 숲 조성 계획(서울숲의 2배 크기).

+ 통일로와 중앙로를 잇는 BRT 운영 예정으로 지하철역으로 빠른 이동 가능.

+ 판교 2배 크기의 자족 용지를 역세권에 배치하여 많은 기업을
  유치할 계획.

06 부천 대장

- 위치: 경기도 부천시 대장동, 오정동, 원종동, 삼정동 일원
- 면적: 3,434,660㎡(약 1,040,000평)
- 주택: 20,000호 인구: 48,000명 사업 기간: ~2029년

부천 대장 지구 위치도

출처: 한국토지주택공사 3기 신도시 홈페이지

부천 대장 지구 관련 이미지

출처: 한국토지주택공사 3기 신도시 홈페이지

부천 대장 지구 교통 계획

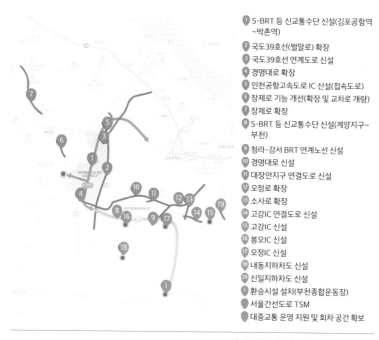

1 S-BRT 등 신교통수단 신설(김포공항역 ~박촌역)
2 국도39호선(벌말로) 확장
3 국도39호선 연계도로 신설
4 경명대로 확장
5 인천공항고속도로 IC 신설(접속도로)
6 장제로 기능 개선(확장 및 교차로 개량)
7 장제로 확장
8 S-BRT 등 신교통수단 신설(계양지구~ 부천)
9 청라-강서 BRT 연계노선 신설
10 경명대로 신설
11 대장안지구 연결도로 신설
12 오정로 확장
13 소사로 확장
14 고강IC 연결도로 신설
15 고강IC 신설
16 봉오IC 신설
17 오정IC 신설
18 내동지하차도 신설
19 신일지하차도 신설
● 환승시설 설치(부천종합운동장)
● 서울간선도로 TSM
● 대중교통 운영 지원 및 회차 공간 확보

출처: 한국토지주택공사 3기 신도시 홈페이지

+ 부천종합운동장역에 복합 환승 센터 설치(여의도 25분, 서울역 30분): 인천 계양, 마곡 지구와 연계한 서부권 기업 벨트 구축.

+ 전체 지분의 30%를 녹지 공간으로 조성할 계획: 그린 플랫폼(자족 업무 시설), 레이크 파크(교육, 문화 중심), 센트럴 파크(공원, 여가 중심)가 공존하는 도시.

07 광명 시흥

- 위치: 광명시 광명동, 옥길동, 노온사동, 가학동 및 시흥시 과림
  동, 무지내동, 금이동 일원
- 면적: 1,271만 ㎡(약 3,840,000평)
- 주택: 70,000호   인구: 161,000명   사업 기간: ~2031년

광명 시흥 지구 위치도

출처: 한국토지주택공사 3기 신도시 홈페이지

+ 대규모 개발 부지(약 7만 호 예정).

+ 뛰어난 서울 접근성 및 광명시 기존 도심의 아파트값 상승세 높음.

08 과천 과천

- 위치: 경기도 과천시 과천동, 주암동, 막계동 일원
- 면적: 1,686,888㎡(약 510,000평)
- 주택: 7,000호   인구: 18,000명   사업 기간: ~2025년

과천 과천 지구 위치도

출처: 한국토지주택공사 3기 신도시 홈페이지

과천 과천 지구 관련 이미지

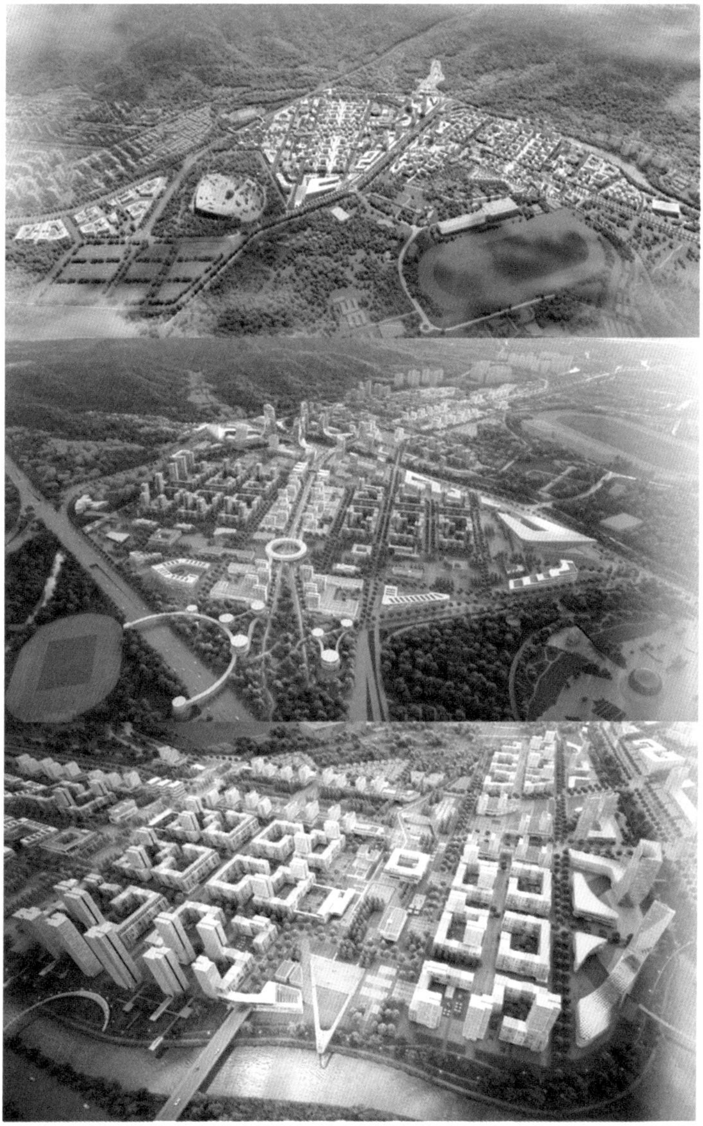

출처: 한국토지주택공사 3기 신도시 홈페이지

과천 과천 지구 교통 계획

⑦ GTX-C 과천청사역 환승역사 신설

⑭ 위례과천선(복정역~정부과천청사역)

⑭ 안양~사당 BRT

⑭ 과천지구 환승시설

❶ 청계산지하차도~염곡IC 도로 구조 개선

❷ 과천~우면산간 도시고속화도로 지하화(경마장대로 횡단구간)

❸ 과천대로~현릉로 연결도로(지구외 구간)

❹ 이수~과천 간 복합터널

❺ 상아벌지하차도 확장 및 통합

출처: 한국토지주택공사 3기 신도시 홈페이지

+ 과천지식정보타운 조성(완료 시 100여 개 기업체가 확충될 예정).

+ 우수한 강남 접근성.

+ 청계산, 관악산 등 친환경 입지 및 서울대공원, 과천국립과학관 등 문화 시설 입지.

09 안산 장상

- 위치: 경기도 안산시 상록구 장상동, 장하동, 수암동, 부곡동, 양상동 일원
- 면적: 2,213,319㎡(약 670,000평)
- 주택: 14,000호   인구: 33,000명   사업 기간: ~2026년

안산 장상 지구 위치도

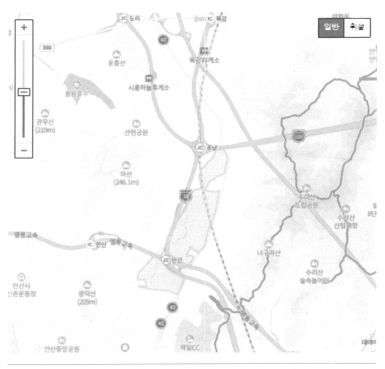

안산 장상 지구 관련 이미지

출처: 한국토지주택공사 3기 신도시 홈페이지

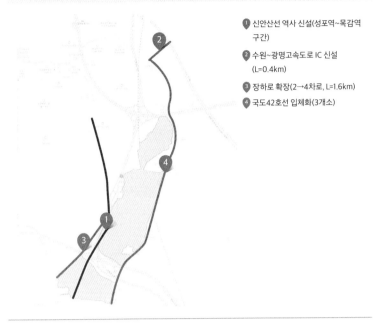

안산 장상 지구 교통 계획

1 신안산선 역사 신설(성포역~목감역
　구간)

2 수원~광명고속도로 IC 신설
　(L=0.4km)

3 장하로 확장(2→4차로, L=1.6km)

4 국도42호선 입체화(3개소)

출처: 한국토지주택공사 3기 신도시 홈페이지

+ 신안산선 개통 예정(2024년): 여의도 25분.

+ 제1순환고속도로, 서해안고속도로, 영동고속도로 등 주요 고속
도로 접근성 우수.

그렇다면 3기 신도시는 과연 언제쯤 입주할 수 있을까? 사업 기간
은 명시되어 있지만, 여러 변수가 있기에 최종 입주 시점을 정확하게
알 수 있는 사람은 없다. 직접 사업을 이끄는 정부 역시 마찬가지다.
이해관계가 얽혀 있어 원활하게 진행되지 않는다면 계획한 대로 진행

되지 않을 수 있다는 뜻이다. 개인적으로 3기 신도시 지연은 결국 공급 리스크가 커지는 것이라 본다. 3기 신도시 입주가 빠를수록 시장은 더 안정화될 테지만, 늦어진다면 엄청나게 오른 집값인 지금의 상태에서 추가 상승이 당연하게 일어날 것이다. 그래서 향후 주택 가격 변동의 중요한 포인트는 3기 신도시의 입주가 과연 언제가 될지다. 단지 3기 신도시만의 문제가 아니라 수도권 전체의 부동산 가격 안정화의 최대 키를 쥐고 있는 셈이다. 또한 수도권 부동산은 전국적으로 영향을 미치기 때문에 현재 대한민국 주택 시장에서 3기 신도시의 입주 시기가 정말 중요하다.

2022년 대선을 앞두고 있다. 그러나 3기 신도시는 여야 막론하고 추진된다. 국민과의 약속이기에 중간에 파기할 수 있는 성질이 아니다. 남은 것은 얼마나 빨리 추진하는가이다. 신도시 공급에 있어 가장 먼저 해야 할 일은 지구 지정된 지역의 토지주들과의 보상 문제이다. 정확한 입주 시기를 예측할 수 없는 가장 큰 이유인 보상은, 덜 주려는 자와 더 받으려는 자의 협상이기 때문이다. 또한 90%가 협상됐다고 하여 공사를 바로 진행할 수도 없다. 끝까지 버티는 사람들이 거의 항상 존재하기 때문이다. 물론 법 절차에 따라 일정 조건이 갖춰지면 강제로 수용할 수 있기는 하나 최대한 협의하는 것이 원칙이기에 시간이 지연되는 것을 막을 수는 없다.

그런데 사람은 계획 단계에서는 거의 모든 것을 낙관적인 시각으로 평가하는 경향이 있다. 생각해보면 우리도 계획을 세워서 제시간에 제대로 달성한 경우가 거의 없지 않은가. 정부도 마찬가지다. 계획은 세웠지만 무산되는 경우도 많고 축소되거나 연기되는 경우는 더욱 많다. 3기 신도시의 입주 시기는 빠른 것은 2025년(과천)부터이고, 늦는 것은 2031년(광명)이다. 앞으로 5~10년 뒤에 입주한다는 계획이고 2027~2028년에 가장 많은 입주를 할 예정이다. 하지만 개인적인 생각으로는 그 3년 정도 뒤인 2030~2031년에 입주가 많고 2035년경은 되어야 최종 마무리가 될 것으로 본다. 긴 호흡의 프로젝트는 그만큼 지연 리스크가 크다. 하루빨리 신도시 입주를 바라지만 그렇다고 현실적인 부분을 간과하며 낙관적으로 희망 회로를 돌리고 싶지는 않다.

지금의 공급 부족은 몇만 세대 입주한다고 해결될 문제가 아니다. 그렇기에 대규모 공급이 필요하다. 정말 운 좋게 계획대로 2025년에 입주를 시작한다고 해도 이는 수천 세대에 불과할 것이기 때문에 가격 하방 압력의 요인이 되기에는 부족하다. 그래서 현시점(2021년 7월)에서 적어도 5년은 수도권 부동산의 가격이 하락하기 힘들다고 주장하는 것이다. 여기에 내 예상대로 신도시가 늦어진다면 가격 상승은 더 길어질 수 있다. 자칫 생각하면 2013년 9월 이후 만 8년이 상승했는데 이후에도 5년 이상 더 오른다면 거의 13년간 우상향한다는 뜻인데 이게 과연 가능할지에 대한 의심이 직관적으로 들 것이다.

과거의 가격 상승 기간 최대치는 6년이라고 한다. 그러니까 6년 정도 상승한 후에는 최소한 크든 작든 보합이 되었든 조정기가 왔다는 뜻이다. 그런데 현재 8년 상승, 그리고도 앞으로 5년을 더 오른다고 주장하는 것이다. 맞다. 하지만 그것도 최소한이다. 신도시 공급이 늦어지면 앞으로 5년이 아니라 10년을 더 상승할 수도 있다.

물론 우리는 다른 변수는 고려하지 않았다. 부동산을 움직이는 변수는 무척 많다. 대출 환경, 금리의 변동, 시중 유동성, 부동산 정책 및 법률의 변화 등이다. 하지만 가장 중요한 것은 책 전반에 걸쳐 가장 많이 나오는 키워드인 '공급'이며 그중에서도 총공급량이다. 신도시는 물리적인 시간이 있기 때문에 빨라야 5~6년이다. 그렇다면 그 전에 가격을 안정화시키려면 기존 물량이 나와야 한다. 즉 보유자들이 팔아야 한다. 하지만 보유자들은 양도세 완화 전에는 팔 생각이 없다. 그래서 다음 대선도 무척 중요하다.

나는 정치에 관심이 없다. 그냥 그쪽에 흥미가 없다. 솔직히 어느 쪽이 되든 관심 없지만, 부동산에 미치는 영향은 양 정당이 판이하다. 그래서 결과가 궁금하긴 하다. 여당 유력 대권 후보들의 부동산 관련 공약을 보면 현재 정부의 큰 정책 기조와 별반 다르지 않다. 거칠게 해석하면 지금과 같은 방식으로 운용된다. 결국 양도세 완화는 없고 민간 공급을 풀어주지 않으니 추가 공급이 어렵다. 공공이 주도적으로 공급하겠다고 하지만 우리가 최근 계속 보다시피 주택 공급은 민간의 도움 없이 공공 주도로는 그 한계가 명확하다.

결론은 핵심 지역의 가격은 더 오른다는 것이다. 강남의 아파트 가격이 현재 대부분 평당 1억 원이 넘었는데, 일부 핵심 단지 중 평당 2억까지 가격이 상승한 아파트가 탄생하는 기간이 내년 대선 이후 4년이 채 안 걸릴 것이다. 현 정부의 기조는 투기 수요 억제와 징벌적 세금이다. 하지만 부작용으로 공급이 급감한다. 그래서 가격은 계속 오른다. 그 와중에 정부 역시 세수가 엄청나게 늘어난다. 늘어난 세수는 복지로 쓰인다. 그래서 저소득층의 생활에 도움을 준다. 하지만 근근이 주는 지원금으로는 저소득층에게 생활의 변화를 주는 근본적인 해결책이 안 될 것 같다.

하지만 지금 정부보다 더 강력한 정책도 나올 가능성도 있다. 현 정부도 역대 최강의 부동산 규제책을 쓰고 있다. 정책이 나올 때마다 놀라움을 금치 못했다. 물론 결과적으로 주택 총공급량 증가에 소홀해 대부분 실패했지만, 의지만큼은 대단해 보였다. 다음 정부가 지금보다 더 강력한 정책을 쓴다면 어떤 것일까? 양도세를 지금보다 더 올리고, 재산세·종부세 역시 올리는 것이다. 매물은 완전히 씨가 마를 것이고, 보유세가 부담스러운 일부 매도 물량만 거래될 것이다. 이 상황에서 공급이 부족하다면 올라간 세금만큼 더 많은 크기로 호가를 부를 것이고 거래량은 부족하지만, 거래마다 신고가를 경신할 것이다.

양도세와 보유세 강화를 통해 집값 안정화를 이루고 싶다면 반드시 필연적으로 그리고 선제적으로 공급을 충분히 확보해야 한다. 그래야지만 양도세 강화로 매물 잠김 현상이 일어나도 공급 부족이라는 사달이 나지 않는다. 이렇게 되면 가격도 안정되면서 투기 수요도 점차 사라지게 된다. 왜냐하면 가격도 잘 오르지 않고 올라보았자 세금이 과도하여 부동산 투자에서 손을 점점 떼게 되기 때문이다. 그러니 현 정부의 가장 큰 실책은 공급 물량 미확보 상태에서 양도세를 강화한 점이다. 수요를 줄였지만 공급은 더욱 줄여버리는, 그래서 결국엔 수요를 줄였음에도 여전히 공급이 더 많은 양상을 인위적으로 만들어버린 것이다.

이는 순서가 잘못된 것으로 볼 수 있다. 정부의 정책이 제대로 된 효과를 보기 위해서는 공급에 대한 대책을 완벽하게 준비한 후 수요를 억죄는 정책을 사용했어야 했다. 그랬다면 지금과는 사뭇 다른 결과를 만들어냈으리라 확신한다.

3기 신도시를 준비하는 분들은 정부 계획보다 시간이 더 소요될 것이라는 점을 미리 인지했으면 좋겠다. 다시 강조하지만 내가 그걸 원하는 것이 아니라 보통 그 정도 소요되는 경우가 많았기 때문에 이에 대해 충분히 대비하며 각자 계획을 짜고 준비를 하라는 의미다.

핵심 포인트 정리

+ 무주택자는 비록 가격이 부담스럽지만 3기 신도시 청약 당첨이 되면 큰 프리미엄을 얻을 수 있다. 그러나 정부 발표나 여러분 생각보다는 입주까지 더 오랜 시간이 걸릴 것이니 이를 인지하고 계획을 세워야 한다.

+ 지금 집을 살 여력이 있는 분들은 3기 신도시 청약보다 지금 당장 적당한 집을 찾아서 사는 것이 훨씬 좋은 전략이다. 왜냐하면 3기 신도시 당첨이 불확실하고 본 청약 때 가격이 올라갈 가능성이 크므로 구축이라도 매수를 빨리하는 쪽이 상대적으로 더 큰 수익을 챙길 수 있기 때문이다.

	투기과열지구	조정대상지역
서울	전 지역(17.8.3.)	전 지역(16.11.3.)
경기	과천(17.8.3.), 성남분당(17.9.6.), 광명 하남(18.8.28.), 수원, 성남수정, 안양, 안산단원, 구리, 군포, 의왕, 용인수지 기흥 동탄2*1)(20.6.19.)	과천, 성남, 하남, 동탄2(16.11.3.) 광명(17.6.19), 구리, 안양동안 광교지구(18.8.28.), 수원팔달 용인수지 기흥(18.12.31) 수원영동-권선-장안, 안양만안 의왕(20.2.21.) 고양, 남양주*2), 화성, 군포, 부천, 안산, 시흥, 용인처안*3), 오산, 안성*4), 평택, 광주*5), 양주*6), 의정부(20.6.19.), 김포*7)(20.11.20), 파주*8)(20.12.18.)
인천	연수, 남동, 서(20.6.19)	중주9), 동 미추홀, 연수, 남동, 부평, 계양, 서(20.6.19)
부산	-	해운대, 수영, 동래, 남, 연제(20.11.20), 서구, 동구, 영도구, 부산진구, 금정구, 북구, 강서구, 사상구, 사하구(20.12.18)
대구	수성(17.9.6)	수성(20.11.20) 중구, 동구, 서구, 남구, 북구, 달서구, 달성군*10)(20.12.18)
광주	-	동구, 서구, 남구, 북구, 광산구(20.12.18)
대전	동, 중, 서, 유성(20.6.19)	동, 중, 서, 유성, 대덕(20.6.19)
울산		중구, 남구(20.12.18)
세종	세종(17.8.3)	세종*11)(16.11.3)
충북		청주*12)(20.12.18)
충남	-	천안동남*13) 서북*14), 논산*15), 공주*16)(20.12.18)
전남	-	여수*17), 순천*18), 광양*19)(20.12.18)
경북	-	포항남*20), 경산*21)(20.12.18)
경남	창원의창*22)(20.12.18)	창원성산(20.12.18)

1) 화성시 반송동·석우동, 동탄면 금곡리·목리, 방교리·산척리·송리·신리·영천리·오산리·장자리·중리·청계리 일원에 지정된 동탄2택지개발지구에 한함.
2) 화도읍, 수동면 및 조안면 제외
3) 포곡읍, 모현읍, 백암면, 양지면 및 원삼면 가재월리·사암리·미평리·좌항리·맹리·두창리 제외
4) 일죽면, 죽산면, 삼죽면, 미양면, 대덕면, 양성면, 고삼면, 보개면, 서운면 및 금광면 제외
5) 초월읍, 곤지암읍, 도척면, 퇴촌면, 남종면 및 남한산성면 제외
6) 백석읍, 남면, 광적면 및 온현면 제외
7) 통진읍, 대곶면, 월곶면 및 하성면 제외
8) 문산읍, 파주읍, 법원읍, 조리읍, 월롱면, 탄현면, 광탄면, 파평면, 적성면, 군내면, 장단면, 진동면 및 진서면 제외
9) 을왕동, 남북동, 덕교동 및 무의동 제외
10) 가창면, 구지면, 하빈면, 논공읍, 옥포읍, 유가읍 및 현풍읍 제외
11) 건설교통부고시제2006-418호에 따라 지정된 행정중심복합도시 건설 예정지역으로「신행정수도 후속대책을 위한 현기·공주지역 행정중심복합도시 건설을 위한 특별법」제15조 제1호에 따라 해제된 지역을 포함
12) 낭성면, 미원면, 가덕면, 남일면, 문화면, 남이면, 현도면, 강내면, 옥산면, 내수읍 및 복이면 제외
13) 목천읍, 풍세면, 광덕면, 북면, 성남면, 수신면, 병천면 및 동면 제외
14) 성환읍, 성거읍, 작산읍 및 입장면 제외
15) 강강읍, 연무읍, 성동면, 광석면, 노성면, 상월면, 부적연, 연신면, 벌곡면, 양촌면, 가야곡면, 은진면 및 채운면 제외
16) 유구읍, 이인면, 탄천면, 계룡면, 반포면, 의당면, 정인면, 우성면, 사곡면 및 신풍면 제외
17) 돌산읍, 율촌면, 화양면, 남면, 화정면 및 삼신면 제외
18) 승주읍, 황전면, 월등면, 주암면, 송광면, 외서면, 낙안면, 별량면 및 상사면 제외
19) 봉강면, 옥룡면, 옥곡면, 진상면, 진월면 및 다입면 제외
20) 구룡포읍, 연일읍, 오천읍, 대송면, 동해면, 장기면 및 호미곶면 제외
21) 하양읍, 진량읍, 압량읍, 화촌면, 지인면, 용성면, 남신면 및 남천면 제외
22) 대신면 제외

출처: 국토교통부

Part 3

그래서, 어떤 부동산을 사야 할까?

최근의 부동산 흐름을 예의주시하며 보아온 분들은 잘 알겠지만, 요즘은 특정 호재가 있어서 가격이 오르는 것이 아니다. 주변이 하도 오르니까, '그럼 나도 한번 올라볼까?' 하면서 마법처럼 가격이 올라간다. 이는 최근의 가격은 가치 투자 중심이 아닌 유동성 흐름에 의한 상승이라는 것을 방증한다. 그러니 사실 어떤 부동산을 사야 하는지가 중요한 시점은 아니다. 내가 가진 돈에 맞춰 최대한 좋은 지역을 하루라도 빨리 선점하는 것이 가장 좋은 투자법이다. 항상 그런 것은 아니고 최근의 투자 방향이 그렇다는 뜻이다.

　강남 등 초핵심 지역이 엄청 오르다가 너무 오르니 눈높이를 살짝 낮춰서 마포·성동·동작으로 몰려 이 지역이 상승한다. 이곳의 가격도 급등하니 살짝 낮은 평가를 받는 광진구·강동구·동대문구 등이 상승하고 이어서 은평구·노도강(노원·도봉·강북)·금관구(금천·관악·구로)가 상승한다. 상승 물결이 서울을 한 바퀴 휩쓸면 경기도가 상승하고 경기도가 과열되면 다시 서울로 진입하여 재차 상승한다.

　수도권뿐 아니라 지방도 비슷한 패턴으로 밀어주고 당겨주며 서로를 견인한다. 결국 1년, 2년 내로 매도하는 단타성 투자가 아니라면 어디를 사도 무방하다는 표현이 틀리지 않다. 1~2년 내로 매도하면 양도세(지방세 포함)가 중과(1년 미만 77%, 2년 미만 66%)되기에 부동산 가격이 많이 상승한다 해도 손에 쥐는 것이 별로 없다. 그러니 최소한 3~5년 정도는 보유했다가 팔아야 적절한 수익을 누릴 수 있다. 그런데 2013년부터 이어온 엄청난 부동산 가격의 상승으로 2021~2022년이 되어서야 내 집 장만을 하려는 분들에게는 커다란 부담이 생겼다. 그러니 강남이 좋다, 한강변이 좋다, 용산이 좋다고 해봐야 대부분의 사람에게는 그림의 떡이다. 그래서 이런 점을 고려해 현실적인 자금으로 투자할 수 있는 유망 있는 지역을 선별해보려고 한다. 여러분도 알고 나도 알고 있는 초핵심 지역은 자금 사정을 고려하여 가능한 한 제외하려고 했다. 물론 이런 지역에 투자할 수 있는 여력이 된다면 다음에 열거할 지역보다 우선순위가 빠르다는 점을 미리 밝혀둔다.

서울권

01 재건축 효과와 개선되는 교통환경, 노원구
(재건축 대상 아파트)

노원구는 서울의 동북권 위쪽에 자리 잡아 입지가 좋지 않은 영향으로 인해 수년 전만 해도 가격이 무척 낮은 지역이었다. 하지만 대부분의 아파트가 1980년대 후반~1990년대 초반에 지어져 30년 연한이 채워지며 재건축에 대한 기대감이 높아졌다. 더불어 대표적인 베드타운 지역이었지만 창동 기지창 개발이 가시화되며 회사들의 입주가 기대되기 시작하며 관심을 끌었고 GTX, KTX 및 동북선 경전철 등의 교통 호재까지 생겨났다. 더불어 타 지역에 비해 현저히 낮은 매매 금

동북선 경전철 노선도

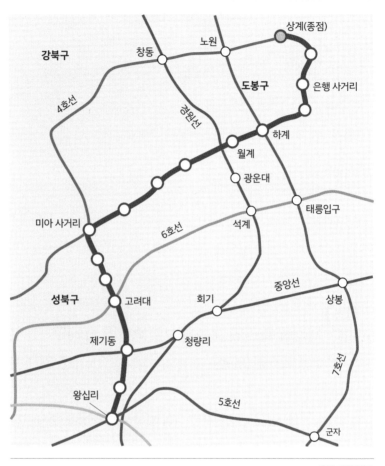

출처: 서울특별시

액과 갭 투자액은 투자자를 끌어들이기에 충분히 매력 있는 부동산이 되었다.

2018년부터 조금씩 오르던 금액은 최근 몇 년 사이 급등했지만 여전히 상승 가능성이 높은 지역이다. 특히 주공아파트 2만 6,000여 세대를 포함하여 재건축을 기대하는 세대수만 4만 채에 이르는 곳으로서 개발될 때 신도시 하나를 서울 내에 새롭게 짓는 것과 같은 효과가 생길 것으로 기대된다. 그래서 목동처럼 택지 개발 지구로서 대규모로 개발된다면 엄청난 시너지가 날 것으로 예상된다. 몇 년 사이 올라 이제는 소액이라 말하기 힘들지만 여전히 타 지역에 비해 잠재력 대비 가격은 저렴하다고 판단된다.

상계 주공, 창동 주공 등 주공아파트만 해도 19단지까지 포진되어 있는데 각각의 아파트가 이미 2,000세대급이 넘는 대단지가 대부분이다. 개발된다면 엄청난 규모의 대단지가 즐비한 모습이 될 것이고 가격도 무척 높을 것으로 볼 수 있다. 최근 수원, 용인, 동탄 등 서울 외곽 지역의 33평형 아파트 실거래 가격이 15억 원을 넘기는 것을 쉽게 볼 수 있다. 이에 비해 인서울에 자리 잡은 대단지 새 아파트라면 이들의 가격 이상이 될 것이 확실해 보이므로 현재의 오른 금액을 감안해도 여전히 투자 대상이라 볼 수 있다.

가격에 참고할 만한 아파트로는 주공 8단지를 재건축하여 2020년 12월에 입주한 포레나노원아파트가 있다. 최근 거래 사례는 25평형이 10억 3,000만 원(2021년 6월, 14층)으로 거래되었다. 33평형은 실거래 사례가 없으나 25평형의 실거래가 기준 평당가인 4,120만 원을 기준으로 단순 계산해보면 약 13억 6,000만 원으로 볼 수 있다. 현재 호가는 14억 5,000만~15억 원 선으로 형성되었다. 33평 기준 5억 중반에 분양했으니 프리미엄만 약 8억~9억 원 선으로 볼 수 있다. 이렇게 새 아파

창동 차량기지 개발 조감도

출처: 서울특별시

트 프리미엄이 높아지면 주변 재건축 대상 아파트의 일반 분양 가격도 높아지기 때문에 사업성이 좋아지고 가격이 오르는 것은 자연스러운 결과다. 만약 8단지가 입주하지 않았다면 이 지역 아파트 가격에 대한 사람들의 고정관념 때문에 아마도 현재의 금액까지 다다르지 못했을 가능성이 무척 높다. 그러나 8단지의 선전과 재건축 임박 및 다양한 개발 호재로 인해 노원구를 바라보는 시선은 완전히 달라진 상태다.

그렇다면 수많은 단지 중에서 어떤 단지를 사야 할까? 이것에 대한 나의 견해는 너무 고민하지 말고 금액에 맞게 투자하면 된다는 것이다. 무책임한 발언이라고 생각할지 모르겠지만 정말 그렇다. 예를 들어 1·2단지보다 3단지가 표면적으로는 더 나은 단지다. 역세권이고 지분이 크고, 편의 시설에 가까우며 창동 기지창 개발지와도 더 근접하기 때문이다. 하지만 시장은 정직하다. 좋은 것은 가격이 비싸다. 그렇기에 다른 단지보다 수천만 원 더 비싸게 거래가 되고 있다. 그러니까 3단지의 가격이 오르면 1·2단지 및 그 외의 단지들이 가격이 따라가는 구조다. 결국 어떤 것을 사더라도 순차적으로 가격이 오르기 때문에 금액에 맞게 구입하면 괜찮다. 물론 단기적으로, 즉 1~2년 내로 팔아야 하는 등의 상황이면 과거 가격 데이터를 비교하여 현시점에 가장 적절한 단지를 선택하는 노하우는 있으나 작금의 상황은 1~2년 단기 차익을 노리는 투자는 고려하지 말아야 한다. 알다시피 단기 매매의 양도세율이 과도하여 적절한 투자 수익을 얻기가 어렵기 때문이다.

내가 말하는 투자 기간은 최소한 5년에서 10년 정도의 투자를 말하는 것이다. 10년 이상의 초장기 투자를 희망하는 분들이라도 어떤 단지를 선택하든 결과는 좋겠지만, 그래도 약간의 팁을 더 드리자면 금액이 비싸더라도 단지가 좋은 것을 택할 것을 권한다. 이는 예를 들어 좋은 단지와 덜 좋은 단지의 가격 갭이 지금은 1억 원이지만 나중에 입주하고 나서는 3억 원 수준으로 벌어지기 때문이다. 그렇기에 내 자금상 갈 수 있는 가장 좋은 단지를 선택하는 것을 조금 더 추천한다.

하지만 만약 좋은 단지가 1억 원이 아니라 2억 원 정도나 더 비싸고 기간도 15년 이상이 걸리는 것을 가정해본다면 2억에 대한 15년치 기회비용을 고려해야 하므로 상대적으로 신축이 된 이후 다소간 더 올랐다고 해도 반드시 이익이라고 볼 수 없는 상황도 발생할 수 있기에 절대적인 법칙은 아니고 여러 가지 요소나 현황을 잘 파악해서 최종 결정해야 한다.

그보다는 최근 분위기로는 더 좋은 단지로 평가받는 A단지의 아파트를 구입하려 하는데 매물이 나오지 않아 기다리는 상황이라면 비슷한 상황의 옆 B단지를 빨리 구입하는 것이 3~4개월 기다렸다가 A단지를 구입하는 것보다 더 나은 선택이라는 것이다. 수개월의 기간만으로도 몇천만 원씩 뛰는 사례가 너무 많기에 기다렸다가 놓치는 경우도 부지기수고 더 좋은 단지에 물건이 나왔다 하더라도 시간이 지났

안전 진단 통과 현수막이 붙은 상계 주공아파트 전경

출처: 지역 부동산

기에 전보다 비싼 가격에 매수한다면, 덜 좋지만 수개월 전 금액으로 투자한 사람보다 수익률이 더 낫지 않는 경우가 많기 때문이다. 상계 주공, 노원 주공 아파트들은 안전 진단 단계로서 아직 초기 수준이지만 앞으로의 행보가 기대되는 아파트이다. 단계가 더 진척될수록 기다림의 지루함은 덜 하겠지만 더 많은 자금이 소요된다는 점을 고려하면 내재 가치가 높은 상품은 빨리 살수록 이득이 커진다.

02 대표적인 서울의 미개발지, 중랑구
(재개발 혹은 재건축 대상의 빌라 및 아파트)

중랑구는 서울의 대표적인 미개발지이자 서울 25개 구 중 아파트 가격 순위 탈꼴찌를 위해 매년 노력하는 낙후 지역이다. 그런 중랑구가 점차 달라지고 있다. 여전히 기대한 것보다는 개발 속도가 느리지만 하나둘씩 나오는 신축 아파트의 가격이 대단하다. 2020년 7월에 입주한 면목동의 사가정 센트럴아이파크(1,505세대) 실거래가는 14억 원이다. 2017년 말경 분양가 평균이 5억 원 후반 수준임을 감안하면

사가정 센트럴아이파크

출처: HDC현대산업개발

4년의 시간 동안 8억 원 이상이 상승했다는 말이다.

그동안 제대로 된 신규 아파트가 없었는데 센트럴아이파크를 통해서 신규 아파트가 공급될 경우 어느 정도 가격이 형성될지 감을 잡았다. 중랑구에서 14억 원이면 불과 수년 전만 해도 상상도 못 할 금액이다. 4년 전 분양 가격이 5억 원대였으니 말해 무엇하랴? 그러니 중랑구가 그동안 개발이 되지 않은 것도 십분 이해가 간다. 개발을 열심히 해봤자 새 아파트가 5억 원대라고 하면 무슨 수익성이 있겠는가? 개발이 더딜 수밖에 없었을 것이다. 열심히 노력해서 재개발했는데 수익도 적고 혹은 손해가 날 수도 있고 이런 상황이면 주민들이 적극성을 띨 리가 없다. 그런데 신규 아파트가 등장하더니 가격이 무려 14억에 달했다.

이런 상황이면 사업성이 크게 증대되었기 때문에 이제 중랑구 지역도 발 빠르게 움직여 재개발·재건축이 활성화될 것이다. 특히 최근 공공 재개발에 관심이 커지면서 노후 지역을 중심으로 재개발을 추진하는 지역이 무척 많아졌다. 추진한다고 해서 모두 재개발되는 것은 아니겠지만 많은 사람이 관심을 두게 되고 수요로 편입되면 가격은 올라가기 마련이다. 그리고 10개 지역 중에 1곳만 재개발에 성공한다 해도 그 지역은 소위 투자 대박이 난 지역으로 주변 투자에 미치는 파급력은 상당히 크다. 그래서 중랑구의 전반적인 개발 기대감이 커지며 빌라 가격도 높아질 것이다.

노원구, 도봉구, 강북구 및 금천구 등의 가격 상승도 중랑구의 전반적 부동산 가격을 끌어 올려주는 데 도움이 된다. 주로 20위권 밖에 있던 구들이 최근 가격 상승을 견인하고 있다. 중랑구는 이들과 입지적인 공통점은 없으나 비슷한 수준의 지역이라는 인식에 묶여 있다. 따라서 이들 지역 가격이 오르면 중랑구도 재평가받을 수 있다.

　서울과 초근접한 판교, 과천, 위례 등의 가격이 서울과 비슷한 행보를 보이는 것은 충분히 이해가 간다. 하지만 서울과 접근성이 높다고 할 수 없는 용인, 수원, 동탄 등에서의 15억 원대 실거래 가격은 서울 일부 지역이 여전히 저평가라는 걸 인식시켜준다. 물론 이들 지역이 GTX를 비롯한 다양한 호재에 힘입어 가격이 올랐다는 걸 부정할 수 없다. 반면 서울은 호재가 없기에 가격이 역전될 수도 있다고 생각한다. 그러나 지금 중랑구에서도 설명하고 있지만 서울은 재개발·재건축이 비상할 준비를 하고 있다. 정부 규제에 묶여 날개를 크게 펴지 못하고 있지만 결국 시간문제다. 앞서 언급했듯 정책 규제가 재개발·재건축의 내재 가치까지 떨어뜨리지 못하기 때문이다. 그동안 빛을 보지 못했던 서울 외곽 지역 재개발·재건축은 반드시 눈여겨보아야 할 대상이다.

03 새로운 교통의 허브, 동대문구(청량리역 부근)

동대문구는 수년 전부터 상당한 인기를 끌고 있다. 그중에서도 청량리역 부근은 꾸준히 개발되어 교통의 허브로 자리 잡고 있어 현시점에서 크게 더 상승할 것으로 보인다. 여전히 '동대문' 하면 부자 동네라는 인식은 없지만, 실제 모습은 과거에 비해 크게 발전되었으며 앞으로도 발전은 계속될 것이다. 또한 개발 예정지가 많아 하나둘씩 실행된다면 시각적으로 크게 변모할 것이고 그런 경우 사람들의 인식도 변화될 것으로 기대된다.

청량리역은 향후 개통 예정인 역까지 무려 8개 이상의 지하철 노선(KTX, 1호선, 경의중앙선, 경춘선, 분당선 및 예정되어 있는 GTX-B·C노선, 면목선)이 들어올 예정으로 청량리와 춘천의 경춘선을 이어 속초까지 연결될 '춘천-속초선'까지 완공되면 그야말로 동서와 남북을 모두 잇는 사통팔달 교통의 요지가 될 예정이다.

이렇게 노선이 많이 들어서면 환승도 복합해지고 유동 인구도 많아져 복합 환승 센터를 지어야 할 필요성이 생긴다. 복합 환승 센터의 사전적 정의는 "열차와 항공기, 선박, 지하철, 버스, 택시, 승용차 등 교통수단 간 원활한 연계 및 환승, 상업, 업무 등을 복합적으로 지원하기 위해 환승 시설 및 환승 지원시설을 한 장소에 모아놓은 곳"이다. 즉 환승의 원활함을 위한 곳이기도 하지만 상업·업무 시설도 포함된다. 그렇기에 이러한 역은 민간 자본을 활용한 민자 역사로 개발되

과거 청량리역과 민자 역사로 바뀐 청량리역의 모습

어 거대한 쇼핑 복합 문화 시설로 탈바꿈하게 된다. 청량리역의 예전 모습과 지금 모습은 엄청나게 다르다.

교통은 부동산 가격에 큰 영향을 주는 요소이다. 최근 경기권의 가격이 서울 못시않게 싱승하는 이유 중 하나도 교통의 발달로 인한 시간 거리가 단축되었기 때문이다. 청량리에서는 서울의 3대 핵심 권역인 도심권(1호선), 여의도권(GTX-B), 강남권(GTX-C, 분당선) 진입이 모두 수월하고, 경춘선 등으로 강원도의 진입도 편해 발전 가능성이 매우 크다.

사실 청량리는 예전에는 도심권역으로 크게 번성했던 곳이다. 다만 세월이 지나며 강남을 비롯한 다른 지역이 성장했던 것에 비해 오래된 구도심으로서 정체하다 보니 가격도 뒷받침해주지 못한 결과를 낳았다. 이제 과거를 벗고 새롭게 도약하고 있으며 가격도 상당히 상승할 조짐을 보인다. 전농·답십리 뉴타운 등으로 개발이 시작됐지만, 여전히 노숙자가 거리에 많이 보이고 주변 주거 환경이 정비가 안 되는 등 쾌적성 면에서 불편한 점이 있었다. 또한 동대문구 하면 떠오르는 아직은 '지저분한 동네'라는 인식이 사라진 것도 아니다. 그러나 청량리역과 왕십리 사이의 주거 환경 개선이 안 된 지역에 대한 정비가 하루가 다르게 진행되고 있다.

청량리역 바로 옆에 지어져 2023년 7월경 입주 예정인 롯데캐슬 SKY-L65는 이름 그대로 65층에 200m 높이의 위용을 자랑한다. 부근에도 비슷한 시기에 입주 예정인 청량리역 해링턴플레이스(2023년 1월경 입주 예정), 청량리역 한양수자인192(2023년 5월경 입주 예정) 등도 엄청난 인기 속에 분양이 완료되었다. 이렇게 높은 마천루가 즐비하게 되면서 주변 일대도 탈바꿈하고 있다. 기존에는 낡은 주택이나 시장 등이 있었던 곳이지만, 시각적으로나 환경적으로 청량리역 일대가 크

청량리역 롯데캐슬 SKY-L65 조감도

청량리역 한양수자인192 조감도

청량리역 해링턴플레이스 조감도

게 변하고 있기에 사람들의 평가도 날이 갈수록 달라지고 있다. 이에 맞춰 가격이 상승 중이지만 여전히 향후 상승분에 비해서는 저평가라고 판단된다.

우리나라에서 가장 비싼 곳이라 불리는 강남 3구(강남구, 서초구, 송파구) 다음으로 인기 있는 트리오는 강북의 마용성이고 이는 마포구와 용산구와 성동구를 뜻한다. 그런데 한때 이들과 함께 청량리까지 묶어 청마용성으로 부르기도 했다. 그만큼 청량리 부근이 높은 가치를 인정받고 있다는 것이다. 전농·답십리 뉴타운 지역 및 청량리역 북쪽으로 많은 재건축과 재개발이 진행된다. 최종 완성되는 시점까지는 시간이 좀 더 필요하지만, 모두 입주하고 교통이 하나둘씩 자리 잡는다면 마용성 부럽지 않은 시세를 만들어낼 수 있는 잠재력이 큰 지역이다.

04 무궁무진한 개발 잠재력, 영등포구 문래동

　영등포구의 전성기는 1960~1970년대 국가적 차원의 중공업 육성 정책 시대다. 이때는 일자리도 도심 외 지역 중에서 가장 많았고 땅값도 상당히 높았을 시기다. 강남이 영동이라 불리는 것도 영등포의 동쪽이라는 의미니 당시 영등포의 위상은 실로 대단했다. 하지만 강남과 압구정, 잠실, 여의도 등이 개발되고 모든 인프라가 이곳들에 집중되자 전세는 역전됐다. 또한 중공업이 중요하긴 하나 굳이 공장이 그곳에 있을 필요가 없게 되었다. 서울의 인구는 폭발적으로 늘어 아파트를 지어야 할 땅에 공장이 있는 영등포 공업 지역은 애물단지 취급을 받게 된다. 그래서 서울시는 2008년경 조례를 개정하여 준공업 지역에 아파트를 지을 수 있게 허용하고 예전의 소위 굴뚝 공장은 지식산업센터(구 아파트형 공장)로 탈바꿈시켜 효율적인 토지 이용을 하기에 이른다.

　아파트는 사람이 사는 곳이다. 사람이 살기 위해서는 쾌적한 환경이 필수다. 그런데 영등포는 공장이 많다 보니 아파트만 덩그러니 짓는다고 하면 입주 선호도가 떨어진다. 그래서 정부와 서울시는 준공업 지역에 여러 가지 인센티브를 부여하면서 사업을 활성화하기 위해 노력했고 이러한 혜택을 부여받은 성수동, 창동, 영등포구, 강서구, 구로구, 금천구 등지의 준공업 지역 땅값은 상승하기 시작했다. 위 지역 중 아파트 가격이 가장 비싼 성수동이 가장 먼저 상승했다. 연예인들도 정보가 빨라 꽤 많은 스타가 이 지역에 공장을 매입했다. 이들이 공장을 운영하기 위해 구입했을까? 당연히 그럴 리 없다. 향후 전망이 매우 좋다는 정보를 미리 얻고 사실상 토지를 매입한 순수 투자 목적인 것이다.

영등포구 역시 가파른 속도로 성장했다. 실제로 성수동과 영등포구는 지식산업센터가 엄청나게 늘어나며 지역의 모습도 바뀌었다. 지저분한 이미지는 깔끔한 외관의 지식산업센터가 들어오면서 시각적으로 깨끗해졌다. 상가도 많아졌고 상권도 좋아지며 유명 프랜차이즈 업체도 입점하는 등 실제 겉보기나 다니기에도 거리가 무척 좋아졌다.

이렇게 되니 상가의 월세도 높아졌다. 월세가 높아지니 상가의 가격도 치솟았다. 살기 좋아지니 아파트 가격도 올랐다. 아파트와 상가의 가격이 높아지니 신규 분양가도 덩달아 높아졌고, 당연히 땅값도 크게 상승했다. 이런 식의 변모를 지속하는 곳이 바로 영등포구를 포함한 준공업 지역의 모습이다.

구로 디지털밸리와 가산 디지털밸리의 모습을 현장에서 보면 여기가 공장 지대가 맞는지 의아할 정도로 멋진 모습으로 탈바꿈했다. 공부상으로는 공장 밀집 지역이지만 실제로 가보면 여의도의 모습과 크게 다를 것이 없을 만큼 깔끔한 모습이다. 구로공단이 구로 디지털단지로 바뀌면서 겉모습도 바뀌었는데 변한 것은 겉모습만이 아니다. 가격도 천정부지로 올랐다. 이런 식의 변화, 즉 쾌적함이 느껴지는 물리적 환경으로의 변모와 이에 따른 가격의 상승은 준공업 지역에서 여전히 현재진행형이다. 그중에서도 문래동을 선택한 것은 여전히 예전

문래동 주변 개발 계획도

출처: 서울특별시

모습 그대로이고 상대적으로 가격도 저렴하기 때문이다. 물론 최근에는 가격이 많이 오른 모습을 보이고 있지만, 잠재력에 비해서는 여전히 저평가로 생각된다. 현재 매우 지저분한 동네이지만 개발 계획이 없는 것은 아니다. 오히려 개발 잠재력이 가장 큰 지역이라고 말할 수 있다. 여의도와 영등포역과 신도림역을 잇는 라인은 명실상부한 도심지역으로 성장할 지역이다. 신안산선이 들어오면서 교통도 개선되고 문래4 도시 환경 정비 사업 및 집창촌 부지 주상복합 건설 등 여러 가지 복합 개발 사업이 추진 중이다.

이미 타임스퀘어, 롯데백화점, 현대백화점 등 국내 3대 백화점이 입점해서 영업을 하고 있다. 영등포역 뒤쪽은 공공 재개발을 추진 중이고, 신안산선이 조만간 개통 예정이다. 또한 지구 단위 계획으로 묶여 대규모 개발만 가능한 곳인데 그런 이유로 지금까지 개발이 더뎠던 것이고 향후 개발이 되면 커다란 파급력과 가격 상승 가능성이 큰 지역이 되는 것이다.

문래동 지역은 대부분 단층의 낡은 공장이 대부분이다. 서울 땅이 이렇게 유효 이용이 되지 않으면 안 된다. 20개의 필지를 모으면 20개의 공장이 있다. 이론상으로 준공업 지역에 용적률을 높여주어 한 필지에 10층짜리 지식산업센터를 건설하면 20개의 필지에 나뉘어 있던 단층 공장을 단 2개의 필지에 모을 수 있고, 나머지 18필지는 아파트를 짓는 방식으로 활용하여 공급할 수 있다. 바로 옆에 깨끗한 직장이 있는 초직주 근접 지역이 되는 것이다.

준공업 지역은 앞서 말한 대로 여러 개의 공장을 지식산업센터로 이전시키고 남는 필지를 아파트 및 기반 시설 등 인프라를 만드는 것에 이용되고 있다. 지금은 비록 지저분한 굴뚝 공장 내지 오래된 창고지만 지식산업센터로 탈바꿈되고 내 직장 바로 옆에 신규 아파트가 입점하고 상권이 발달하여 편의성이 높아지는 그런 지역으로 바뀌게 된다면 가격은 당연히 크게 뛸 것이다. 그리고 서울의 모든 준공업 지역은 시기의 차이는 있을지언정 분명히 앞서 말한 모습대로 바뀔 것이니 독자 여러분은 서울의 준공업 지역을 반드시 주목하기 바란다.

특히 문래동은 개발 가능성이 가장 많이 남았으며 영등포역에 신안산선이 개통 예정이다. 문래동 양옆으로 우리나라 3대 쇼핑 시설인 현대·롯데·신세계백화점이 반경 1km 이내에 모두 있다. 이는 전국

신도림역 현대백화점, 영등포역 롯데백화점, 영등포역 타임스퀘어(신세계)

출처: 현대백화점, 롯데백화점, 신세계백화점

에서 유일하다. 대형 쇼핑 시설이 들어올 때 상당한 준비와 예상 매출 분석을 한다는 점을 감안하면 이 지역의 잠재력이 높다는 것을 드러 내는 또 하나의 사례로 볼 수 있다.

05 앞으로의 비상이 더욱 기대되는, 양천구 목동

　좋은 지역은 여러분도 다 아는 지역이다. 그래서 되도록 그런 지역은 언급하지 않고 현실적으로 투자 가능한 지역 위주로 말씀드렸다. 목동은 그런 리스트에 속할 만한 곳이 아니긴 하다. 한마디로 비싼 지역이다. 그런데도 목동을 선택한 이유는 지금 금액이 꽤 높지만 앞으로 더욱 높이 비상할 수 있다고 판단하기 때문이다.

　목동은 1980년대 후반 노원구 상계 주공과 더불어 만들어진 택지 개발 지구이다. 소위 작은 신도시라고 볼 수 있는데 신도시는 계획도시이다 보니 상당히 잘 짜인 모습이다. 물론 타 지역보다 일방통행 길

영등포구 및 목동의 지적편집도

출처: 네이버 지도

이 많아서 자차를 가지고 처음 가시는 분들은 길을 좀 헤맬 수 있기는 하다.

목동과 영등포구 준공업 지역 및 여의도의 지적편집도를 보자. 안양천을 사이에 두고 목동과 영등포구로 나뉘는데, 왼편에 뱀처럼 길게 분홍색 상업지가 있으며 그 중간에 녹색으로 표시된 공원이 있고 주변을 아파트 단지가 감싸고 있는 모습이다. 그리고 위, 중간, 아래에 9호선, 5호선, 2호선이 지나간다. 모양만 보아도 계획된 도시라는 것을 한눈에 알 수 있다.

여의도에 근무하는 상당히 많은 사람이 목동에 거주한다. 여의도를 보면 넓은 상업지에 비해 주거 공간이 부족해 여의도의 근무 인원을 다 수용할 수 없다. 그래서 여의도 바깥으로 주거지를 찾게 된다. 먼저 가장 가까운 영등포구는 낡은 지역이 많아 거주하기 불편하다고 판단해서 건너뛰고 목동까지 건너가 거주하게 된다. 목동은 계획도시라 용적률이 무척 낮고 쾌적한 동네이면서도 상권이 잘 발달해서 실거주자의 만족도가 매우 높다.

'목동' 하면 가장 먼저 떠오르는 것이 학군이다. 사람들의 인식에서 대치동 다음으로 좋은 학군이라는 평가를 받는 곳이다. 학군이 워낙 탄탄하다 보니 가격이 안정적이며 꾸준한 상승을 보인다. 앞서도 언급했지만, 특목고 등이 폐지되면 기존의 학군 강세 지역은 더욱 두드러지게 되니 대표적으로 수혜를 볼 지역이다. 여기에 재건축이 임박했다는 점, 대지 지분이 매우 크다는 점에 주목하자. 대규모 택지 개발지로서 수만 세대가 들어와 사실상 서울의 핵심 지역에 신도시가 생기

목동 학원가의 모습

출처: 지역 부동산

는 형국이므로 가격 상승 폭은 앞으로도 매우 클 것으로 보인다. 가격 상승이 박스권을 탈출하고 크게 나타나는 경우는 핵심 지역에 한 번에 대규모로 개발이 될 때이다.

핵심 지역이 아닌 곳에서 대규모 개발이 일어나면 수요 대비 공급이 많아 오히려 가격이 하락할 우려가 존재한다. 지방의 경우 대단지 아파트가 입주하거나 큰 규모의 신도시가 들어서면 미분양이 나타나는 경우가 많은 것을 생각하면 된다. 핵심 지역이 아닌 곳은 수요의 한계가 있으므로 공급이 일거에 나타나면 가격이 하락한다. 즉 천천히 아파트 입주가 되어야 하며, 한 번에 물량을 쏟아내면 그것은 오히려 악재다.

반면 핵심 지역은 아무리 많은 물량이 한꺼번에 들어와도 전국 수요이기 때문에 공급이 수요를 따라갈 수 없다. 그러니 물량이 많아도 상관없으며 순차적으로 입주할 경우 가격이 오르긴 하나 제한이 생긴다. 우리 아파트는 새것이지만 주변은 아직 낡은 것들이 많기 때문이다. 그러나 한꺼번에 재개발 및 재건축이 되면서 지역이 정비되면 완전히 새로운 지역으로 탈바꿈하기 때문에 상승의 폭이 더욱 커진다. A라는 지역은 7억~8억 원 정도의 시세가 적당해 보였는데 아파트가 순차적으로 들어오면서 9억 원, 10억 원, 11억 원 등으로 점차 올라가는 식이다. 그러나 한꺼번에 들어오는 경우 동네 자체가 완전히 새롭게 변

목동 지구 재건축 조감도

출처: 서울특별시

모한 것이기 때문에 갑자기 20억 원으로 올라갈 수 있다. 가장 최근의 사례로 강동구를 들 수 있다. 불과 2~3년 사이 2만여 가구가 입주하자 기존 아파트 6억 원에서 정확히 10억 원이 올라 실거래가 기준 16억 원이 되었다. 4년 만의 일이다. 신규 아파트의 경우 8억 원 중반의 분양가 아파트 역시 10억 원이 상승하여 현재 18억 원 중반이다.

목동 역시 대규모 입주가 기대되는 상황이다. 목동은 이미 실거주 환경이 좋고 학군이 우수하며 인지도도 높아 수요가 끊이지 않는 곳이다. 다만 집이 낡은 상황이다. 그런데 이것이 한두 군데의 변화가 아니라 전체적으로 완전히 새롭게 바뀌면 가격 역시 완전히 새로워진다. 재건축 규제 등 여러 가지 변수가 있어 입주 시기까지 시간이 필요하지만 지금 금액의 2배는 어렵지 않게 도달할 것이다.

06 여전한 저평가 가치주, 한남 뉴타운(혹은 그 인근)

한남 뉴타운은 용산구에 자리 잡고 있으며 용산구는 서울의 정중앙에 있다.

한남 뉴타운 역시 일반적인 투자자가 접근하기 힘들다. 그런데도 리스트에 올린 이유는 목동과 같은 맥락이다. 지금 금액이 명목상 비싸지만, 저평가로 판단하기 때문이다. 한남 뉴타운의 오래된 낡은 빌

서울지 지도 - 용산구 위치도

라를 사려면 필요 현금만 15억 원 이상이 필요하다. 매가는 대부분 20억 원에 육박하는 수준이거나 그 이상이 대부분이다. 그러나 한남 뉴타운의 조합원으로서 향후 아파트 소유권을 얻게 된다면 과연 얼마의 이익을 얻을 수 있을까?

가늠하기가 쉽지는 않다. 현재도 한남 뉴타운 주변 아파트 가격은 상상 이상이다. 한남대로를 사이에 두고 한남 뉴타운의 건너편(한남 뉴타운의 동쪽)에 자리 잡은 한남 더힐은 10여 년간 공시 가격 1위 자리를 놓치지 않았던 곳이며, 284㎡의 경우 실거래 금액이 59억 5,000만 원(2021년 4월, 4층)이고 호가는 65억~70억 원 수준이다. 한남 더힐과 마주 보는 고급 주거 단지 유엔빌리지(한남 뉴타운의 동남쪽)의 경우 단독 주택 혹은 고급 빌라가 수십억 원에서 백억 원대 이상의 가격이 형성

한남뉴타운 위치도(노란색) 및 주변 현황

출처: 네이버지도 활용하여 저자 작성

되어 있으며 2019년도에 입주한 나인원 한남(한남 뉴타운의 동쪽)의 경우 248㎡의 기준 72억 8,000만 원(2021년 7월, 4층), 293㎡의 경우 79억 원(2021년 4월, 4층)에 거래되었다. 또한 한남 뉴타운과 북쪽으로 이태원역 1·2번 출구 쪽의 단독주택은 최소 100억 원 이상의 금액이 책정되었고 대부분 회장님 저택이 많아 매물이 나오는 경우가 극히 드물다.

한남 뉴타운의 남쪽은 한강 뷰가 드리워져 있고, 서쪽은 80만 평의 민족공원이 자리 잡고 있다. 주변 환경이 최상급 중의 최상급이므로 한남 뉴타운이 완공되어 새 아파트로서 지위를 누리게 된다면 어느 정도의 금액일지 쉽게 상상이 가지 않는다. 전문가에 따라서는 강남을 능가하는 지역으로 평가하기도 하니 그 위세가 대단한 곳이 아닐 수 없다. 개인적으로 강남의 가격을 넘기는 힘들다고 판단하지만, 강남의 90% 이상의 시세는 형성될 수 있다고 본다. 이렇게 판단하는 가장 큰 이유는 직주 근접성과 교육 때문인데, 특히 교육은 강남과 비교가 어려울 만큼 아직은 차이가 크다.

한남 뉴타운에 새 아파트가 들어서면 워낙 고가가 될 것이니 소득 수준이 높은 사람들이 들어올 것이고 그러면 교육 환경이 지금보다 나아지겠지만 강남의 아성을 넘기는 어려울 것으로 본다. 또한 강남 테헤란로 주변의 수많은 회사가 있는 것에 비해 강남, 여의도, 도심 권역 모두 이동은 편리하나 용산 자체의 직장은 강남과 비교가 되지 않는다. 강남보다 앞서는 장점은 친환경성이다. 한강 뷰와 넓은 공원은 서울 전체를 통틀어서 가장 쾌적한 환경을 자랑한다.

세상이 바뀌어 재택근무가 활성화를 넘어 일반화되고, 학교 시스

한남 뉴타운 구역도

이태원로　이태원역　순천향대병원

용산
구청

한남1구역
[구역해제]

한남2구역

한남3구역

청화
아파트　Polytec

수송단

한남4구역

현대홈타운

신동아APT

군인아파트

오신중고

한남5구역

한강

두무개길　강변북로

출처: 서울특별시

템도 바뀌어 학원가의 힘이 약해진다면 강남을 대체하는 지역이 될 수도 있다. 다만 이른 시기에 그런 세상이 올 것으로 기대되지는 않는다. 하지만 쾌적성 및 공세권(공원이 인접해 있어 자연 친화적이고 쾌적한 환경에서 산책, 휴양, 운동 따위를 즐기며 생활할 수 있는 주거 지역) 아파트의 높아지는 인기를 감안하면 한남 뉴타운의 가격은 함부로 예상할 수 없을 만큼 높아질 것이다. 이미 강남의 새 아파트 30평형이 40억 원이다. 강남구 한강변 새 아파트는 내 예상대로라면 3년 내로 50억 원에 도달한다. 6~8년 뒤 한남 뉴타운이 입주한다고 가정하면 30평대 아파트 50억 원이 가능하다. 가능하다는 표현을 썼지만 좀 더 솔직하게 말하자면 가쁘다.

지금의 금액은 물론 비싸다. 여러분이 비싸다고 느끼는 것은 과거의 금액이 지금보다 저렴했기 때문이다. 나도 한남 뉴타운에 적어도 50~60건 이상의 거래를 중개했다. 2014년 초경 33평 배정이 예상되는 빌라 매물이 3억 8,000만 원이었다. 전세와 대출을 안고 2억 원이 채 안 되는 금액이었다. 수익률은 이미 수백 %에 달한다. 하지만 입주 시기까지 수년만 더 보유한다면 지금까지의 수익률보다 앞으로의 수익률이 더 클 것이다. 당시 고객분들이 여전히 보유하고 있는지 중간에 돈이 필요해서 매도했는지 일일이 알지는 못하지만, 아직 보유 중이고 입주까지 보유를 계속한다면 나는 적어도 50~60여 명의 부자가 탄생하는 데 작으나마 일조한 셈이다.

한남 뉴타운은 5개 구역으로 구성되었다가 1구역이 좌초되면서 지금은 2·3·4·5구역의 4개가 남아 있다. 한강변에 접해 있는 것은 3·4·5구역이고 가장 속도가 빠르면서 대단지인 곳은 3구역이다. 세대 수가 많다 보니 거래량도 가장 많은 곳이다. 하지만 2·3·4·5구역 어디를 막론하고 유망한 투자 대상이다. 3구역을 구입할 때 주의할 점은 매물의 크기 및 상태에 따라 배정 평형이 달라질 수 있다는 점이다. 가능하다면 30평대 배정이 가능한 매물을 우선 추천한다. 특히 한남 뉴타운은 대형 평수의 수요도 폭발적인 곳이므로 여유가 된다면 큰 매물을 구입해서 40평대 이상 배정을 받는다면 더 좋다. 즉 평수가 커

한남 뉴타운 조감도

출처: 서울특별시

질수록 수익도 커지는 지역이라고 보면 된다. 지역에 따라 20~30평 선호도가 더 높은 곳도 많다. 하지만 한남은 전 평형이 인기고, 특히 평형이 클수록 수익이 크다는 점을 강조하고 싶다.

07 투자 대비 최고의 가성비, 금천구

금천구는 항상 서울에서 부동산 가격 꼴찌를 두고 다투던 대표적인 비인기 지역이었다. 아파트 가격도 낮고 빌라 가격도 여전히 낮다. 구로구와 관악구가 약진하고 옆에 있는 경기도 광명의 아파트가 날개를 달 때에도 금천구는 여전히 높이 날아오르지 못했다. 그러다가 이곳도 새 아파트가 들어서면서 비상을 준비하고 있다. 금천 롯데캐슬골드파크 3차 35평형의 실거래 가격은 13억 6,500만 원(2021년 3월, 21층)이며 호가는 최하 14억 원을 기록하고 있다.

중랑구 편에서도 언급했지만, 금천구와 중랑구 등은 아파트 가격이 낮아 빌라의 가격도 낮았다. 하지만 아파트 가격이 치솟자 빌라도 개발 기대감이 높아져 약진이 가시화될 것으로 보인다. 그리고 10년 이상 안 오르던 아파트들도 조금씩 고개를 들기 시작했다. 아직은 갈 길이 멀지만, 가산 디지털단지와 구로 디지털단지에서 가까우며 신안산선이 개통될 예정으로 장기 전망은 좋다. 워낙 낙후되었다는 이미지 때문에 예전에는 금천구 하면 고개를 절레절레 흔들던 시절도 있었지만, 경기도 외곽까지 모두 오르는 시점에 서울이 오르지 않을 리가 없다.

광명, 수원, 성남, 안양, 용인, 동탄까지 모두 30평대 기준 15억 원을 돌파하고 있다. 입지로 볼 때 금천구가 더 떨어질 이유가 없기에 지금의 가격은 저평가로 판단한다. 특히 자금이 부족하여 소액 투자를 희망하는 분은 금천구 빌라를 눈여겨봐도 좋겠다. 개발이 쉬운 것은 아니지만 소액 자본은 부담이 없어 충분한 시간을 할애할 수 있다. 즉 장기 투자가 가능한 것이다. 내 명의가 힘들다면 장기전으로 자녀 명의로 투자하는 방법도 좋다. 개발될 경우 투자금 대비한 차익은 매우 클 것이라 기대해도 좋다. 금천구 빌라는 500만~수천만 원의 갭이면 충분히 매수할 수 있다. 재개발 움직임이 있는 곳 위주로 매물을 찾아보면 좋을 것이다. 또한 가격이 올랐다고는 해도 여전히 서울시에서 가장 저렴한 아파트 가격을 형성하고 있으므로 현실적인 자금으로 실거주와 투자를 동시에 원한다면 금천구의 아파트를 눈여겨보면 좋다.

금천구의 가장 대표적인 호재는 신안산선의 개통이다. 기존 1호선이 있지만 사실 주요 핵심 지역을 거치지 않는 라인이고 지상철이라 선호도가 높지는 않았다. 하지만 신안산선은 안산의 중심지부터 택지개발 지구를 여럿 거친 후 금천구를 가로질러 구로 디지털단지, 신길 뉴타운을 지나 여의도까지 도달하며 공덕과 서울역까지 갈 예정이다.

교통이 부족한 지역에서 지하철이 들어서면 그 파급효과는 더 크다. 지하철 이용은 절반 이상이 직장 출퇴근용이다. 그렇기에 역세권이라 하더라도 핵심 업무 지역을 관통하지 못하는 노선은 더블·트리플 역세권이 되더라도 사람들이 외면한다. 하지만 신안산선은 서울 서남권 업무 지구를 모두 지나가므로 이용객이 상당할 것으로 기대되며 신안산선역 주변 주택의 가격은 많이 상승할 것으로 보인다.

금천구는 서울시 경계 지역으로 안양과 광명에 접해 있는데 이 지역들의 가격 상승이 매섭다는 점도 호재다. 지금은 안양과 광명에 비

신안산선 노선도

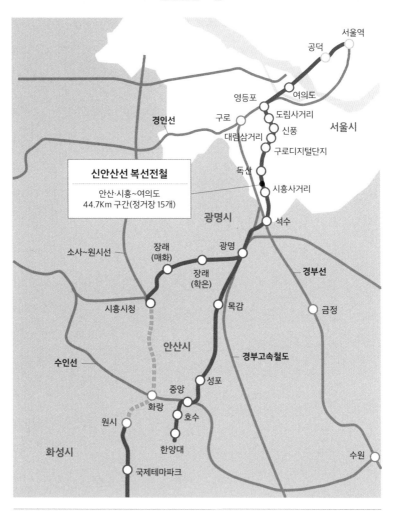

신안산선 복선전철

안산·시흥~여의도
44.7Km 구간(정거장 15개)

출처: 한국철도공사

해 오히려 가격이 저렴한데 이는 개발이 이들 지역에 비해 더디기 때문이다. 개발이 서서히 진행되면 가격을 다시 역전시킬 수도 있다. 이런 경우 전반적인 가격의 상승이 일어나므로 아파트든 빌라든 가격은 오른다. 빌라의 경우 결국 재개발을 고려하는 투자가 되는 경우가 많은데 개발이 되려면 노후도 등 법적 요건도 충족해야 하지만 이와 별도로 경제적인 부분, 즉 사업성이 있는가도 판단해야 한다. 이때 주변 아파트 가격이 빌라 재개발의 사업성을 가르는 중요한 기준점인데 금천구의 아파트 가격이 꾸준하게 상승할 것으로 예상되므로 결국 빌라의 가격도 상승할 것으로 어렵지 않게 예측할 수 있다. 또한 금천구의 빌라는 앞서 설명했듯이 매우 적은 소액으로 투자가 가능하므로 자금은 부족하나 시간은 있는 소액 투자자가 투자하기에 적합한 지역으로 볼 수 있다.

경기권

08 노도강의 강세가 이어진다. 의정부

의정부는 경기 북부에 있는 도시로서, 2021년 6월 기준 46만 명의 인구이다. 파주(47만 명) 인구와 비슷하며 지난 10년간 의정부의 인구 데이터(통계청 자료)를 보면 최근 수개월간 잠깐 감소하는 모습도 보였지만 대체로 꾸준히 상승하고 있다. 2011년 인구는 43만 명이었다.

지도상 주황색 라인으로 표시된 것이 지하철인데, 지상으로 지나가는 경전철이다. 사실 의정부시의 경전철은 대표적인 실패 사례로 평가된다. 열거하기 힘들 만큼 여러 우여곡절을 겪은 의정부 경전철은 드디어 모든 소송에서도 원만한 합의가 됨에 따라 다른 노선과의 연

의정부시

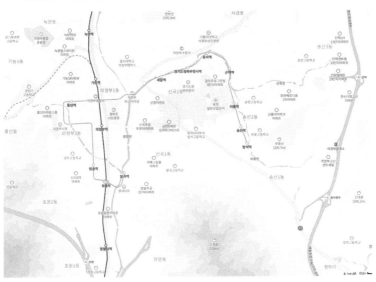

계성을 토대로 도약할 것으로 기대되고 있다.

　지자체 소식을 주로 싣는 《시정일보》는 2021년 7월 26일 기사에서 "의정부시(시장 안병용)는 의정부 경전철 개통 이래로 기존 사업 시행자의 파산과 이에 따른 소송 등 우여곡절이 있었으나 관련 소송이 사실상 종결됨에 따라 새로운 도약의 계기를 맞이하게 됐다"라고 보도했다. 안병용 의정부시장은 "의정부 경전철에 대한 모든 논란이 종식됨과 함께 오는 10월 차량 기지 임시 승강장이 설치되는 한편, 경전철 연장 및 지선 사업도 검토하는 등 '미운 오리 새끼'에서 힘차게 날갯짓하는 '백조'로 거듭날 일만 남았다"라고 말하며 "의정부 경전철 건설을 위해 힘써주신 전임 시장님들과 국회의원 및 도·시의원분들께 감사 드리며, 원만한 해결을 위해 애써주신 서울고등법원의 담당 재판부와 비록 파산했지만 어려운 상황 속에서도 의정부 경전철의 건설과 운영에 노고가 많았던 GS건설 등 의정부경전철㈜ 관계자들에게도 감사 드린다"고 밝혔다. 그리고 안병용 의정부시장은 "향후 도봉산−옥정 광역 철도 건설 사업과 GTX−C노선, 교외선 전철화 사업, 8호선 연장 사업도 차질 없이 추진해 의정부 경전철과 연계한 도시 철도망 확충 사업에도 만전을 기할 계획"이라며 향후 의정부의 철도망 구축 계획을 밝히기도 했다.

의정부는 투자자들의 관심을 끄는 지역은 아니다. 하지만 2020년 부터 타 지역의 가격이 오르자 의정부 역시 상승하는 모습을 보였다.

의정부역 센트럴자이&위브캐슬 조감도

출처: GS건설

2022년 7월 입주 예정인 의정부역 센트럴자이&위브캐슬 1단지의 경우 34평형에서 실거래가 10억 원으로 거래(2021년 7월, 20층)되었다. 의정부시 역대 최초의 10억대 계약이다. 10억 거래 이후 입주까지 1년이라는 기간이 남았음을 고려하면 추가 상승 여력도 충분하다. 이것을 한 개인의 단순 거래일 뿐이라고 생각하면 안 된다. 30평대 아파트 가격이 10억 원을 돌파했다는 것은 많은 의미를 지닌다.

알다시피 실거래 가격이 등재되면 아직 거래되지 않은 매도 물건의 가격이 일제히 상승한다. 가장 최근 거래 사례가 9억 원이었다면 매물은 9억 2,000만~9억 5,000만 원쯤 나오게 된다. 하지만 10억 원으로 거래되는 순간 10억 2,000만~10억 5,000만 원으로 둔갑한다. 즉 직전 거래 사례 금액이 매도 물건의 최소 매도 희망 가격이 되는 것이다. 또한 다른 아파트나 다른 동네에도 영향을 미친다. 10억 원의 거래가 없다면 심리적 저항선이 있어 매수자들은 '의정부에서 10억 아파트는 힘들고, 가격은 얼마 얼마가 적정선'이라는 틀에 갇힐 수 있다. 이렇게 되면 호가를 높인다고 해도 매수자가 관심을 두지 않으니 거래가 되지 않고 가격은 전체적으로 정체된다. 하지만 실거래 사례가 나오면 수요자의 기준점도 바뀌게 된다. 그리고 의정부시에서 거래가 나온 것이니 적어도 의정부시 전체 부동산 상승에 긍정적인 영향을 준다.

개인적으로 의정부 지역이 타 지역에 비해 늦게 올랐기에 여전히 오를 만한 여력이 있다고 본다. 또한 노도강의 강세가 매서워 바로 위에 자리 잡은 의정부까지 여파를 미칠 것이다. 여기에 10억 원의 아파트가 최초로 등장했다. 그리고 의정부시의 의지대로 경전철이 활성화되고 GTX 등 교통 접근성이 더 나아진다면 향후 의정부의 가치는 높게 내다봐도 전혀 무리가 없을 것이다.

의정부와 연접해 있는 서울 지역은 도봉구이다. 노도강으로 대표되는 지역인데 30년차가 된 주공아파트를 비롯한 수만 세대의 아파트가 재건축 움직임으로 분주하다. 입주를 마친 한 아파트의 33평형 호가는 14억 원 수준이다. 이 지역에서는 3년 전만 해도 감히 상상도 할 수 없는 금액이 형성되고 있다. 이렇게 의정부와 연접한 노도강의 강세가 계속되면 그 여파는 의정부에 가장 먼저 닿는다. 의정부에서 10억 원의 아파트가 탄생했지만 가장 대단지 신축 랜드마크 아파트라서 그렇고, 아직 저렴한 아파트가 많으니 의정부 지역을 눈여겨보는 것이 좋다.

09 강력해지는 교통 편의성, 양주

(옥정신도시, 회천신도시)

양주는 의정부시에서 더 북쪽으로 올라가면 나오는 도시다. 2021년 7월 기준 신축 3년 정도의 아파트 실거래가는 6억 원 전후 수준이다. 분양 가격이 1,000만 원도 안 되는 아파트가 많았다는 점을 고려하면 분양가 대비 2배 이상 상승했다. 역시 새 아파트 분양은 지방의 시골이 아닌 이상 거의 대부분 지역에서 수익을 많이 얻을 수 있다. 옥정과 회천은 성장기에 있는 지역으로서 새 아파트 선호 트렌드가 커지고 교통 편의성이 증대되고 있는 점 등을 감안하면 꾸준한 가

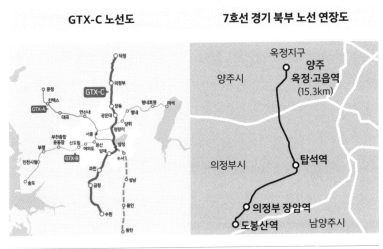

출처: kb부동산 리브온

격 상승이 예상된다. 가장 눈에 띄는 것은 GTX-C 노선이며, 7호선 북부 연장선도 기대된다. GTX 이용 시 강남권 업무 지역까지 20분 남짓, 7호선의 경우도 50분 정도로 출퇴근 생활권으로 편입될 수 있다.

옥정과 회천의 경우 새 아파트이자 신도시로서 거주하기 좋은 환경이지만 가격이 상대적으로 저렴했던 것은 서울과의 접근성이 약했기 때문이다. 그런데 이런 점이 점차 개선되고 있고 의정부와 마찬가지로 서울 동북부 지역 상승세 여파를 받을 수 있기에 향후 가격 상승이 될 것으로 기대된다. 또한 핵심 지역은 너무 올라버린 가격 때문에 사고 싶어도 못 사는 지경에 이르러 수요자들이 눈높이를 낮추면서 서울 접근성이 좋은 외곽 지역을 찾아야 하는데 입지나 현재 가격으로 봤을 때 옥정신도시와 회천신도시에 많은 관심이 쏠릴 것으로 예상된다.

새 아파트를 구입하기 힘든 분들은 이 지역의 구도심 구축을 사는 것도 괜찮을지 궁금하실 텐데 이런 경우에는 투자 타이밍이 중요하다. 보통 비인기 지역의 구축 아파트는 수요가 거의 없다. 인기 지역은 신축, 구축 불문하고 인기가 많아 가격이 상승하고, 비인기 지역에서도 신축은 인기가 있다. 하지만 비인기 지역 내 오래된 구축은 거래도 거의 없고 가격 변동 역시 지겨울 만큼 일어나지 않는다. 그러다가 주변에 새 아파트가 들어서고 인프라가 조금씩 구축되면 신축 가격이 먼저 움직이고 신축의 가격이 많이 오르면 구축 가격이 비로소 오르게 되는데, 그 직전 타이밍에 구입하면 수익이 상당히 크다.

비인기 지역의 구축 아파트는 사려는 사람이 거의 없기에 매가와 전세가의 가격 차이가 별로 없다. 2,000만~5,000만 원 정도면 충분히 취득할 수 있다. 이렇게 소액으로 투자하기 때문에 매가가 1억 원만 상승해도 투자금 대비 수익률이 2~5배 정도까지 가능하다. 이런 지역은 자체적인 가치로 상승한다기보다 주변의 변화를 따라가며 가격이 상승하므로 10년간 가격이 2억 원에 정체되어 있다가도 6개월 만에 1억 원이 오르기도 한다.

이런 현상은 거의 대부분 외지인의 투자가 몰렸다는 방증이다. 이렇게 가격이 오르면 한동안 가격이 멈춘다. 그러다가 시간이 지난 후 신축의 가격이 한 번 더 뛰어주어 갭이 벌어지면 다시 가격이 상승한다. 소위 '갭 메우기', '키 맞추기' 현상이다. 그런데 지난번 상승기보다 두 번째 장에서는 수익률 자체는 떨어진다. 처음 비인기 지역 구축 투자 시에는 3,000만 원을 투자해서 1억 원을 벌었다면, 두 번째 구축 상승기에는 이미 갭이 1억 원 수준으로 벌어져 있게 된다. 이번에도 같은 금액만큼(1억 원) 상승했다고 해도 투자금 대비 수익률은 기존보다 떨어질 수밖에 없다. 양주시 아파트는 수년간 정체되었다가 갑자기 급등

양주시 아파트 단지의 가격 변동

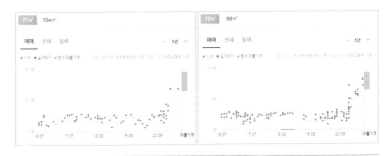

출처: 네이버 부동산

하는 모습을 연출해왔다. 구도심 구축 아파트의 가격 변화를 보자.

앞의 그림은 양주시 덕계동의 현대아파트(1997년, 350세대)와 윤중 아파트(2002년, 320세대)의 실거래가 데이터이다. 5년간의 데이터인데 2016년 중반부터 2020년도 중반까지 서울과 수도권 지역의 부동산 가격이 호황기를 맞이할 때도 가격 변동이 거의 없었다. 사람들의 관심이 이곳까지 미치지 못했기 때문이다. 하지만 핵심 지역 부동산의 가격이 너무 올라버리고 양주 지역에 호재가 생기면서 관심이 늘어났고 신축 아파트부터 가격이 오른 후 구축과의 갭이 생기면 소문이 나서 외지인의 투자로 인해 가격이 급등하는 모습을 보였다.

이후 가격 움직임은 당분간 정체가 될 것이다. 그래서 길게 누워 있다가 순식간에 일어서고 다시 누워 있다가 일어서는 형태, 즉 계단형 상승 패턴의 움직임이 나타난다. 가격 정체기에 돈을 묻어두고 있으면 수익률도 떨어지고 기회비용 측면도 아쉬우니, 이런 부동산은 매수와 매도 타이밍을 잘 잡아야 한다.

지금은 한 번 올랐으니 급하게 매수할 필요는 없고, 이 지역 신축 가격의 움직임을 먼저 살핀 후 수요자가 많아져 신축의 가격이 확연히 상승한 직후 시점에 구축을 매수해도 괜찮다.

⑩ 서울과의 높은 접근성, 광명시

　경기도 광명시는 주공아파트 재건축과 광명 뉴타운의 개발로 대규모 신규 아파트가 계속 입주 중이다. 또한 서울과의 접근성이 매우 뛰어난 입지를 가진 곳이다. 2021년 3월에 입주한 철산 센트럴푸르지오의 경우 33평형이 2021년 4월 15억 5,500만 원(25층)에 거래되어 광명 최초로 33평형 기준 15억 원을 넘어섰다. 초등학교가 가깝고 역세권이라고는 하나 세대수가 그다지 크지 않은 아파트가 15억 원을 넘겼다는 사실에 주목할 필요가 있다. 향후 입주할 재건축 및 재개발 대단지 아파트는 최소한 센트럴푸르지오의 가격 이상이 될 것이기 때문에 전체적인 사업성이 좋아졌다.

　광명 뉴타운의 경우 이미 완료되어 입주한 구역, 공사가 한창 진행되고 있는 구역, 사업 진행을 하고 있는 구역 등 다양한데 뉴타운 초기 입지가 떨어진다는 평가를 받았지만, 발전 가능성도 크다. 가산과 구로라는 대규모 국가 산업 단지 바로 인근이고 서울에 바로 붙어 있는 점에서 뛰어나다. 서울의 구로구와 금천구에 맞닿아 있는데 이 지역의 신규 아파트 공급이 더디기에 서울의 수요까지 충분히 흡수할 수 있다는 점도 큰 장점으로 꼽을 수 있다.

　광명 뉴타운은 그동안 가격이 많이 올랐다. 여전히 구입이 가능하다면 메리트가 있지만 쉽게 접근이 되지 않는 금액이 되었다. 뉴타운이 활발하게 진행되면 그 주변 지역도 개발 기대감이 높아져 가격이

광명 뉴타운 구역도

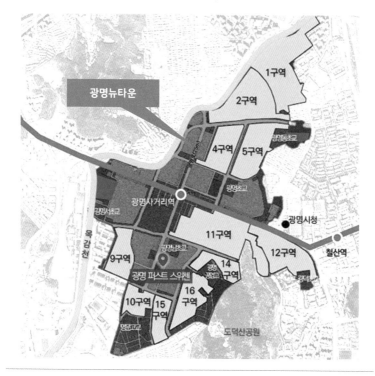

출처: 서울특별시

비싸지는데, 광명의 경우는 타 지역에 비해 이런 모습이 심하지는 않은 것으로 보인다. 그래서 소액 자금으로 광명 지역 부동산을 사고 싶다면 뉴타운 해제 지역 혹은 인근 지역의 빌라를 장기적 관점에서 투자하는 방법도 괜찮다. 위 그림에서 까만색으로 표시된 지역이나 구역도 밖의 연접한 지역의 빌라를 투자하는 식이다.

광명은 대기하는 재개발·재건축이 많아 꾸준한 상승 여력이 있는

구로디지털단지

출처: 구로구청

가산디지털단지

출처: 금천구청

지역이다. 구로 G밸리, 가산 G밸리가 가까워 일자리도 많고 강남순환 고속도로가 있어 강남 접근성도 좋은 편이며 여의도도 가깝다.

광명역세권 개발이 성공적으로 안착했고, 재개발·재건축으로 완성된 아파트의 가격은 인근 서울의 신축 아파트 가격보다도 높다. 이는 광명이 행정구역상 경기도지만 서울의 웬만한 입지보다 좋으며 직주 근접성이 뛰어나고 교통 편의성이 훌륭하다는 것을 증명하는 것이다.

또한 광명에는 광명·시흥신도시가 조성된다. 예전에는 도시의 느낌이 덜했다면 이제는 완벽한 도심의 모습으로 탈바꿈해가고 있다. 서울과 접근성이 좋고 일자리가 많은 지역이면서 가격 역시 꾸준히 상승하는 지역에서는 신축, 구축의 구분 없이 모든 부동산의 가격이 오른다. 그러니 신축 아파트의 가격이 너무 올라 취득하기 어렵다고 좌절하지 말고 내 금액에 맞는 부동산을 구입해도 되는 지역이라 할 수 있다.

광명의 재건축도 눈여겨볼 만하다. 도심의 재건축인 철산 주공 12단지, 13단지 등은 현금이 최소한 7억~8억 원 가까이 소요되므로 힘들다고 해도 광명 도심과 광명역 개발 지구 중간에 있는 하안동 하안주공아파트는 30년이 다 된 연식이라 재건축 추진이 임박했음에도 상대적으로 투자액이 적다. 4억~5억 원 선이면 투자가 가능하며 대단지 아파트가 몰려 있어 신도시의 느낌을 주고 지하철역 개통 예정 등 호재가 많아 꾸준한 가격 상승이 기대되는 지역 중 하나이다.

11 서남권 개발의 영향력, 김포시(지하철 역세권)

김포시가 10여 년 전 분양할 때는 시기가 좋지 않아 미분양 천국이었다. 2년 거주 후 분양을 하는 선입주 후분양 형태도 나왔었고, 분양을 받으면 고급 자동차를 주는 마케팅도 진행했을 만큼 초기의 김포는 사람들의 관심 밖이었다. 그러나 새 아파트가 속속 들어오고 부족하지만 교통 시설이 확충되면서 가격 역시 상승했다.

나는 2020년 초에 김포가 매우 저렴하다고 판단했었고, 운영하는 유튜브 채널에서도 김포가 저평가되어 있다고 방송했었다. 때마침 이 시기에 투자하고 싶다는 지인이 있었고, 그에게 김포의 아파트를 물색한 후 전세를 안고 투자하는 형식으로 불과 7,000만 원의 갭(매가는 3억 원대 후반)으로 30평대 아파트를 사주었다. 그리고 2021년 8월 현재 이 아파트의 가격은 7억 원이다. 2년도 채 안 되는 시점에서 투자금 대비한 수익률이 약 400%다. 당시 김포와 파주가 조정 대상 지역에서 빠졌고 가격도 저렴했다. 서울의 가격이 천정부지로 치솟던 상황에서 김포 역시 가격이 안 오를 수가 없는 상황이었다. 파주 역시 이 시기부터 가격이 상승하기 시작해 GTX 효과까지 더해져 10억 원을 육박하는 상황이다.

특히 김포의 경우 신도시, 새 아파트이기에 거주하기 편리하고 인프라가 잘 구축되어 있다. 교통이 불편하다는 단점은 여전히 지적되지만 골드 라인이 생겼고, 도로망 확충도 계속되고 있다. 무엇보다 서울 서남권의 개발이 두드러지고 있어 김포의 입지적 중요성은 점점 더 커지리라 생각된다. 특히 골드 라인이 지나가는 역세권 아파트의 경우 가격 상승이 더 두드러질 것이다. 어쨌든 김포는 자족 도시 개념보다 는 서울 접근성이 좋아야 살아남을 수 있는 도시다. 그래서 서울과의 접근성이 좋을수록 가격도 높아지는 모습을 나타낸다.

서울을 빨리 가야 하니 역세권 여부가 타 지역보다 더 중요하다. 그 리고 김포의 경우 새 아파트가 많기에 구축 아파트에 대한 관심이 상 대적으로 떨어지게 된다. 서울처럼 수요가 넘친다면 신축 프리미엄이

금빛 수로 문보트

출처: 김포시청

순식간에 높아진 후 바로 구축이 갭을 메우는 형태가 되지만, 수요의 양에 따라 신축 프리미엄 속도가 달라지므로 구축 역시 이에 영향을 받는다. 쉽게 말해 김포의 구축 아파트는 서울의 구축보다 횡보를 더 길게 한다는 것이다. 하지만 신축 아파트의 가격이 계속 높아지는 중에 구축 아파트가 안 오를 리 없으므로 최근 전세금이 높아 갭이 작은 구축 단지가 있을 것이다. 잘 찾아보고 소액으로 투자한다면 금액 대비 충분한 수익을 올릴 수 있을 것이다.

김포신도시의 정확한 명칭은 김포한강신도시다. 한강변에 인접한 아파트의 가치가 날로 높아지는 상황에서 김포시 역시 수변 도시의 이미지를 활용하여 점차 개선되는 모습을 보이고 있다.

2021년 5월 21일 《경인일보》는 김포시가 '금빛 수로 문보트'에 대해서 보도했다. 이는 이탈리아 베네치아를 모티브로 만들어졌는데, 김포한강신도시 내 금빛으로 조성된 수로를 만들어 초승달 모양의 관광용 보트를 띄웠다. 금빛 수로에 운영될 보트는 모두 전기 모터로 구동된다. 금빛 수로를 포함한 김포한강신도시 수체계 시설은 휴식과 레저를 함께 즐길 수 있는 친수 공간으로 LH가 조성하여 2018년에 김포시에 인계했다. 현재 농업 용수가 흐르는 수로에 팔당 원수를 끌어오는 사업이 진행되고 있어 머지않아 더 쾌적한 환경으로 변모할 예정이라고 한다.

GTX-D 라인이 직결되지 않아 김포의 미래를 낮게 점치는 분도 있지만 나는 그렇게 생각하지 않는다. 이미 충분한 경쟁력을 갖춘 곳이고 GTX까지 직결되면 더 좋아질 것이다.

GTX-D 노선도

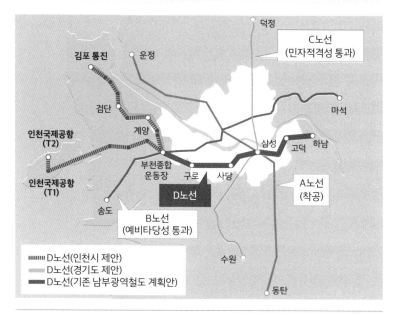

출처: 한국철도공사

　서울 서남권의 여의도, 목동, 신길 뉴타운, 마곡 지구 등의 가격이 상승하는 모습을 보면 '키 맞추기'만 해도 가능성이 있다. 현재 김포의 가격은 지금 매우 저렴해 보인다.

12 전통의 기대주, 고양시(3기 창릉신도시 인접 지역)

최근 몇 년 사이 일산의 약진이 두드러졌다. 창릉신도시가 처음 발표되었을 때 일산보다 서울 접근성이 더 좋은 곳에 대규모 공급이 시행되기에 일산 집값이 떨어질 것이라는 뉴스가 많이 나왔었다. 그리고 실제로 가격이 떨어지고 거래가 안 되는 시기가 있었다. 이런 일이 발생했다는 것이 개인적으로 너무 놀라웠다. 그리고 이것은 정보화시대에서도 여러분이 남들보다 조금만 더 공부하면 얼마든지 수익을 낼 수 있다는 것을 알려주는 사례이기도 하다.

오래된 아파트가 밀집한 일산동구와 일산서구의 가격이 2018~2019년을 기점으로 상승 폭이 둔화되거나 하락하는 모습을 보

경기도 고양시 아파트 매매 가격 추이

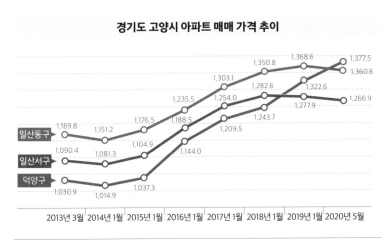

출처: kb부동산 리브온

였다. 이때 이것이 일시적인 현상일 뿐이라는 것을 파악할 수 있는 통찰력이 있었다면 단기간에 꽤 높은 수익을 얻을 수 있었을 것이다.

당시 나에게 일산에 대한 고객들의 상담 문의가 무척 많았는데 나의 전언은 "무조건 사라"였다. 그리고 매도 희망자들에게는 "무조건 보유하라"고 말했다. 당시 개인 유튜브 채널에서도 여러 차례 언급했고 유료 상담자 몇몇 분에게도 일산 아파트를 구입해주었다. 갭은 5,000만 원 전후, 심지어 3,500만 원 갭도 있었다.

잘 생각해보자. 지방의 한 구도심이 있는데 그 옆 지역에 대규모 택지 개발을 한다고 하면 구도심 주민들의 아우성은 충분히 이해가 된다. 또 이들이 정확하게 현상을 살핀 셈이다. 구도심 아파트 가격이 떨어질 것이기 때문이다. 하지만 지금 택지 개발을 하는 곳은 서울의 바로 옆이다. 서울의 가격은 역대 최고가를 갱신하고 있고 그러다 보니 가격을 감당하지 못한 시민들이 '서울 엑소더스'라는 표현이 나올 만큼 많이 전출했다. 서울의 인구는 1,000만 명이 넘었지만 최근 수년간 꾸준히 줄어들고 있다. 서울에서 전출한 사람들은 주로 어디로 갔을까? 쉽게 예상이 되다시피 대부분은 경기권으로 옮겨갔다.

서울의 가격이 높으면 경기도의 가격 역시 따라가는 현상을 보인다. 택지 개발을 하는 곳은 비싼 가격을 자랑하는 서울 바로 옆이면서 인프라 구축, 교통 시스템, 새 아파트가 기본적으로 갖춰지는 지역으로 탈바꿈한다. 가격이 어떻게 될까? 서울 인근의 아파트 가격은 얼마 정도 할까?

과천, 위례, 판교, 광명 등 서울과 연접한 지역의 아파트 가격을 살펴보면 입이 떡 벌어질 것이다. 창릉신도시 역시 서울 인접 지역이라 상당한 가격을 갖출 것임을 기대할 수 있다. 그렇다면 장기적으로 볼 때 일산 바로 옆 지역의 아파트 가격이 높다면 일산에 도움이 되는 걸까? 피해를 주는 걸까? 정답은 무조건 도움이 되는 것이다. 일산은 머리띠를 두르고 창릉신도시를 반대할 것이 아니라 쌍수를 들고 환영해야 한다. 물론 입주까지 시간은 꽤 걸리겠지만 어차피 높은 가격이 형성될 것이므로 일산 역시 반드시 가격이 상승할 것은 자명한 사실이다. 그런데 발표 직후 오히려 가격이 떨어지고 있으니 내가 어떻게 고

창릉신도시 및 주변 개발 지구 위치도

출처: 한국토지주택공사 3기 신도시 홈페이지

객들에게 권하지 않을 수 있었겠는가?

여기에 7~8년의 세월이 흘러 창릉신도시가 입주하고 꽤 높은 시세가 형성된다면 그 영향을 받아서 일산의 가격이 상승할 것이고, 1990년대 초중반에 지어진 일산신도시의 아파트들은 높아진 주변 신축 아파트의 가격을 기반으로 사업성이 높아져 재건축이 빠르게 추진될 가능성이 커진다. 최근에는 입지가 조금 떨어져도 새 아파트를 선호하는 현상이 강하니 창릉신도시보다 입지가 떨어진다 해도 연식이 더 앞선다면 가격은 역전할 수 있다.

긴 시간이 필요하지만 결국 서울에 인접한 창릉신도시의 가격은 매우 높을 것이고, 그 가격을 넘어설 수 있는 지역이 일산이 될 것이다. 그렇게 보면 최근 일산 지역의 놀라운 아파트 상승률은 당연하며 오히려 가치 대비 여전히 저렴하다고 판단된다.

1기 신도시 모두가 마찬가지지만 일산에 투자할 때에는 기본적인 역세권, 교육 여건, 교통 편의성을 보되 재건축을 염두에 두고 있는 단지들이므로 대지 지분 및 단지 크기와 세대수를 좀 더 중요하게 생각하며 접근해야 한다. 일산의 경우 1기 신도시 중에서도 가장 쾌적한 환경을 자랑한다. 역세권의 지분이 큰 것이 가격이 높겠지만 시간이 지날수록 가격 갭은 벌어질 것이므로 조금 가격이 높더라도 역세권 위주로 구입해야 한다. 일산은 직장이 많은 도시가 아니므로 역세권 여부가 중요한 지역이며 비역세권과의 가격 갭이 타 지역보다 더 커질 가능성이 크기 때문이다.

입지 자체가 경쟁력, 용인시
(신분당선 라인 및 대형 아파트)

용인은 신분당선이 들어서며 강남 접근성이 획기적으로 개선되었다. 나는 대학생 시절 용인에 거주한 적이 있었다. 이때 서울에 나오려면 버스를 타고 1시간 30분 이상이 걸렸다. 그만큼 길도 좁고 병목 구간이 많았다. 하지만 용서고속도로로 생기고 무엇보다 수지구를 중심으로 신분당선이 개통되며 교통 여건이 좋아져 부동산 가격이 많이 높아졌다.

용인 수지구의 대표적인 랜드마크 아파트라 할 수 있는 성복역 롯데캐슬골드타운(2019년 6월 입주, 2,356세대 주상복합)의 33평형 최근 실거래가는 14억 원을 넘어섰다. 그러나 주변의 50~60평대 아파트는 이보다 가격이 저렴하다. 연식과 역세권 차이를 고려해도 성복역 롯데캐슬이 거품이 아니라면 주변 대형 평형 아파트의 가격은 저평가라 생각된다.

이 지역은 쾌적한 환경을 가지고 있고 판교 및 서울 접근성이 좋으며 시 자체적으로 '용인 플랫폼 시티'를 계획하는 등 발전 가능성이 여전히 크다. 위로는 판교와 분당, 아래로는 광교가 있는데 가격이 상당히 높은 지역들이다. 그러니 중간에 자리 잡은 입지적 관점으로 분석해도 충분한 추가 상승이 예상되는 지역이다.

그러나 용인 중에서도 신분당선 라인이 장기적으로 볼 때 가장 좋은 지역이다. 신분당선을 이용하면 물리적으로 거리가 꽤 먼 강남도

용인 플랫폼 시티 조감도

금방 도달할 수 있어, 분당의 일부 지역보다 더 좋은 강남 접근성을 보여준다. 신분당선을 이용하는 사람들은 주로 강남과 판교에 직장을 둔 젊은이일 가능성이 크다. 특히 판교의 경우 신산업 기업 중심이라 젊은 층이 특히 많다. 이들은 연봉은 높지만 아직 젊기에 자산을 충분히 모으지 못했기 때문에 분당이나 판교 등으로 직접 진입하지는 못한다. 하지만 향후 중요한 유효 수요자가 될 잠재력을 지닌 층이다. 그러므로 신분당선 주변의 20~30평대 아파트의 수요층은 탄탄하다고 볼 수 있고 강남과 판교의 가격이 지속적인 상승을 할수록 꾸준히 가격을 따라간다고 예측할 수 있다.

또한 GTX-A 노선의 호재도 있고, 앞서 언급한 용인 플랫폼 시티

GTX 용인역 조감도

출처: 한국철도공사

가 가시권에 들어온다면 핵심 지역 접근성이 좋으면서도 직주 근접 지역으로 탈바꿈하게 된다. 이렇게 역세권의 20~30평대 아파트 가격이 선도를 해주면 상대적으로 가격이 저렴한 대형 평수 가격도 상승 기대가 커진다. 타 지역에 비해 대형 평수의 가격이 중소형 대비 저렴한 용인의 특성상 역세권은 20~30평대 위주로, 비역세권은 대형 평수 위주로 매수한다면 좋은 결과가 있으리라 예상한다.

14 최상위 수준의 학군과 인프라, 안양시 동안구

　재건축이나 재개발을 통해 새 아파트가 들어설 예정 지역은 주변의 새 아파트 가격이 얼마가 되는지가 정말 중요하다. 동안구는 평촌 신도시가 있는 곳으로서 30년 연한이 채워지면서 기대감이 올라오고 있었다. 하지만 냉정하게 현재 용적률이 높아 대지 지분이 큰 단지가 손에 꼽을 정도로 사업성이 좋지 않았다. 그러나 최근 주변에 새 아파트가 입주했는데 이들이 입지가 떨어진다는 평가에도 불구하고 꽤 높은 가격에 자리 잡게 되었다.

　평촌 어바인퍼스트(2021년 1월 입주, 3,850세대)의 33평형 실거래가는

평촌 어바인퍼스트 전경

출처: 지역 부동산

11억 2,000만 원(2021년 5월, 15층)이고, 호가는 최하 12억 5,000만 원을 형성하고 있다. 평촌 더샵아이파크(2019년 3월 입주, 1,174세대)의 경우에는 12억 5,500만 원(2021년 5월, 11층)에 거래되었고, 평촌 더샵센트럴시티(2016년 6월 입주, 1,459세대)는 14억 원(2021년 6월, 24층)에 거래되었다. 이 밖에도 덕현지구, 호계지구가 공사 중으로 수년 뒤 입주를 앞두고 있다.

평촌의 아파트는 대부분 1990년대 초중반에 지어졌다. 용적률이 200% 내외로 사업성이 좋다고 할 수 없어 리모델링으로 선회하는 아파트도 속속 등장하고 있다. 구축이 어떤 사업을 하든 최종 목표는 결국 새 아파트다. 그러니 주변의 새 아파트 가격이 높아야 재건축이든 리모델링이든 사업 속도가 빨라지고 사업성이 증대된다. 2000년 대 초반 이후 15년간 새 아파트가 없었으나 평촌 더샵센트럴시티가 2016년에 입주했고, 2020년을 전후하여 평촌 더샵센트럴시티와 어바인퍼스트가 입주했다. 그리고 대규모 아파트가 속속 입주를 대기 중이다.

최근 새 아파트 트렌드가 강해졌지만, 특히 사람들이 선호하는 지역이 있는데 바로 1기 신도시처럼 주변에 새 아파트가 없는 경우이다. 신도시 특성상 인프라 및 거주 환경은 좋지만 아파트가 낡아 새 아파트에 대한 니즈가 타 지역 거주민보다 훨씬 높다. 2기 신도시의 경우 내 집이 새 아파트라고 해도 나 말고 주변에 새 아파트가 많다 보니 희소성이 떨어지는 반면, 1기 신도시는 2기보다 입지가 뛰어나고 거주도 편리하다. 유일한 단점이 낡은 아파트라는 점인데 평촌은 이런 부분이 점차 개선되고 있다. 그래서 앞으로도 이 지역의 새 아파트는 꾸준한 가격 상승세를 기록할 것이고, 더 장기적 관점에서는 기존 아파트인 1990년대 초중반의 주공아파트를 구입한다면 주변 새 아파트의 가격에 힘입어 사업성이 증대되었으므로 재건축이든 리모델링이든 사업 추진에 속도가 붙을 것으로 전망되면서 가격도 상승할 것으로 보인다. 이런 점에서 볼 때 평촌신도시의 아파트 가격은 저평가로 볼 수 있다.

또한 평촌은 대형 학원가가 있는 최상위 학군 지역으로 소득수준이 높은 사람들이 많다. 경제적 여유가 되는 사람들이 많은 지역에 그들이 원하는 새 아파트가 들어설 경우 가격이 폭등하는 것은 당연한 이치다. 그래서 실거주 겸 투자를 원하는 분들은 평촌의 새 아파트를 매수하면 되고, 장기적 투자가 가능한 사람은 구축 아파트를 매수하면 된다. 지금 시점으로 수년간은 신축 아파트의 가격 상승이 더 좋을 수 있다. 서울, 경기에 공급이 특히 신축 아파트 공급이 부족하기 때문이다. 하지만 5~10년 정도가 흐르면 신축은 자연스럽게 준신축이나 구축이 되어가면서 상승 여력이 떨어지고 반면 구축 아파트는 개발 기대감이 팽배해지면서 가격을 선도하게 된다. 그러니 매도 타이밍에 따라 신축 혹은 구축을 선택하는 선별적 투자 전략을 가져야 한다.

'평촌' 하면 떠오르는 키워드는 학원가이므로 이 지역은 학원가 주변 아파트가 강세를 띤다. 하지만 재건축 시점이 도래했으므로 앞으로는 입지보다 대지 지분의 크기 및 단지 크기가 가격에 가장 큰 영향을 미칠 것이다. 여유 자금이 있는 분들은 범계역을 기준으로 지도상 남쪽의 학원가 아파트에 투자하면 되고, 상대적인 소액 자금인 분들은 범계역 북쪽의 소형 평수를 고려하면 좋다. 소형 평수를 고를 때도 금액이 조금 더 높더라도 단지 크기가 큰 것 위주로 선택해야 한다. 또한 남쪽의 대형 평수보다 북쪽의 소형 평수가 주평형인 아파트 단지들은 재건축 사업성이 더 떨어지므로 리모델링 사업을 하는 쪽을 염두에 두어야 하며, 만약 그렇다면 내가 구입한 동·호수의 위치가 향후 크게 변동되는 것이 아니므로 처음부터 층과 향을 잘 고려하여 투자해야 한다. 또한 세대수가 중요하므로 금액이 조금 더 비싸더라도 지금 금액보다 향후 가격 갭이 더 벌어질 것이 확실하므로 여유가 된다면 대

범계역 상권

출처: 지역 부동산

2019년 1분기 집합상가 지역별
임대료 1~10위

(기준: 1m²당 가격, 단위: 원)

지역	임대료
남대문	₩ 20만 5,300
동대문	₩ 10만 5,200
강남대로	₩ 8만 900
잠실	₩ 7만 9,000
노원역	₩ 7만 6,000
테헤란로	₩ 7만 5,000
청담	₩ 7만 4,700
신사역	₩ 7만 4,100
신촌	₩ 7만 3,100
평촌범계	₩ 7만 1,200

출처: 국토교통부

수도권 전철 4호선 일평균
승하차량 1~10위

(단위: 명)

역	승하차량
혜화역	8만 5,496
명동역	8만 1,209
수유역	7만 7,106
충무로역	6만 4,602
쌍문역	6만 2,484
회현역	6만 2,132
창동역	6만 202
미아사거리역	5만 8,902
범계역	5만 8,693
사당역	5만 4,169

출처: 서울교통공사, 코레일

단지로 선택해야 한다.

평촌의 또 다른 장점은 인프라가 잘 구축되어 있다는 점이다. 상권 및 쇼핑 시설이 매우 잘 발달한 지역이며 한림대학교 병원이 도보권에 있어 편리하다. 범계역 상권은 임대료 전국 10위 수준이었다. 1위부터 9위까지가 모두 서울이었던 점을 감안하면 사실상 서울 제외 최상위급 상권이 형성된 지역이다. 실제로 코로나 이전 저녁에 몇 번 방문했었는데, 그렇게 많은 상점 어디를 들어가나 발 디딜 틈 없는 인파에 놀랐던 기억이 있다.

15 상권과 친환경, 신축의 3박자, 의왕시
(인덕원역 부근, 백운밸리 부근)

경기도 의왕시 인덕원역 부근의 백운밸리 투자를 고려할 때 서판교 지역을 참고로 하면 좋다. 백운밸리 아파트 단지는 서판교와 물리적 거리상 큰 차이가 없다. 서판교의 신축 가격은 33평형 20억 원 수준이다. 백운밸리는 월판선이 개통되면 시간적 거리도 단축되어 서판교와의 격차는 더욱 줄어들 것이다. 비교 대상인 서판교의 가격은 장기적으로 매우 좋다. 앞으로는 사람들이 점점 친환경적 입지를 선호할 것이기 때문에 쾌적한 환경을 자랑하는 서판교를 좋아하게 될 것은 확실하다. 동판교의 영향을 받는 서판교는 친환경적이면서 가격도 잘 상승할 것으로 기대되며, 서판교와 인덕원역의 중간에 입지한, 그래서 서판교의 가격 영향권에 있는 의왕백운밸리의 아파트들 또한 꾸준한 상승이 기대되는 지역이다. 여기에 대규모 상업 편의 시설(롯데몰)이 한창 공사 중에 있는데 입점하면 이곳도 상권, 친환경성, 새 아파트의 삼박자를 갖추게 된다. 현재 금액도 많이 올랐다는 평가가 있지만 여전히 가격 상승 가능성이 크다고 볼 수 있다.

백운밸리 아파트 단지 위치도를 보면 기존 도심인 평촌과 한참 떨어져 있고, 지하철역도 전무한 상황이다. 하지만 새 아파트, 친환경적 입지, 규모가 큰 대형 쇼핑몰이 들어오는 호재에 힘입어 그 누구도 쉽게 예상하지 못한 가격을 만들어내고 있다. 지역의 한계로 대다수

백운밸리 위치도

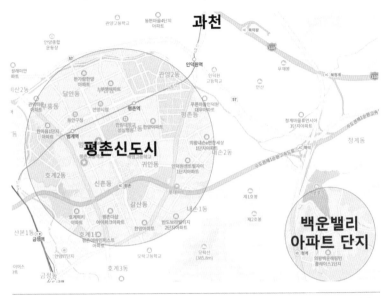

출처: 네이버 지도

전문가가 높은 가격을 예측하지 못했지만 실상은 다르다. 이 지역의 2021년 7월 33평형 실거래 가격은 10억 8,000만 원(6층)이며, 이후에도 문의가 많아 호가는 크게 올라 최소 13억 원이 형성되어 있다. 참고로 43평형의 경우에는 실거래 가격이 15억 원 수준을 유지하고 있다. 2021년 7월 의왕 백운밸리 5단지는 14억 7,000만 원(9층)에 거래되었다.

인덕원역은 현재 4호선, 월판선, 인동선, GTX까지 들어서며 교통의 허브 역할을 할 것이고, 인덕원역 서남쪽으로 평촌 스마트스퀘어에 회사들이 꾸준히 입주하며 수요는 늘어가고 있다. 의왕 백운밸리

의왕 롯데 복합 쇼핑몰 위치도

외곽순환고속도로

학의 갈림목

의왕 롯데복합쇼핑몰

백운호수

과천의왕고속도로

업무

아파트

청계 나들목

단독주택

는 평촌과 마찬가지로 과천의 영향을 받는 곳으로서 기존에는 아파트가 별로 없어 인지도가 낮아 가격 상승이 더뎠으나 엘센트로(2019년 11월 입주, 1,774세대)의 입주와 교통의 발달로 투자 문의가 끊이지 않는 지역으로 변모했다.

단점은 지역 전체의 아파트가 많지 않아 아파트 주거 벨트가 크지 않다는 점과 교통이 불편하다는 점이 부각된다. 하지만 도심과 가까

의왕시 롯데프리미엄아울렛 타임빌라스

운 쾌적한 아파트라는 희소한 강점을 무기로 꾸준한 가격 상승이 되고 있어 단점이 상승에 제약을 줄 사항은 아니라고 판단된다.

에필로그
실질적인 자산 증식과 경제적 자유를 기원하며

긴 작업이 또 한 번 끝났다. 글을 쓰기 전에는 자신이 넘치다가도 막상 글을 쓰면서는 또다시 겸손해지기를 반복하는 것 같다. 부동산업에 오랜 기간 종사했지만 미래를 예측하고 조언을 드리는 것은 결코 쉬운 일이 아니다. 하지만 이 책에 담은 내용은 독자들께 조금이라도 도움을 드리겠다는 마음으로 온 진심을 바쳐 작성했다.

책은 많은 분에게 영향을 주므로 신중에 신중을 기해서 집필해야 한다. 그런데도 과장된 표현이나 강한 어조의 단어가 들어가 있을 수 있다. 그건 그만큼 나의 강한 확신을 어필하는 것이니 이해해주시기 바란다. 그간 경험과 개인적인 의견을 많이 담은 책으로서 틀릴 가능성은 언제나 놓여 있다. 하지만 15년 이상 부동산을 하면서 쌓아온 지식과 노하우, 통찰력을 통해 모은 글로서 충분한 도움이 되리라 기대한다.

내 예측이 전부 맞지는 않겠지만 적어도 이 책에 나온 대로 여러분이 노력하고 행동한다면 아무것도 하지 않은 평균의 사람들보다 훨씬 더 나은 수익을 누릴 수 있을 것이라 주제넘지만 확신한다.

세상에는 수많은 명저가 있고 이 책은 그런 반열에 절대로 설 수 없음을 안다. 그러나 이 책을 통해 여러분의 마인드에 변화가 생기고, 부동산에 대해 관심을 두게 되었다면 정말 기쁠 것이다. 이와 더불어 독자 여러분의 실질적인 자산 증식에 도움이 되었다면 나의 사명은 다한 것이다. 최근 힘들고 어려운 세상이 되었고 앞으로도 우리는 쉽지 않은 날들을 계속 마주할 것이다. 하지만 그럴 때마다 새로운 각오와 열정으로 이겨내기 바라며 여러분들이 경제적 자유를 쟁취하는 그 날이 반드시 와서 안락하고 평온한 삶, 여유가 넘치는 인생이 되길 진심으로 기원한다.

2022-2027
앞으로 5년 대한민국
부동산 우상향
사이클의 법칙

1판 1쇄 인쇄 | 2021년 11월 5일
1판 1쇄 발행 | 2021년 11월 10일

지은이 이승훈
펴낸이 김기옥

경제경영팀장 모민원
기획 편집 변호이, 박지선
커뮤니케이션 플래너 박진모
경영지원 고광현, 임민진
제작 김형식

표지 디자인 블루노머스
본문 디자인 제이알컴
인쇄 · 제본 민언프린텍

펴낸곳 한스미디어(한즈미디어(주))
주소 121-839 서울특별시 마포구 양화로 11길 13(서교동, 강원빌딩 5층)
전화 02-707-0337 | 팩스 02-707-0198 | 홈페이지 www.hansmedia.com
출판신고번호 제 313-2003-227호 | 신고일자 2003년 6월 25일

ISBN 979-11-6007-746-9 (13320)

10년 후, 이곳은
제2의 강남이 된다

이승훈 지음 | 280쪽 | 16,500원

10년 후, 이곳은
제2의 판교가 된다

이승훈 지음 | 388쪽 | 19,000원

이론과 현장 감각을 두루 갖춘 부동산 전문가로 대중의 찬사를 받은 이승훈 소장의《10년 후, 이곳은》시리즈. 이 시리즈는 그간 가려져 있고 숨겨져 있어 보지 못했던 제2의 강남을 찾아 분석하는《10년 후, 이곳은 제2의 강남이 된다》와 풍선효과의 세례를 받아 앞으로 반드시 오를 수도권 부동산을 세심하게 분석한《10년 후, 이곳은 제2의 판교가 된다》로 구성되어 있다. 이 책들에서 가장 빛나는 지점은 항상 일반 투자자와 같은 눈높이에서 지역 분석이 이루어진다는 점이다. 돈 많은 자산가의 시선이 아닌 일반 투자자들의 눈으로 이 지역이 일반 대중들이 가지고 있는 평균 자산으로 투자가 가능한 곳인지, 교통 편의성은 어떤지, 아파트 상품성은 어떤지, 투자하고 빠질 좋은 타이밍은 언제인지를 세심하게 고려해 독자에게 정확히 전달한다. 저자의 지극히 성실한 노력으로 집필된 이《10년 후, 이곳은》시리즈는 독자에게 부동산 투자에 관한 모든 것을 알려주는 최고의 종합선물이 될 것이다.

나는 오늘도
부동산에서 자유를 산다

너우리 지음 | 328쪽 | 17,500원

부동산 투자로 부자의 삶을 선택한
너 과장의 지속가능한 투자 시스템 만들기

이 책은 절실함과 비장한 각오로 부동산 투자자로서의 삶을 선택하고 비로소 목표로 했던 '월급쟁이 부자'라는 목표를 달성, 탁월한 인사이트를 전달하며 '부린이'들의 든든한 투자 멘토가 된 너우리의 생생한 투자 여정이 담겨 있다. 그의 투자 이야기를 따라가다 보면 어디서부터 부동산 공부를 시작해야 할지 막막한 '부린이'들에게 현실적으로 도움이 될 만한 조언들이 가득하다. 특별한 스펙도 '빽'도 없는 대한민국 평범한 30대 직장인이 어떻게 홀로 부동산 투자의 내공을 키워가며, 노후 걱정 없는 지속가능한 투자 시스템을 만들 수 있었는지 궁금하다면 당장 첫 장을 열어보자. 갈피를 못 잡았던 부동산 투자의 기준이 바로서고, '투자를 통해 성장하는 기쁨'을 느낄 수 있을 것이다.

부의 대전환, 코인전쟁
인류의 금융 역사를 바꾸는 거대한 패러다임 변화

박성준, 김승주, 한대훈, 임동민, 홍익희 지음 | 17,000원

최고의 전문가들이 한발 앞서 내다본
암호화폐의 실체와 부의 미래
이 책을 읽기 전에는 결코 암호화폐에 투자하지 마라!

2018년 암호화폐 열풍이 전 세계를 휩쓸고 지나간 후 4년, 인류는 금융 역사를 바꾸는 거대한 패러다임의 변화를 목도하고 있다. 비트코인으로 대변되는 암호화폐 혹은 가상자산은 한순간의 버블로 사라질 듯 보였으나 이제 수천 년간 인류 문명을 지탱해 온 화폐의 역사와 부의 미래를 뒤바꾸고 있다. 더욱 발전한 블록체인 기술을 근간으로 기존의 화폐 시스템을 온전히 대체할 움직임을 보이고 있는 것이다. 투자의 관점에서도 수많은 개인투자자들이 투자처의 한 축으로 인정하고 있는 상황이다. 지금까지의 상식으로는 도저히 이해할 수도, 마땅히 준비하고 대응하기도 어려운 현실. 과연 부의 대전환은 이루어지는 것일까? 국내 최고의 전문가들이 이에 대한 해답을 제시한다.

메타버스가 만드는 가상경제 시대가 온다

최형욱 지음 | 17,000원

'어떻게 메타버스를 활용할 것인가?'에 대한
가장 현실적이고 완벽한 해답!

최근 전 세계적으로 가장 핫한 키워드를 꼽으라면 단연 '메타버스'를 꼽을 수 있을 것이다. 가공 혹은 추상을 의미하는 '메타(meta)'와 현실세계를 의미하는 '유니버스(universe)'의 합성어로 다(多)차원 가상세계를 의미하는 메타버스는 예전의 단순한 가상현실 속의 세계가 아니라 무궁무진한 발전 가능성을 지닌, 아직까지 발견되지 않은 기회와 가능성으로 가득찬 평평하고 무한한 기회의 땅이다. 앞으로 메타버스는 더욱 더 미래 산업의 핵심 키워드로 자리 잡을 것이다. 이 책은 메타버스란 무엇이고 현재 어느 시점까지 실생활과 경제에 접목되어 있는지, 더불어 메타버스를 활용한 비즈니스의 핵심인 '가상경제(버추얼 이코노미)'에 대해서 상세하게 다루고 있다. 지극히 실용적인 메타버스 입문&활용서가 필요했던 독자들에게 최고의 가이드북이 될 것이다.